学生领导力培养

素养导向的项目化教学
设计与实践

唐玲莉 主编

中国纺织出版社有限公司

图书在版编目（CIP）数据

学生领导力培养：素养导向的项目化教学设计与实践 / 唐玲莉主编. -- 北京：中国纺织出版社有限公司，2024. 7. -- ISBN 978-7-5229-1975-1

Ⅰ. G635.5

中国国家版本馆CIP数据核字第2024X56Z06号

责任编辑：李凤琴　　责任校对：高　涵　　责任印制：储志伟

中国纺织出版社有限公司出版发行
地址：北京市朝阳区百子湾东里A407号楼　邮政编码：100124
销售电话：010—67004422　传真：010—87155801
http://www.c-textilep.com
中国纺织出版社天猫旗舰店
官方微博 http://weibo.com/2119887771
北京华联印刷有限公司印刷　各地新华书店经销
2024年7月第1版第1次印刷
开本：710×1000　1/16　印张：20
字数：295千字　定价：62.00元

凡购本书，如有缺页、倒页、脱页，由本社图书营销中心调换

编委会

主　编：唐玲莉

副主编（排名不分先后）：

郑　媚　郑　栩　梁　盈

编　委（排名不分先后）：

黄淑慧　王明慧　吴国辉　王　玲　李宇楠
周凤玲　王海荣　夏　灵　徐晓君　陈蒲晶
胡双月　黄玉清　李春香　李倩婷　李佳彤
关燕曼　黎翰文　王莉莉　黄艳红　黄俊娜
谭　坤

前　言

教育部《关于全面深化课程改革落实立德树人根本任务的意见》标志着我国基础教育从"知识立意"到"能力立意"再到"素养立意"。领导力既是当代发达国家教育领域最关注的学生素质之一，也是我国21世纪学生核心素养的重要组成部分。2022年4月8日，《义务教育课程方案和课程标准（2022年版）》指出要聚焦学生发展核心素养，关注学生个性化、多样化的学习和发展需求，推进综合学习，探索大单元教学，开展主题化、项目化学习等综合性教学活动，培养学生适应未来发展的正确价值观、必备品格和关键能力，引导学生明确人生发展方向，培育有理想、有本领、有担当的时代新人。项目化学习切合我国课程改革的基本理念，适应未来教育发展趋势，对我国教育发展具有深远影响。

随着学生发展核心素养的逐渐完善，我国基础教育要求学校和教师进一步落实学生发展的核心素养，回归教育原点，促进学生全面而有个性的成长。本项目成员所在的初中学校是城市学校，学生的自主能力、合作意识、责任意识等有所缺失。"双减"政策落地，对初中阶段学生的自我管理能力、良好的学习习惯和责任担当意识等更是带来了新挑战。初中生领导力培养与学生的自主管理、责任担当等核心素养的培养有许多契合之处，符合我国基础教育开展素质教育的国家人才建设发展战略要求。对初中生进行领导力培养，可以更好地为青少年领导潜能的主动发展提供机会，有助于他们个人的全面发展和终身发展。

一、新时代初中生领导力培养的内涵

（一）关于领导力的研究

我国关于领导力的研究起步于20世纪80年代，对领导力的研究与实践主要集中在社会学和管理学领域,如中国科学院领导力五力模型研究,后扩展到大学生生涯规划以及中小学生优才教育。国家的现代化发展需要培养、提高和发挥每个人的领导力。

国外领导力理论历经传统领导力到后期的变革型领导力、适应性领导力、真诚领导力等发展阶段,从关注领导者个人特质到关注组织其他个人发展,从关注个体到整体的变化过程,这个转变让人人都培养领导力变成了可能。

综合有关领导力的文献可知,领导力是一种影响力、一种将愿景转换成现实的能力,实现目标的领导过程和基于价值观的领导过程。

(二)关于初中生领导力培养的研究

培养学生领导力已成为世界各国的共识。卢德平研究指出,青少年时期是领导力形成和发展的关键时期,所有人都能获得自身领导力潜能的实现与发展。常学勤提出,我国基础教育阶段的中学生领导力培养目标应分为基本价值观念和基础能力,包括社会责任、交际能力、决策能力、合作能力等,涵盖领导动力和领导能力。根据翁文艳的研究,我国中学生领导力的培养内容主要包括三大价值维度共8点,即个体价值维度(自我认知、自我一致性、自我承诺)、团体价值维度(合作、共同目标、协商共存)、社会价值维度(社会责任和改变);在培养内容上分为领导能力和领导责任,其中领导能力包括领导自我和领导团队的能力,领导责任即社会责任感,对应我国学生核心素养中社会参与素养的内容。

美国等西方国家从20世纪80年代起就注重培养初中生领导力,各国都在探讨设置专门的学生领导力培养课程体系,通过项目学习等形式,引导学生在体验中了解领导决策过程、沟通能力等领导力的要素特征,促进积极价值观的形成与各种能力素质的提升,已经取得了较好的成效。

综上所述,对初中生进行领导力培养,可以更好地为青少年领导潜能的主动发展提供机会,有助于他们个人的全面发展和终身发展。初中生领导力培养与核心素养下的责任担当素养的培养有许多契合之处,都是能提升中国学生核心素养的路径,符合我国基础教育开展素质教育的国家人才建设发展战略要求。

（三）关于项目化学习的研究

"项目学习"实际产生于20世纪八九十年代西方一些发达国家，也是当前美国中小学广泛采用的一种探究性学习模式。项目化学习并没有一个全球共识的定义，美国学者苏西·博斯教授认为项目式（化）学习就是学生对开放性问题进行探讨研究，并运用所具备的知识来制造真实的产品或制订出原创的解决方案。我国学者夏雪梅认为项目化学习是通过广泛探究真实而复杂的问题和任务予以突破和解决，精心设计产品和创造成果，是一种建立在真实活动基础上的教育。

国内项目化学习的理论基础包括建构主义、多元智能、实用主义和终身学习。现阶段国内对于项目化学习的研究主要集中在四个方面：理论模式、课程构建、教学设计、实施和评价体系。夏雪梅提出，项目化学习的中国建构，其六个步骤是：入项探索、知识与能力建构、合作探究、形成与修订结果、出项及反思。北京师范大学第二附属中学（简称北师大二附中）从课程角度，以实验班的形式开展项目化学习，培养学生素养。桑国元提出教师应具有学习、研究设计、协作、评价与反馈等素养，注重过程性评价、选择灵活多样的产品展示策略，促进学生能力的养成。明洁、刘革平等将项目化学习与集课程管理、学习、协作研究等功能于一体的网络教学平台相结合，提出了基于Sakai平台的项目化学习模式，基于Sakai平台的项目化学习为学习者提供了一个虚拟的学习环境，这也顺应了教育信息化发展的需求。余明华等表现性评价方法，分析了项目化学习的评价内容和表现性任务，提出了项目化学习行为框架，并结合学生问题解决能力在不同行为维度的外在表现设计了观测指标。

进入信息化社会，我国项目化学习整体上呈现稳定增长的趋势，越来越多的地区和学校关注并开展项目化学习，但多数项目化学习研究集中在学科的知识话题上，探讨自我和日常生活。以学生发展核心素养为主要目标的2022年版义务教育课程标准已颁布，我国基础教育课程改革正在进入一个新的历史阶段。项目化学习是有思维含量和思维发展意义的学习，它把学习从对知识的识记转移到解决方案的创建和新信息的创造。

本书基于当下我国德育领域中学生尤其初中学生的领导力理论和实践研究比较薄弱的情况，将项目化学习引入德育领域。用项目化学习，将个人融入团体中，通过团队组织形式的个体之间的合作以探究方式来解决一个项目（或者系列项目），培养和提高个体面向未来的能力和素养，体现个体的社会价值追求与实现，从而提升初中生的领导力。本书将在这些研究的基础上，力图从德育微观层面上，更为全面地重点探讨"初中生领导力"和"项目化学习"之间的关联，以期为初中生领导力培养的本土化研究提供理论和实践依据。

二、基于项目化学习进行初中生领导力培养的价值

（一）应用价值

本项目基于对项目化学习和领导力的研究，构建项目化学习是初中生领导力培养的应用模式，促进学生的关键能力和素养的发展。

本项目构建初中生领导力培养的活动项目体系，从而探索出有针对性、可操作性的初中生领导力培训手册，从而真正促进班主任德育工作系统、持续地开展，推动项目化学习在德育领域的广泛应用。

本项目可以广泛应用于校园文化建设，也为新课程教学改革、学生个性化发展等方面提供参考。

（二）学术价值

本项目根据发展心理学、教育心理学和管理学等相关青少年发展和领导力理论，构建初中生领导力"三维度"发展模型，以期可以在培养初中生领导力方面获得一些本土化理论研究的成果，为初中生领导力研究提供新的理论视角，从而丰富中学生领导力培养的理论体系。

本项目研究是将项目化学习引入初中学段德育领域，通过整合、开发丰富多样的系列活动项目，培养初中生三个维度的领导力，建构起初中生领导

力培养的新模式，补齐德育教育中的一些短板，进而推动项目化德育的本土建构。

三、本项目的总体框架和基本内容

（一）本项目的总体框架

结合新时代对教育的新要求，项目主持人在过去省、市级德育课题研究成果基础上，逐步完善其所在名班主任工作室品牌"润心德育"体系，其中主要成果之一是基于核心素养的以班干部"团队领导力"培养研究为中心的六力模型。以此为基础，围绕学生领导力的理论框架，思考自我领导需要认知内心真实的价值观，是自我成长、自我探索的过程；领导他人需要尊重他人，了解他人，其中价值观的沟通是关键。

形成初中生领导力成长"三维度"发展模型：以每个学生的全面发展为目标，通过培养自我领导力，提升团队领导力，在这一过程中帮助学生不断完善和内化价值领导力。

本项目意在完善初中生领导力成长的"三维度"发展模型，立足项目化学习，对初中生领导力培养的三个维度进行实践探索。从青少年发展的身心特点和现实需要入手，开展系列项目化学习活动的实践和探究，以期找到初中生领导力培养的有效途径，从而促进学生核心素养的提升和学生全面发展。

核心概念界定如下：

（1）初中生领导力。初中生领导力是指作为初中生所需具备的领导技能和领导价值，这是对中学生领导力概念进行适当修改后的定义。常学勤（2011）对中学生领导力基础教育概念作如下定义：是包括学生基本价值观念和基础能力在内的领导力，强调"基础"二字，包括社会责任、交际能力、决策能力、合作能力等，涵盖领导动力和领导能力。

本书的"初中生领导力"根据翁文艳等（2013）的研究，在内容上将初中生领导力分为自我领导力、团队领导力和价值领导力。同时，根据本项目的实际情况，在调查与研究过程中，将每个维度转述为相应的行为能力，包括认知能力、合作能力、团队建设能力、沟通交流能力、服务他人的能力、接受或进行改变的能力等。

（2）领导力培养。朱德新对领导力培养的定义：在生活中人们根据一定的思想道德观念、领导学知识对受教育者进行的有组织、有目的、有计划的影响，并使其具有领导力的实践活动。本书对"领导力培养"的概念进行界定：指学校根据一定的初中生培养观念和领导力理论知识，组织学生开展有目的、有计划的实践活动，对学生进行领导力提升训练。

（3）项目化学习活动。夏雪梅从学习素养的视角出发，将项目化学习活动界定为：学生在一段时间内对学科或跨学科有关的驱动性问题进行深入持续的探索，在调动所有知识、能力、品质等创造性地解决问题、形成公开成果中，形成对核心知识和学习历程的深刻理解，能够在新情境中进行迁移。

本书的"项目化学习活动"具体是指班主任围绕初中生领导力"三维度"模型开展的主题项目学习活动，形成同一主题进阶能力的年级序列和同一主题下多个子任务的项目系列。

（二）本项目的基本内容

初中生领导力培养的现状研究如下：

本项目研究的起始任务是研究城市学校初中生领导力现状。根据学生领导力的"三维度"模型，从自我领导力、团队领导力和价值领导力三个维度，结合城市初中学生特点，编制初中生领导力水平调查问卷，在项目组成员所在学校，通过学生填写调查问卷的方式收集数据信息，再将问卷的数据进行量化处理、分析。同时，采用访谈法，对项目组成员所在学校师生进行访谈，内容包括对领导力的认知，是否接受或开展过领导力的相关课程等。

课题组收回问卷490份，从基本情况和观点认知部分的答题情况可以看出，学生对领导力有一定了解，认为培养初中生领导力对每个学生都很重要，对初中生领导力应具备的能力或品质具有初步的认知，但对学习、生活和工作中具体哪些活动能体现领导力的认识还不够清晰，对锻炼领导力的方式他们更希望通过参与活动的方式来提升，这正是该课题采用项目化方式培养初中生领导力研究的意义所在。

从问卷主题答题情况可以看出，学生在各维度的领导力水平并不均衡。在自我领导力方面，近70%的学生认识到自我成长非常重要，但自我规划、控制和反思的水平有待提升；在团队领导力方面，72.1%的学生认为团队合作非常重要，但在设立团队目标并带领大家按计划达成这方面的能力有待提升；在价值领导力方面，学生的意识相对薄弱。总的来说，学生对领导力应具备的能力有一定的认识，但在具体场景中的应用能力还有待提升，这也需要我们通过真实情景下的沉浸式学习方式提升他们的水平。通过问卷调查了解城市学校初中生领导力的现状，包括优势和存在的不足，为下一步的培养实践提供方向。

四、新时代初中生领导力的项目化培养路径

基于发展心理学、教育心理学和管理学等相关青少年发展和领导力理论，我们结合不同年级设计符合学生年龄层次和心理特点的设计项目，落实初中生领导力"三维度"发展模型的素养培养，形成系列活动项目体系。

（一）聚焦自我领导力维度，提升自我力量

1.开展自我认知：个体特质的自我觉察与接纳

"领导力之父"沃伦·本尼斯认为领导力是人一生自我探索的结果，是人过往经历的综合。因此，自我领导力培养是一个完整"观、为、得"，即知行合一的过程。自我认知需要足够的自我观察、觉醒与接纳，培养情绪智能。例如，在七年级开展的项目实践案例"我的秘密花园系列之自信由我"中，项目老师通过"我来说说'我'""我还可以更好"等一系列自我剖析项目体验活动，引导学生了解自己身心发展的特点，了解气质、性格、兴趣、态度等个人特质，树立正确的自我观念，提高自我觉察能力。"追光达人"鼓励各小组学生改编热门歌曲的歌词，唱出或跳出自己对青春美好的向往和期待，最终也给快升入八年级的青春期孩子提供了情绪的输出窗口。整

个项目能帮助学生学会勉励自己尽快适应初中生的新身份，获得更多的归属感和价值感，从而融入新集体。

2. 开展自我管理：个体目标细化与实践调整

在足够自我认知基础上，自我领导力的培养需设定具体、可测量和可实现的目标，并根据各阶段目标达成的实际情况适当调整计划以适应个体成长变化。在"自我管理大师"项目中，项目老师考虑"双减"下学生假期自主规划时间变多，学生自控力却相对较弱的班集体现状，在假期专门开展了帮助孩子提升执行力的项目化学习。在"如何让即将来临的暑期生活变得丰富有意义？"的项目驱动性问题下，学生在教师指导下制定了三大项目任务："个性化暑假计划表""高效学习技能PPT分享""执行+优化+监督假期计划反馈分享"。学生在项目中提前对暑假进行规划，通过收集各种高效学习方法，进行科学实践规划，为进一步完善下一个学期的学习规划方案，假期结束再次组织学生分享实际安排的优化方案。学生在此项目化学习过程中经历自我分析、自主设计、自主优化、自我评价和他人评价的过程，培养了学生个体自我管理、调整反思等能力。

3. 开展自我规划：个体生涯发展探索

陶行知提出，生活即教育、社会即学校、教学做合一。信息化时代的学生领导力培养虽不再局限于职业生涯规划方面，但个体必然要经历的职业生涯发展探索对领导力培养仍然具有无可替代的作用。借助项目化学习的有机结合，能让中学生个体在追求职业目标的同时有针对性地发展与领导力密切相关的能力，为未来领导角色做好准备。例如，在项目案例"我的生涯彩虹"中，项目老师与学生分别规划了"父母职业体验日——榜样的体验日""我的兴趣拼盘——我的职业蓝图""未来成长营——高中/职中，我来了"等按年级分类系列项目，一方面鼓励学生走出课堂从亲近家人的职业入手，聚焦当天父母职业微问题的协助解决，体会父母平日工作艰辛并感悟成年人需肩负的职业担当；另一方面通过组织年长学生到高中或职中校园提前体验新学段的学习生活，为自己的生涯发展做出合理的决策和行动。

（二）聚焦团队领导力维度，发展团队力量

1.团队愿景打造——团队愿景理解和榜样打造

具备领导力的中学生，首先应有意识地让所有班级成员都理解和共享愿景的重要性，其次是以言行引导班集体的大多数人向着愿景迈进。以"乐享幸福教室"项目为例，项目老师聚焦"入学适应性"教育，以"新阶段怎么布置美化新教室"为驱动问题，组织学生合作学习完成教室场地设计美化的相关美术、文学、历史等知识，尝试对新教室的功能规划、美化规划以及改造后的新教室进行小组改造宣讲。项目关注提高学生批判性思维、协作、沟通、创新、审美等能力。为了树立小组团队领导力榜样作用，项目组设计了细化但不苛求的评价供小组成员对自己的学习过程和成果进行评估反馈，互相观照、取长补短。只有基于较深刻、具体的团队领导力认知，才能提升挑战未来的更多勇气。

2.团队文化建设——团队协同合作和创新激发

建设良好的班级团队文化前提是在开放沟通、强调协作基础上形成明确的共同价值观。班级领导者示范良好并及时认可班级成员所作出的贡献，并给予一定奖励以激发积极性。以"争做非遗传承者"项目为例，项目老师立足学校"守中华文化根脉·识非遗匠心传承"的研学课程，以期中考试后较充裕的活动时间为保障，带领学生近距离接触掐丝珐琅工艺，再通过班级活动课、历史课、美术课、语文课引导学生从不同方面综合系统了解国家非物质文化遗产"掐丝珐琅"特点，最终让学生更好地从本身特点出发创作出优秀的班级文创产品。在专家点评下优秀产品项目既有文化传承，亦有团队精神符号的新创作，增强了大国文化自信，增强了班级文化自信，有利于把爱护班集体荣誉、为班集体作贡献自觉内化为团体普遍习惯。

3.团队精神打造——团队行为内化与奖励机制

团队领导力是团队领导者通过引导、激励和协调团队成员，促成团队达成共同目标的能力和实践。有效的奖励机制帮助塑造团队良好的精神面貌，逐渐促进团队正向行为内化。组织学生全身心参与，手脑并用，亲历实际的劳动过程，有利于弘扬学生勤俭、奋斗、创新、奉献的劳动精神，这与价值

领导力的社会责任感塑造目标同向同行。在"劳动之美美于服务"项目中，学生以"怎样成为一名合格的志愿者"为驱动问题，按照"通过问卷调查抽样了解服务对象岗位需求、制订让服务对象满意的服务计划、按照自主选择服务岗位完成劳动实践、复盘交流反思形成志愿者服务工作指引小册子"四大项目步骤，激发服务意识和尊重他人的劳动成果意识；通过自己的劳动服务他人，培养收集、处理信息的能力、合作探究的意识和能力，发现问题、分析问题、解决问题的能力以及动手实践的能力，从中进一步发现自我价值，体会劳动为自己和他人带来的快乐和满足，提升团队责任担当的自信感。

（三）从价值领导力维度，提升价值力量

1.价值感悟——红色文化，体验家国情怀

翁文艳指出，21世纪的领导力是一种由内而外的价值领导力。价值领导力是基于价值观去了解自我，影响他人。例如，项目案例"追述西行漫记"中，项目组老师带领学生深入走进名著《红星照耀中国》，项目驱动问题是，一个外国人眼里是怎么看待红军长征的呢？带着真实的驱动问题，引导学生带着"斯诺眼中长征是一段怎样的故事""斯诺眼中的中国共产党领袖和红军将领是怎样的？""今天我们可以传承'红星'哪些精神？"三个分解驱动任务来完成对名著进行深度阅读，学生采取泛读、精读的读书方式，请教历史、地理、信息老师和补充查阅书籍，以"红星"故事会、PPT讲授人物故事和制作剪贴画三大分项目产品，多维立体感悟中国共产党人和红军战士坚韧不拔、英勇卓绝的伟大斗争，以及领袖人物伟大而平凡的精神风貌。

2.价值实践——投身劳动，感悟责任担当

在"探校园宝藏——筑少年'红'心"项目案例中，为帮助新生尽快适应校园生活，项目老师在九月开学季开展了为期一个月的"寻宝"活动，鼓励学生分别从导游、游客、设计师和校长的角色去思考校园人文环境与学生之间的关系，并积极参与校园环境的建设和维护。学生需要在项目小组的合力协作下，充分运用跨学科的数据整理分析、平面图测量绘制、语言建构与应用、文化传承与理解、信息意识和信息责任、美术表现和创意实践等综合创新能力才能完成项目的所有产品。

五、未来期待和展望

本项目历经两年的探索，其中不乏笔者的思考：国内领导力研究多从管理学和社会学视角开展，对初中生领导力培养的研究较少。而青少年时期是领导力培养的关键期，使用项目化学习的方式对初中生领导力培养的实施有何价值？有何创新点？又如何在班级德育中真正落地？

本书以培养"全面发展的人"为核心，根据发展心理学、教育心理学和管理学等相关青少年发展和领导力理论，构建了初中生领导力"三维度"发展模型，以期可以在初中生领导力培养方面获得一些本土化研究的成果，为初中生领导力研究提供新的视角，从而丰富中学生领导力培养的实践体系。

同时，我们将项目化学习引入初中学段德育领域，通过整合、开发丰富多样的系列活动项目，对初中生三个维度的领导力开展培养，建构起初中生领导力培养的新模式，从而探索出有针对性、可操作的初中生领导力培训手册，从而真正促进班主任德育工作系统、持续地开展，推动项目化学习在德育领域的广泛应用。

唐玲莉
2024年5月
于广州

目 录

第一辑　自我领导力　001

导读　002

栏目一　自我认知　007
项目1　自信由我——小初衔接系列　007
项目2　我是班级美化师　020
项目3　班级点赞墙　032

栏目二　自我管理　044
项目4　解密"自主学习"　044
项目5　毕业班的压力调节器　057
项目6　读懂父母：我能有话好好说　069

栏目三　自我规划　080
项目7　真人图书馆——生涯教育　080
项目8　青春之力，志愿先行　090

第二辑　团队领导力　099

导读　100

栏目一　团队文化　104
项目9　有文化的班级名片　104
项目10　研"骄阳文化"，识班级之美　119
项目11　做"以和为贵"的守护者　130

栏目二　团队建设　　139

项目12　我是艺术节班级节目小导演　　139

项目13　"武"动赛场　　151

项目14　历史时光机——巴黎和会与板门店谈判　　166

项目15　我们是劳动仪式官　　176

第三辑　价值领导力　　189

导读　　190

栏目一　红色精神　　196

项目16　"小红棉"广州红色研学路线"设计师"　　196

项目17　争当新河浦文化小使者　　207

项目18　研读红色经典，传承"红星精神"　　216

栏目二　传统文化　　227

项目19　讲好中国故事，传颂广府文化——我是南粤文化遗产守护人　　227

项目20　我是西关"剪"艺合伙人　　241

项目21　探寻掐丝珐琅工艺，争做非遗传承者　　250

项目22　寻广州与海上丝路历史，做研学活动设计师　　260

栏目三　社会价值　　271

项目23　研究核污水排海危机，共同守卫蓝色星球　　271

项目24　"green activities环保随行"垃圾分类专项调研　　280

项目25　中加交流"amazing guangzhou, delightful journey"　　292

参考文献　　302

第一辑

自我领导力

01

导读

新时代社会经济发展对人才培养和教育教学改革提出了新挑战。着眼青少年成长的积极理论，近二十年来，国家政策和学术界把青少年发展的核心方向都指向了领导力的发展。如北京师范大学师曼等教授整合全球29个框架中的素养条目成18项核心素养，领导力成为其中的通用素养之一。根据团队课题研发的领导力发展模型，自我领导力是中学生领导力个体培养的有机组成部分。为保证研究的科学性和系统性，本书团队创新引入项目化学习与自我领导力相结合，把科学的理念和方法贯穿研究项目全过程。什么是自我领导力？自我领导力可以发挥怎样的作用？如何基于项目化学习开展自我领导力？本书通过以下内容展开相关研究。

一、自我领导力

自我领导力是在社会认识、自我调节和内在动机及个体实践经验积累的基础上，通过自身需要的驱动，依据内部标准指导，运用内部奖赏等实现自我激励，促进绩效达成的自我影响过程。当下管理学和教育学研究自我领导力的思维模式主要来自高效能认识的7个习惯理论基础"观—为—得"的改变理论，指的是若改变看待事物的角度，就会影响个人行为和最终结果。畅销书作者，被誉为"最有智慧的管理大师"的肯·布兰佳把自我领导的发展完成分成四个阶段："热情的初始者、幻灭的学习者、有能力但谨慎的实践者、独立的成功者"，指出了每个阶段需要清晰具体的能力目标指导和保障支持。以上说明自我领导力不是天赋异禀者具有的异于常人的能力，是个人主观意志训练后可形成或调整的思维模式，它的最终达成需要个体打破思想束缚，激活认知点，积极主动靠拢自己渴望的终极目标。

二、自我领导力培养的作用

目前中学生领导力研究的成果尚且不多。但在压力较大的护士专业人才培养体系里，他们把护理专业学生的"自我领导力"几乎等同于"自我效能感"这种社会认知概念，认为只有自我效能感得分高的人才能带着积极和成功的体验客观面对事情，从而提高当下相对复杂的医护环境的适应性，自信面对各种环境可能带来的挑战和接受新事物。钱敏等人认为，"如果教育不能赋予学生认识自己、认可自己、领导自己、真正成为自己的勇气和力量，那学生未来可能就会逐步沦为被'外部世界'裹挟与统辖，失去独立自主的'沉默羔羊'，主体意识丧失，自我信任坍塌，独立意志沉沦，生命驾驭感缺失"。从哲学角度言，"教育的核心人物就是呵护自然自我、社会自我和精神自我的成长"。可见，借助自我领导力的培养，能帮助正处于人类个体生命变化最动荡最特殊的中学生心性稳步发育完善，保证成人预备期得以形成积极的自我认知和强大的内心，帮助应对未来各种不确定性。在现代社会中，自我领导力是一项对学习、生活、与人交往极其重要的素质，对个人的成长和发展打下坚实基础。

三、项目的实施

科技发展日新月异，智能时代下学生旧的知识获得观已被颠覆，项目式学习法是一种以学生为中心的教学方法，通过引导学生参与项目，促进他们主动学习、实践和探索，培养提升综合能力。在校园，教师应如何运用项目化学习，引导学生求"真知"路上促个体由内向外成长，提升学生的自我领导力呢？本书在基于项目化学习培养中学生领导力实践探索下，分别从自我认知、自我管理、自我规划三大部分展开了探究。

1.自我认知

自我领导力是一种个体通过自我管理、自我驱动和自我决策来达到目标的能力。自我领导力培养的首要具体能力是掌握清晰的自我认知，即自我觉察。人在每个阶段都有特定成长规律，通过全面、深入、客观地了解特定阶段的自我，科学看待自己的不足，源源不断地激发后续能量。

以项目实践"自信由我——小初衔接系列"为例，项目老师发现班级学生存在自我管理、自信心树立和自主学习三方面相对薄弱的问题，项目老师基于学校小初衔接的学生发展指引，融合人教版七年级《道德与法治》的"成长与节拍"主题学习，围绕终极任务"制定个人初中学涯发展规划"，指导学生分工收集、整理呈现自我概念特质的资料，在完成"个人特质统计表"清晰自我特点和优势后，学生学习并讨论内化往届优秀毕业生的"追光"经验。在项目实施过程中，个人领导力评价贯穿始终。在另一个主题为"班级点赞墙"的项目中，项目老师敏锐发现新班级学生走向熟悉的同时，开始"口不择言"，这主要体现在部分学生关注到他人的具体缺点，说出较为难听的话导致人际关系交恶，直接影响同学间在校内生活的和谐相处。为重新塑造良好沟通氛围，项目老师给学生下发两张漂亮的书签，让学生先思考自己的优点写在第一张书签上，小组讨论后汇总小组内其他成员的优点并写到第二张书签上。项目小组分别欣赏每个成员手头上拿到的自己所写和别人汇总的优点，一起研讨赞美的标准是什么？它带给自己什么感受？若这些赞美变成了反义词呢？换位思考环节结束，项目老师和学生一起开展《非暴力沟通》的读书会，以心得分享形式提炼书中与人良好沟通相处的具体方法，指导具体行为，尤其是学会以认识自我与他人的感受，控制自我言语正面输出。项目实施后，项目老师没有止步项目当下完成，为巩固效果，继续反思补充日后完善措施，包括推选班级"美的代言人"，如各种最美之星等，创造不同平台让孩子们以上榜被围观形式，发现自身的美与他人的美，在认识自我和他人中潜移默化地营造班级积极进取、崇德尚美的氛围。

2. 自我管理

自我领导力的自我管理能力，指的是学生在面对学习和生活带来的挑战、困难和问题时表现出的自我管理能力。西方"领导力之父"沃伦·尼尔斯认为领导力是人一生自我探索的结果，真正的领导者是后天造就的，通常是自我造就的，领导者造就自己的方式就是培养自己的品格和愿景。可见自律这项品格是自我管理能力的支柱品质。

在项目"毕业班的压力调节器"中，项目实施老师发现班上学生因基础年级未能及时形成较好的学习习惯，导致升入九年级后出现对高强度的学习存在明显不适应，班级成绩整体不理想，很多家长和学生反馈学习压力大等情况。项目老师经过分析观察，发现学生学习能力并不差，但不少学生缺乏自我管理的能力导致学习上总被老师牵着走。如何把压力变成动力，真正减轻焦虑？班级学生以此为驱动性问题，自主调查毕业班压力来源有哪些、解压方式有哪些、如何设计和实施解压系列活动等。项目老师指导学生根据班级访谈结果制作问卷调查，并对设计进行整理、分析后形成详细报告。确定解压方案后，学生们分别开展了"新年写贺卡""励志歌唱""大家一起来"三大系列解压活动。项目老师全程以细致评价量表和直接进组跟踪引导学生保持积极情绪看待各种问题的出现和解决，让学生把困难挫折转化为成长契机。又如在"读懂父母：我能有话好好说"项目中，项目老师基于"自我领导力"教育相信每个人都有独特的天赋潜能，坚信每个孩子都能主导自己的学习乃至生活，决定组织项目活动赋能孩子通过自主体验来提升"自我领导力"。在具体项目活动中，学生们以"如何与父母更有效地沟通"为驱动型问题，设计"真心话不冒险"，以身边同学和家长为调查对象，了解同学们与父母沟通的实际情况；通过读书分享会，聆听家长到校开展关于情绪管理的讲堂，对沟通不畅的深层次原因进行剖析。在亲子交流会上，设计环节鼓励学生勇敢向家长表达心声。最后通过展板展示和汇报演讲，让班级所有家长了解孩子的研究成果，促进亲子关系的反思与沟通。学生为找到"好好说话"的方法，在老师指导下主动进行深度阅读和有效写作，提升了概括能力、推理能力、逻辑思维表达能力和清晰表达观点等能力。在完成项目的过程中，学生学会了更好地管理自我情绪，应对产生的压力，提高心理韧性，促进心理健康和稳定，以此推动个人成长和发展。

3.自我规划

对于学生个人而言，总有最热切渴望达成的目标藏在心底，为靠拢前面结果，具备个人领导力的人需要明确地分步骤规划。为提升自我规划力，需指引学生通过项目对特定阶段形成清晰有前瞻性的规划设计，规划不分好坏，适切为本。

在项目"真人图书馆——生涯教育"中，项目老师读懂发展心理学背后，判断所带班级中学生青春发育期进入自我意识第二个飞跃期，因此具备一定接受职业生涯规划课程的条件。为引领孩子以生涯规划增强学习信心和动力，未雨绸缪尝试提前规划未来生活，项目老师参考自我领导力教育的总体框架，创新使用知、意、行三方面进行项目框架解剖，让学生在自我领导力中勇敢追梦，减少中考选择志愿的迷惘。另外，该项目以跨学科融合方式，激发学生主动学习语文学科有关的新闻采访、稿子撰写技能，而后走进"工作世界"，为引导学生相信"我的未来不是梦"，学生在项目老师指导下组织并参与丰富翔实的职业生涯深入探究活动，尝试主动与职业场所的人士交流并学会自信展现自我，进一步树立人生目标意识。在项目"青春之力，志愿先行"中，项目老师秉持"师生共生，生生互助，共同成长"的发展理念，认为人的成长需要通过社会化完成。为此，项目老师鼓励学生以志愿讲解员的方式完成"北京路特色景点"宣讲作为产品导向，指导学生以手抄报的产品形式，自主了解、收集北京路的具体景点和历史发展概况；接着围绕主题设计特色景点路线图，完成路线图宣讲稿；最后在北京路现场进行志愿宣讲。由于整个过程牵涉小组合作、到达现场踩点确定景点路线、在现场亲自宣讲等，这对个人时间规划、对突发情况的预控处理都有一定要求。在整个项目实施过程中，老师要一直鼓励学生："没有做不到，只有想不到，办法一定比苦难多"等，学生一直保持高昂情绪克服各种实际困难，最后保证了项目的圆满完成。

四、结语

在AI人工智能时代，新时代发展的形势下，学生的自我领导力可作为未来学校重点培养方向。该核心能力落到实际，要与学生的课堂、在校学习生活等实际情况系统培养。自我领导力的培养基于坚信每个孩子都有无可替代的天赋，对学校一些棘手的、不愿静坐在教室的"熊孩子"，这或许正是帮助他们的好机会，自我领导力的培养恰恰让更多的孩子多了沉浸式观照自我、反思自我和改造自我的成长路径。

郑媚

栏目一　自我认知

项目1　自信由我——小初衔接系列

一、项目背景

学生领导力的基础是自我领导力。自我领导力首先是自我觉察，包括管理自我的思想、感情、态度和行动。个人特质又称个人特有特质，是一个人相对稳定的思想和表达情绪方式，体现了人与人之间的心理差异。个人特质是一个人在不同的情境下表现出的一些特点，如害羞、进取心、顺从、懒惰、忠诚、畏缩等。无论是拥有怎样的个人特质，每一个"我"都是独一无二的，"我"需要悦纳自己。

学生从小学升到初中后，面对着成长中的一个关键转变期，来自生理、心理和环境、学习容量、人际关系等的改变，都在冲击着他们的内心平衡，不少学生都会产生某种程度的自我怀疑或不确定。作为班主任，通过系列班级主题活动创设温暖、接纳的氛围与环境，可以帮助学生提高自我领导力，培养和提高社会和情感能力，顺利地实现小初衔接的心理与学业过渡。

《道德与法治》课程课标中关于学科核心素养包括道德修养、健全人格、责任意识、法治观念等。其中，健全人格是指具备正确的自我认知、积极的思想品质和健康的生活态度。健全人格主要表现为自尊自信、理性平和、积极向上和友爱互助。课标指出，培育学生的健全人格，有助于他们正确认识自我、学会学习、学会生活、学会合作，养成积极的心理品质，提高适应社会、应对挫折的能力。从学生核心素养而言，就是通过课程培养和提高青少年学生社会与情感能力。

项目思路主要是基于小初衔接的学生发展指引，融合了广州《道德与法治》课本七年级上册1~3课"成长的节拍"主题学习。学生从小学学段进入初中学段，在身心发展上也开始进入一个新的阶段，就像他们的学业成长一样,在身心发展上也需要一个小初衔接过渡期的有力的心理引导,以更好地成长与发展,从而学会勇敢地面对在新学段、新学校的学习与生活的问题,与客观环境保持良好的接触与互动,对自己做出客观恰当的评价,学会正视现实,适应环境。受外部环境影响,新一届学生在小升初之前的四、五、六年级三年里有不少的时间都是通过网课学习,因此需要师长对其小初衔接过渡提供更好的指导与辅导。在年级组小初衔接工作框架的带领下,结合本班学生学情,融合《道德与法治》课程标准,指导学生学习生涯规划的概念,制订个人成长规划,立下自我管理的成长目标,分享、调整、定向,以此提升学生的自我认知与价值感,提高自信心,促进学生自我成长和自我成就意识,培养自我领导力的控制力、决断力和前瞻力等,提高社会与情感能力。

二、项目设计

(一)项目基本信息(表1-1)

表1-1 项目基本信息表

项目名称	自信由我——小初衔接主题项目式学习
项目学校	广州市越秀区广州市第十七中学
项目时长	1个学期
设计者	黄淑慧老师
实施者	七年级(7)班学生,共48人

(二)项目目标

(1)学习和了解生涯规划的概念和基本方法,了解初中学习与小学学习的不同,以及初中学习新要求和需要新的学习方法。

(2)了解个人特质的概念和内涵,了解个人特质和自我领导力之间的联系,获得正确的自我概念,学会自我觉察、悦纳自己,提高社会和情感能力,愿意结合个人特点开展更好的自我管理,以适应初中学习生活,学会自主学习。

（3）了解行规对自我领导力发展的指导与赋能作用，乐于与新同学通过良好的团队合作为新的班集体建设贡献个人力量，并学会在新的班集体中寻找归属感和价值感，做好个人定位，学会自我决策，提高自我领导力。

（4）学会结合个人特点与志向初步制订个人成长目标与计划和个人学涯发展规划，学会自我反思和自我成就。

（三）关键问题

1.确定主题

从小学学段进入初中学段，初一学生在身心发展上也开始进入一个新的阶段，就像他们的学业成长一样，在身心发展上也需要一个小初衔接过渡期的有力的心理引导，以更好地成长与发展，从而学会勇敢地面对在新学段、新学校的学习与生活的问题，与客观环境保持良好的接触与互动，对自己做出客观恰当的评价，学会正视现实，适应环境。新一届学生读小学四、五、六年级时有很大一部分时间都是通过网课学习的，导致他们在自我管理、自信心、自主学习等自我领导力方面都需要教师继续指导与训练。由此生发了本项目主题"自我领导力培养之自信由我——小初衔接主题项目式学习"。

2.确定核心驱动问题（表1-2）

表1-2 核心驱动问题表

核心驱动问题	总任务	最终成果
如何顺利实现从小学生到初中生的身份转换适应，培养自信心	从自我认知、学习习惯与行为习惯、立志成才等三个方面进行讨论，厘清思路，帮助学生确信"我还可以更好"的成长理念，初步激发自我成就意识，培养和提高自我领导力	初步制订个人初中成长目标与计划，制定个人学涯发展规划

三、项目计划

为推动最终核心驱动问题，顺利实现从小学生到初中生的身份转换适应和培养自信心，教师指导学生按照自己的意愿，组建具体项目小组。通过讨论、谈话、调查等方式了解学生的想法和需求后，进而产生了：如何从小学的学习生活过渡适应初中学习生活、如何认识自己的个人特质（特点和优势）、如何立志和自我成就三大系列分解驱动问题（表1-3）。

表1-3　分解驱动问题及项目计划

分解驱动问题	主任务	主产品
如何从小学的学习生活过渡初中学习生活并适应	1.学习学生生涯规划的概念和相关方法——"你还可以更好" 2.分小组学习级组行规，提出问题 3.小组成员分工合作，谈论小学学习和初中学习在学习习惯和学习方法的不同 4.通过脑科学知识的学习，学会重视学习策略的培养，寻找适合自己的学习方法，培养自主学习的信心和能力 5.完成初中学习习惯与学习方法介绍的PPT 6.独立填写完成级组所发的"我来说说'我'"，然后进行组内分享、班级分享	初中学习习惯与学习方法介绍的PPT
如何认识自己的个人特质（特点和优势）	1.小组分工上网搜索关于个人特质相关方面包括气质、性格、兴趣、态度、人格、价值观、自我概念、自我觉察等的图片、文字介绍，将其保存到老师指定的小组文件夹 2.小组谈论和分享"我的秘密花园"，初步了解自己的个人特质，完成"我的自画像" 3.学生学习使用气质、性格、兴趣、态度等的概念来制订、实施和监督一个了解自己的个人特质并学会自我觉察、悦纳自己的行动计划	关于个人特质相关方面图片、文字介绍文档； "我的自画像"； 制订了解自己的个人特质并学会自我觉察、悦纳自己的行动计划
如何立志和自我成就	小组学习和讨论级组所发的学校2023届初中优秀毕业生成长经验分享册子《追光的人，终会光芒万丈！》 整合项目活动1、2、3中的资料，将每个成员的PPT组合成一个"我还可以更好"的PPT作品	优秀毕业生成长经验学后感； "我还可以更好"PPT作品

四、项目实施

（一）项目活动

项目活动1：我的初中我做主——学习新天地

目标：了解初中学习和小学学习在学习习惯和学习方法的不同，重视学习策略的培养，培养自主学习的信心和能力，从小学的学习生活过渡适应初中学习生活。

通过脑科学知识的学习，引导学生重视学习策略的培养，培养学生自主学习和自我成长的信心和能力。同时学会在班级生活中寻找归属感和价值感，更好地适应初中学习生活。

子问题1：升入初中了，我可以适应初中的学习生活吗？

先以小组为单位，在小组成员内讨论和分享在小学的过去三年网上学习的感受和对初中学习生活以及未来个人发展的设想。然后由小组代表在班级进行分享。接着分小组学习学校的行规，找出中学与小学要求不一样的地方，找出需要老师辅导的点，提出问题，由老师解答和指导。由此帮助学生从行规开始了解和接触初中生活，增加适应初中学习生活的自信心。

子问题2：初中和小学在学习习惯和学习方法上有什么不同？

学习关于生涯规划的概念和相关方法的指引——"你还可以更好"（图1-1、图1-2），初步获得关于生涯规划的感知。接着分小组重温《十七中2023级初一衔接手册》，谈论手册当中各科学习方法的指引，找出初中和小学在学习要求上的不同，特别是学习习惯和学习方法的不同，找出想要老师解答的问题，以小组为单位提出。然后在老师的指导下学习关于学习方面的脑科学知识，学会重视学习策略的培养，寻找适合自己的学习方法，培养自主学习的信心和能力。最后小组成员分工合作，完成初中学习习惯与学习方法介绍的PPT课件。

子问题3：我该如何从小学的学习生活过渡适应初中学习生活？

独立填写完成级组所发的"我来说说'我'"（图1-3、图1-4），然后分小组进行分享交流。小组交流后，自愿到讲台上进行班级分享交流。通过填写表格时的自我思考和在小组、班级的分享与交流，学会在初中新的班集体中寻

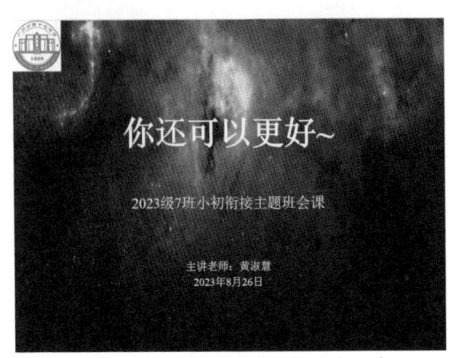

图1-1　班会课课件截图（一）

图1-2　班会课课件截图（二）

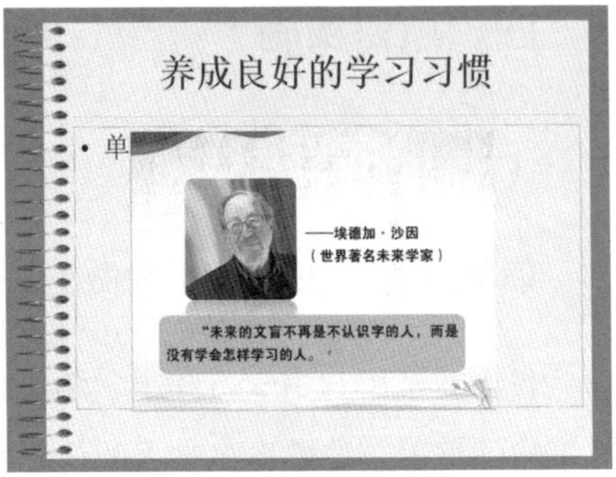

我来说说"我"

姓名：＿＿＿＿＿＿　班级：＿＿＿＿＿＿

我的兴趣爱好是：＿＿＿＿＿＿＿＿＿＿＿＿

我的优点是：＿＿＿＿＿＿＿＿＿＿＿＿

我希望我的班级是个这样的班级：＿＿＿＿＿＿＿＿＿＿＿＿

＿＿＿＿＿＿＿＿＿＿＿＿

＿＿＿＿＿＿＿＿＿＿＿＿

我要为集体的荣誉努力做到：＿＿＿＿＿＿＿＿＿＿＿＿

＿＿＿＿＿＿＿＿＿＿＿＿

我推荐的班级口号是：＿＿＿＿＿＿＿＿＿＿＿＿

我曾任班干部的职务是：＿＿＿＿＿＿

我自荐班干职务是：＿＿＿＿＿＿＿＿＿＿＿＿

我认为优秀的班干部应该是这样的：＿＿＿＿＿＿＿＿＿＿＿＿

＿＿＿＿＿＿＿＿＿＿＿＿

班委或班务委员职务及要求：

图1-3　"我来说说'我'"（一）

班委或班务委员职务及要求：

班干职务	要求
大班长1名， 副班长（值日班长）5名。	做事主动负责任，正直，辨是非，公正，大方，敢于管理。每日行为规范的管理。
宣传委员＿名， 劳动委员＿名。	做事主动负责任。
体育委员＿名。	做事主动负责任，口令洪亮，
学习委员＿名， 语文科代表＿名，数学科代表＿名，英语科代表＿名，政治科代表＿名，其他科代表每科＿名，组长＿名。	做事主动负责任，细心。
电教管理员＿名。	做事主动负责任，熟悉电脑操作。
班务委员＿名。 （讲台黑板专员、桌椅专员、窗帘专员、雨具专员、节能专员、行动小组、）	做事主动负责任，细心

图1-4　"我来说说'我'"（二）

来源：李晓虹老师（级长），广州市第十七中学2023级级组小初衔接资料。

找自己的归属感和价值感，以便更好地适应初中学习生活。

项目活动2：我的秘密花园——认识自己

目标：认识个人特质及其与自我领导力的关系，树立正确的自我概念，学会自我觉察、悦纳自己，培养和提高自我领导力，提高社会和情感能力，从而更好地从小学的学习生活过渡适应初中的学习生活。

子问题1：什么是个人特质，它的表现形式是什么？

学生分小组学习和讨论个人特质的概念与内涵（表1-4），学会正确理解气质、性格、个人特质的含义和功能。小组分工上网搜索关于个人特质的概念与内涵相关方面，包括气质、性格、兴趣、态度、人格、价值观、自我概念、自我觉察等的图片、文字介绍，并保存，注意文件命名，放入老师指定的小组文件夹中。

表1-4 "个人特质"任务单

"个人特质"任务单			
小组名称		参与人员	
个人特质的概念		个人特质的内涵	
个人特质与自我领导力的关系			

子问题2：怎样根据个人特质改进自我概念，培养自我领导力？

学会理解个人特质与社会功能之间的关系，了解个人特质怎样帮助我们树立正确的自我概念。分小组学习使用气质、性格、兴趣、态度等的概念来制订、实施和监督一个了解自己的个人特质并学会自我觉察、悦纳自己的行动计划。经历个人自我概念的改进过程，学会自我觉察、悦纳自己，提高社会和情感能力，培养自我领导力。

子问题3：怎样在班级团队中合理运用个人特质，发挥自我领导力，顺利实现小初衔接？

分小组进行"我的秘密花园"的团队活动，谈论和分享"我的秘密花园"，初步了解自己的个人特质，完成"我的自画像"（表1-5）。在团队活动过程中体验与不同个人特质的成员合作、共享、坚持、退让的意义，学会自我觉察、悦纳自己，提高社会和情感能力，提高自我领导力。

表1-5 我的自画像（个人特质统计表）

个人特质合计	对生活正向影响的个人特质	对生活带来困扰的个人特质
我希望拥有的个人特质		
我对于个人特质的反思：		

小组活动复盘总结，在任务单上写下在完成项目过程中遇到的问题（表1-6）。

表1-6 项目任务单

"自信由我"任务单		
小组名称	参与人员	
小组问题	调研记录	
1.		
2.		
3.		

项目活动3：我是追光少年——大中之光，弘毅笃行

目标：整合项目活动1和项目活动2中的资料和级组工作框架，指导学生学会在学校培养目标引领下立志和自我成长。

子问题1：怎样借鉴和学习师兄师姐的自我领导力培养和个人成长的经验？

小组学习和讨论级组所发的学校2023届初中优秀毕业生成长经验分享册子《追光的人，终会光芒万丈！》。做学习笔记，撰写学习感受。

子问题2：我怎样在学校"大中之光"的引领下努力追光，向阳向上，主动培养和提高自我领导力，学会自我成就？

（1）在学校教务处和级组指导下在班级中开展一年一度的广州市第十七中学"美德少年"评选活动，推选出校级"美德少年"和年级"美德少年"。

（2）整合项目活动1~3中的资料，将每个成员的PPT组合成一个"我还可以更好"的PPT作品。

（3）在班长和音乐课代表的统筹组织下，分小组筹办班级音乐会。

（4）在班长和宣传委员的统筹组织下，分小组分工合作安排校园艺术节的人员。

（5）宣传组在艺术节举办前一周完成艺术节专题板报。

（6）分小组参加学校艺术节各项活动。

（二）项目成果

1.出项展示的仪式

在新生入学第一天的报到日，就开启了本次项目的出项仪式，在后续的新生行规训练营和接下来的班级日常学习生活中，将这一项目贯穿了学生整个初一第一学期的自我管理方法与能力和自我成就意识的培养过程中。结合学校、年级的新生小初衔接和学生培养以及校园文化建设的各项活动，由班委会带领全体学生在班级层面开展各项相关自我领导力培养的小项目活动，通过学校、年级、班级各个层面的活动展示的仪式感，全体学生都获得了班级归属感和在班级中的价值感。

2.展示的成果描述

在学校、年级的各项活动中，本班学生大胆展现自我才能，有出彩的表现。更重要的是，各项活动都可以在班委会的带领下开展民意评选和展开活动，例如，班级音乐会的成功举办，获得了学校的好评。还有"美德少年"的评选，完全由班委会负责投票、唱票、推选名单，还有后续的推荐意见和自我感言等的完成，都是在班委会的带领下完成。在项目活动进行到下半学期，从文明班级流动红旗的评比活动中，深刻感受到班级学生在自我领导力上的认知，从而经常可以获得周度文明班级流动红旗，还获得了月度文明班级的荣誉。对于一个普通班级来说，这些成果的获得都非常不容易，可以很清晰地看到学生的自主成长和自我成就意识的自主提升。

3.成效和不足

通过此项目的系列活动，学生的自我领导力获得了一定的培养和提升，从而促进了班级凝聚力，使新生班级更快更好地形成班集体。对学生自我领导力的培养对于良好班级团队的形成和学生个体在班级中归属感和价值感有正向的促进作用。通过回顾，也看到对于学生的辅导还需要针对不同学生的个人特点更细化一些，在活动的开展上教师可以更大胆放手给学生去开展。

五、结项复盘

在七年级第一学期最后一个月，根据学校和年级德育工作指引，按照本项目计划，教师指导全体学生分组以"迎接2024年，发展自我领导力"为主题的班队会形式开展结项复盘的工作。在班队会课上，首先全体学生在教师的导语提示下，一起回顾了从新生入学启项活动到近期的学校美德少年评选活动。接着，分组在组内各成员对照"项目活动和产品评价表"（表1-7）和"自我领导力评价反馈表"（表1-8），分别从项目整体效果和自我领导力的成长评价开展了成员个体的自评、他评和综合评价，然后从小组整体成长层面进行了综合评价，并整理提出小组在本项目的复盘意见和对项目本身的复盘建议。最后各小组派代表一起把各小组的项目意见和建议综合在一起，提出本项目复盘建议。在复盘过程中，学生最大的收获是关于自我领导力的概念、内涵和确认：明确了人人都有领导力，而领导力的基石是自我领导力的觉知和发展；自我领导力发挥和发展的场域是团队领导力；个体的发展离不开团队，团队的发展成就了个体的发展；自我领导力的终极目标是个体自我价值的实现，这需要价值引领，即使命担当和家国情怀的培育，这来自学校的校园文化的引领和师生教学相长的滋养。

（一）项目活动和产品评价

表1-7　项目活动和产品评价表

主产品	评价标准	考查技能	星级
初步制订个人初中成长目标与计划、个人学涯发展规划	符合个人特质，突出个人特点的发掘和发展	正确认识自己，乐于吸取他人的意见和建议，有自我觉察和自我反思的意识和能力，学会自我决策	★★★★★
	符合初中学段的学习特点和要求，德智体美劳全面和谐地发展，兼顾个人特长的发掘和发展		★★★★★
	有较好的指导作用		★★★★★
初中学习特点和学习方法介绍的PPT课件	内容完整，有较好的参考价值	学会主动学习和自我决策，有主动参与团队合作的意识，乐于分享，善于与他人合作	★★★★★
	精心设计，图文并茂，可读性强		★★★★★

续表

主产品	评价标准	考查技能	星级
"我来说说'我'"表格	填写完整，字迹清晰	正确认识自己，自我觉察，乐于在合作中获取成长的能量	☆☆☆☆☆
	积极参与小组交流，乐于在小组和班级分享		☆☆☆☆☆
我的自画像	符合个人特质，有个人特点和优势的描述	正确认识自己，乐于吸取他人的意见和建议	☆☆☆☆☆
	可以参考组员的意见		☆☆☆☆☆
优秀毕业生成长经验学后感	认真学习之后的真情实感，字数达标（不少于400字）	有自我觉察和自我反思的意识和能力，主动学习，学会自我决策	☆☆☆☆☆
	认真参加小组讨论与交流，乐于在班级分享		☆☆☆☆☆
"我还可以更好"PPT课件	内容完整，有较好的参考价值	学会自我决策，有主动参与团队合作的意识，乐于分享，善于与他人合作	☆☆☆☆☆
	乐于分享与小组合作，积极参与小组任务		☆☆☆☆☆
	精心设计，图文并茂，可读性强		☆☆☆☆☆

（二）项目过程的自我评价

表1-8 自我领导力评价表

评价人：_____ 日期：_____			
序号	角度	主要内容	星级
评价一	自评	我知道学校行规的要求	☆☆☆☆☆
		我知道初中学习的基本特点和要求	☆☆☆☆☆
		我知道我的个人特质	☆☆☆☆☆
		我乐意做一名追光少年	☆☆☆☆☆

续表

序号	角度	主要内容	星级
评价二	他评	积极配合项目纪律要求，按时到位，认真完成每次任务	☆☆☆☆☆
评价三		能和项目小组的其他人友好合作，相互支持	☆☆☆☆☆
评价四		对突发事件协助团队得当处理，能迅速扭转不团结、不和谐、不利于项目顺利进行的局面	☆☆☆☆☆
评价五		总体高效完成各项小组活动任务，能够合理安排学习和任务的时间	☆☆☆☆☆

六、项目后的反思和展望

（一）学生和教师的成长

同学们在老师的指导下通过体验式项目活动形式学习了脑科学、个人特质和自我成就的相关资料，对于怎样更好地小初衔接，适应初中学习和生活更加清晰，明白了自我管理、自我觉察、自我决策等自我领导力要素是初中学段需要好好培养的能力，同时也在活动中培养和提高了一定的自我领导力，调整和改进了自我认知中关于自我概念的一些不好的部分，对自己更有信心，部分学生体现出比较优秀的控制力、决断力等自我领导力素养，成为班级主题学习活动的小组带头人。

通过此次活动，学生更深刻地认识到小组合作的重要性，在小组活动过程中需要组员自主的协作意识这一自我领导力要素的加持，它来自于自主发展的自我概念与自我觉察。教师在日后学生发展的指导工作中，需要扩大对学生学术能力的指导，并且要制定更合理有效的面向全体学生的课程目标与工作方法，提高学生的自信心，以促进每一位学生健康、生动、主动的成长与发展。

（二）项目活动的不足和改进措施

对于学生的指导还需要针对不同学生的个人特点更细化一些，在活动的开展上教师可以更大胆放手给学生去组织。

在活动安排上可以结合学校、年级的要求和学生的个人特点，但在班级的带班育人方略的结合方面有所忽略，需要在后续的班级成长与发展工作中加强这一方面内容。

黄淑慧，广州市第十七中学英语教师，广州市骨干班主任

项目2　我是班级美化师

一、项目背景

苏联教育家苏霍姆林斯基认为，"校园文化是学校内涵发展的灵魂，要让学校的墙壁说话，才能对学生起潜移默化作用"。可见特定的校园文化环境对身处其中的学生的重要性。项目式学习是一种以学生为中心的学习方式，它要求学生主动参与到具体情境项目的规划和实施中。在这种学习模式下，学生需要自己设定学习目标、制订学习计划、选择学习策略、把握学习进度并调整学习计划。根据项目化学习的本质特征和学生各阶段身心发展规律，入学之初，聚焦"入学适应性"教育，根据班级实情与孩子共同开展有仪式感的班级项目活动，对提升学生综合素养有重要作用。为此我们设计了"我们现在升入七年级，该怎么布置、美化我们的教室，让我们更好地学习呢"的驱动性问题。根据北京师范大学大桑国元教授的项目式学习活动模式，我们和学生设计了"我是班级美化师"项目式学习活动。初中阶段是学生成长的重要时期，也是培养自我领导力的关键阶段，本项目将通过引导学生担任班级美化师的工作，对初中生自我领导力的决断能力、前瞻能力等的培养进行项目式学习设计的探索，推动学生自我领导力提升。

二、项目设计

（一）项目基本信息（表2-1）

表2-1　项目基本信息表

项目名称	我是班级美化师
项目学校	广州市增城区应元学校
项目时长	2个月
设计者	唐玲莉老师、郑媚老师
实施者	七年级（5）班学生，共45人

（二）项目目标

（1）结合"我们的教室的必备功能区"KWH表（下文有介绍），分组收集资料，分享、交流、学习教室功能设计、形成教室功能区设计图和展示汇报材料。通过头脑风暴的方法，商量教室的环境如何进一步美化，在班级老师和家委指导下，确定班级新环境的具体功能区划分。在主动学习一定的室内设计美学、文学和历史知识基础上，制订班级美化方案。分小组各完成一次"我们的教室"环境设计介绍演讲。

（2）在合作完成各个汇报和演讲分项目活动中，在欣赏别人与观照自己的过程中，提高个人批判性思维、协作力、沟通力、创新力、表达力和审美力等，促个体自我领导力提升。在小组合作过程中，完成每次讨论记录表，感受个体促团体形成共识的渐进性，增强个体主动求合作的意识。

（3）向具有室内设计师美学的成人和全班所有同学（家长、老师等），播放一个纪录片式的"我们的教室"导图解说视频。记录观众提出的相关意见并适切调整，展示出相关改进意见调查的二维码，鼓励有心人继续在班级美化上提出与时俱进的建议。

（三）关键问题

1.确定主题

项目式学习是一种以学生为中心的学习方式，它要求学生主动参与到具体情境项目的规划和实施中。在这种学习模式下，学生需要自己设定学习目标、制订学习计划、选择学习策略、把握学习进度并调整学习计划。班级是学校德育教育的基本单位，良好的班级环境离不开内部成员的精心打造、维护和调整。只有身处明亮、干净、有序、舒适、有一定班级特色文化的教室中，同学们才能身心愉悦地保持强大的学习动力。根据项目式学习的本质特征和学生各阶段身心发展规律，入学之初，我们聚焦"入学适应性"教育，根据班级实际与孩子共同开展有仪式感的班级项目活动，为此在班级提出了"我们现在升入七年级，该怎么布置、美化我们的教室，让我们更好地学习呢"的驱动性问题。该问题能引发学生对"我是班级美化师"主题的深入实践探索。自我领导力是指个体通过自我管理、自我驱动和自我决策来达到目标的能力。在现代社会中，自我领导力已经成为一项重要的素质，对于个人的成长和发展至关重要。在本项目实施过程中，学生将在内发自驱力下主动学习教室功能设计、美化的相关美术、文学、历史等主题知识，有利于提高个体批判性思维力、协作力、沟通力、创新力、表达力和审美力等自我领导力素养。

项目式学习鼓励学生主动发现问题、提出解决方案并实施这种学习方式，可以培养学生的创新思维和问题解决能力，这和自我领导力的培养是同一方向的。在"我是班级美化师"项目式学习活动内部的系统设计中，作为新阶段新教室的新主人，教室的布置还应具备社会化任务，即满足学生交流合作、享受各种美的熏陶的重要场所。因此本项目设定总任务为"完成新班级环境的功能界定与美化工作"，项目主题为"我是班级美化师"。

2.确定核心驱动问题（表2-2）

表2-2 核心驱动问题表

核心驱动问题	总任务	最终成果
我们现在升入七年级，该怎么布置、美化我们的教室，让我们更好地学习呢	1. 一场"我们的教室"设计介绍会（功能区） 2. 一次"我们的教室"环境设计介绍演讲（美化区） 3. 一个班级面貌大变身展示视频	向具有室内设计师美学的专家（家长、老师等），播放一个纪录片式的"我们的教室"导图解说视频

三、项目计划

为帮助学生通过项目式学习逐渐培养自我领导力，我们指导学生以小组为单位，将全班42位同学分成6~7人一组，预设两个月为项目完成时间。学生主动学习与教室功能设计、美化有关的美术、文学、历史等学科知识，此过程中，学生需要对自己分配到的小任务的学习负责，这会促使他们更加主动地解决问题，从而强化自我领导力。当团队个人目标与团队总目标达成一致，个体目标完成即意味团体目标完成，个人积极性和主观能动性随之受到积极调动，从而产生影响他人的力量。据此，我们将项目分解成三大子项目产品（表2-3），分别为："一场'我们的教室'设计介绍会（功能区）""一次'我们的教室'环境设计介绍演讲（美化区）""一个班级面貌大变身展示视频"，并形成一个最终产品：向具有室内设计师美学的专家（家长、老师等），播放一个纪录片式的"我们的教室"导图解说视频。

表2-3 驱动问题分解表

分解驱动问题	主任务	主产品
如何合理设计我们的教室的必备功能区	1.学生从中认识生活与学习的基本硬件，培养观察能力、形象思维 2.用自己语言表达自己的需求、观点，以及表达清楚小组的分工安排，能注意倾听、说服别人与适当妥协等能力 3.通过了解多媒体技术，基本掌握演示稿展示方法	教室功能区设计图和展示汇报材料（PPT和介绍词）
我们的教室环境还可如何美化呢	1.学生逐渐形成判断环境美、收集环境美、表达环境美的能力 2.通过设计、宣讲，能大胆把自己对美的想象和创新变成现实 3.学会评价别人的方法，能有理有据表达自己设计产品的理念和特点等	教室环境美化设计图展示和汇报材料（PPT和介绍词）
如何落实我们的教室环境美化布置	1.制定预算表，树立为集体精打细算的责任意识 2.初步掌握设计视频脚本、策划讲解介绍等能力，进一步提升互相欣赏别人，取长补短的品格 3.学生从中认识生活与学习的基本硬件，培养观察能力、形象思维 4.能够用自己语言表达自己的需求、观点，能注意倾听、说服别人与适当妥协等能力 5.通过了解多媒体技术，基本掌握演示稿展示方法	预算表、项目流程计划表
如何展示我们的教室环境美化成果	1.通过预算表的制定，树立为集体精打细算的责任意识 2.初步掌握设计视频脚本、策划讲解介绍等能力，进一步提升互相欣赏别人，取长补短的品格	一个含图、文、声介绍的班级面貌大变身展示视频

四、项目实施

(一)项目活动

项目活动1:如何合理设计我们教室的必备功能区?

子问题1:怎样是合理的教室必备功能区?

项目式学习通常需要学生以小组的形式进行合作,这有助于学生学会与他人沟通、协商、分工与合作。在学生自我领导力的培养中,还要注重其对他人的影响,这些可以通过在小组合作中体现,学生需要学会尊重他人、理解他人、帮助他人,这可以增强他们的社会责任感和团队合作能力。

在本次的项目式学习中,我们组织学生收集班级美化视频或图片,在班级集中观看班级文化视频后,结合班级新期待之班级环境小调查和"我们的教室的必备功能区"KWH表格(一种评估先前知识的方式,见表2-4)的内容,邀请其他老师和班级学生一起参与对未来新班级的构想,畅所欲言。学生思考自己新班级教室的功能分区现状,这样分区是否合理?教室功能区还可以如何完善?如何了解功能区完善的途径?教师提供一些框架供学生作思考指引,如展示区、公共区、通知区、文化墙、文化角等。

表2-4 "我们教室的必备功能区"KWH表

Know:关于"我们教室的必备功能区"我的已知	Want:关于"我们教室的必备功能区"我还想知道	How:关于"我们教室的必备功能区"我打算这样进一步知道

子问题2:如何合理设计教室的必备功能区?

因为已提前对驱动问题进行了分解,以期培养含创新思维和问题解决能力等的自我领导力提升,接下来,如何合理设计教室的必备功能区成为第二个子问题。在"我们的教室"功能区设计介绍会的分项目准备中,学生首先要设计出一张教室功能区的设计图(图2-1);其次是这张图的合理设计依据是什么,哪些依据是合理的,这需要主动咨询成年人得到专业意见;最后是通过查阅资料、咨询家长朋友等，找到权威的合理的班级学习环境设计标准的资料，形成具体的文字、图表成果等。学生在面对以上各种复杂的问题和挑战时，需要灵活运用所学的知识和技能来解决问题，如相对内向的同学，要勇敢突破自我，主动和人沟通；如对教室环境并不关注的人，通过阅读团队收集的丰富资料，能进一步意识到环境育人的专业性和知识的延展性；而此前对室内设计毫无概念的同学，通过本次项目式学习，打开了认识新专业的一扇窗。

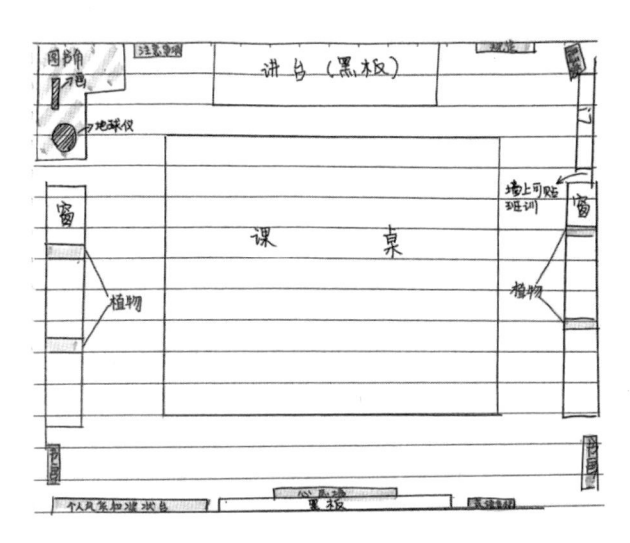

图2-1 学生自主设计的班级功能区规划图

班级召开专门会议，每个功能区的方案宣讲员介绍设计图初稿的设计内容、设计理念。组外其他同学、老师、专业技术人员（老师或家长代表）进行评价（表2-5）。各小组结合评价进行初稿设计调整，形成功能区设计图定稿。

表2-5 "我们的教室"功能区设计评价表

"我们的教室"功能区设计评价表（评价者：同学、教师、专业技术人员、家长）布置区域：			
布置亮点	可以改进的建议	建议参照改进的资源和样例（有条件可附图）	
总体布置		☆☆☆☆☆	

基于自我领导力的项目式学习活动设计对学生的未来职业发展和个人成

长都具有重要的意义，为未来的发展打下坚实的基础。此外，系列任务的分解中，会注意以小组汇报形式，持续邀请教师、专业人士等成年人评价项目进展性成果，各小组通过不断得到过程性的跟进指导完善项目产品设计，力求设计出有前瞻性的班级美化方案。

子问题3：我们教室的环境还可如何美化？

在分功能区形成各自效果图设计的基础上，设计搭建各功能区图片汇聚的画廊漫步，学生熟悉接下来要建设、完善的教室新环境功能。

在画廊漫步基础上，学生思考教室如何通过进一步设计，使整体更具美观性。学生先自行收集优秀主题教室的图片或视频，教师配合提供一些框架供学生思考指引，如主题元素打造、书画设计、绿植装饰、人文关怀等。结合"让我们的教室更美"KWH表（表2-6）完成情况，组建美观性设计分工小组，5~6人一组，分区认领任务，同样做好小组内部的角色分配。

表2-6　"让我们的教室更美"KWH表

"让我们的教室更美"KWH表		
关于"让我们的教室更美"我的已知	关于"让我们的教室更美"我还想知道	关于"让我们的教室更美"我打算这样解决

班级召开专门会议，各个设计小组方案宣讲员把小组达成共识后的美化设计方案（PPT形式）分别展示出来（图2-2）。组外其他同学、老师、专业技术人员（老师或家长代表）进行评价（表2-7）。各小组结合评价进行初稿设计调整，形成教室环境美化设计图定稿。此处亦可结合整体美化需求，重审小调功能区设计。

项目活动2：如何落实我们的教室环境美化布置？

目标：通过预算表的制定，树立为集体精打细算的责任意识；初步掌握设计视频脚本、策划讲解介绍等能力；进一步形成互相欣赏别人，取长补短的品格。

确定各种物料采购需求清单。各小组小秘书到购物网站查看相关物品的

图2-2 学生代表设计作品

表2-7 "我们的教室"美化设计评价表

"我们的教室"美化设计评价表（评价者：同学、教师、专业技术人员、家长）布置区域：		
布置亮点	可以改进的建议	建议参照改进的资源和样例（有条件可附图）
总体布置		☆ ☆ ☆ ☆ ☆

评论、价格，货比三家后，形成采购预算表（附采购网址、数量、单价、负责设计区预算总数等）。班级生活委员汇总采购预算，与有财务经验的家委审理采购预算情况。预算审批下来后，各小组按家委给出的购物预算建议表（表2-8）进行调整讨论。学生从这些过程中学会控制总预算、甄别线上购物优劣等，树立为集体精打细算的责任意识。

表2-8 项目采购预算表

项目采购预算							
物品序号	物品名称	物品单价	数量	总价	拟购物品图片	线上购买链接	（货比三家后）选择该链接购买原因（如购买评论、价格、店家信誉、来自某自营店等）
1							

027

续表

项目采购预算							
物品序号	物品名称	物品单价	数量	总价	拟购物品图片	线上购买链接	（货比三家后）**选择该链接购买原因**（如购买评论、价格、店家信誉、来自某自营店等）
2							
3							
4							

物料采购到位后，制订教室功能完善和美化项目流程计划表（表2-9），结合测试进度，并尽量减少对学习活动的影响，逐一拟定项目最迟完成"工期"。学生信息收集官拍下"开工"前后班级环境的不同照片和介绍视频。

表2-9　功能区建设与美化项目流程计划表

小组成员：_____

序号	具体负责分工	负责人	需用到物料	拟完成日期
1				
2				
3				
4				

项目活动3：如何展示我们的环境美化成果？

项目式学习是一种以学生为中心的学习方式，强调学生主动参与和自主决策。在培养初中生自我领导力的过程中，教育者应尊重学生的主体地位，充分了解学生的兴趣、需求和能力，鼓励他们主动参与项目的设计、实施和总结中。在班级美化师深入操作过程中，班级召开了专门会议，要求每个功能区、美化区的方案宣讲员在会议中简要并突出亮点地介绍设计图初稿的设计内容、设计理念。组外其他同学、老师、专业技术人员（老师或家长代表）分别进行优点评价和提出改进建议。各小组结合评价进行初稿设计调整，分别形成功能区和美化区设计图定稿。另外，在画廊漫步（通过班级特定宣传位置张贴各小组的设计效果图）基础上，学生思考教室如何通过进一步设计，使整体更具美观性。

功能区和美化区敲定后，准备制作、采购相应物料。物料采购到位后，制订教室功能完善和美化项目流程计划表，结合测试进度，并尽量减少对学习活动的影响，逐一拟定项目最迟完成"工期"。为更好设计整体展示方案，以"谁设计谁展示"的小组分工理念，组织各小组成员各司其职，比如，宣传员要组成拍摄团队；方案宣讲员准备与方案主要设计者敲定介绍文本；小组长间统筹好拍摄过程展示的顺序与衔接。

（二）项目成果

项目临近尾声，并不意味项目式学习的终结。项目永远有完善空间，复盘反思要贯穿项目式学习的全过程。通过反思和总结，学生可以对自己的学习过程和成果进行全面而深入的分析和总结（表2-10），发现自己的不足之处并制定改进措施。这种自我反思和总结能力是自我领导力培养的重要组成部分之一。

表2-10　班级面貌大变身评价表

班级面貌大变身评价表（评价者：同学、教师、专业技术人员、家长） 评价区域：_____					
项目主产品构成	评价内容	自我领导力提升点	星级	可以改进的建议
各小组班级设计区域的图文过程资料	图片像素较清晰且角度呈现立体齐全	信息收集、整合与加工力、设计力、图片编辑力、沟通力、协调力、协同力	☆☆☆☆☆	
	文字描述精准且实事求是		☆☆☆☆☆	
	图文充分体现项目过程中的改进变化		☆☆☆☆☆	
各小组班级设计区域的解说与音频效果	解说表达清晰有一定感染力	信息收集、整合与加工力、多媒体加工力、沟通力、协调力、协同力、审美力	☆☆☆☆☆	
	区域设计理念、目标、设计过程、效果和项目反思等元素齐全		☆☆☆☆☆	
	视频画面整体流畅、衔接自然，背景音乐选取适不喧哗		☆☆☆☆☆	

续表

项目主产品构成	评价内容	自我领导力提升点	星级	可以改进的建议
各小组班级设计区域的作品整体效果	区域设计布局合理，整体颜色搭配和谐，给人健康舒适的美感	创新力、协同力、审美力	☆☆☆☆☆	
	区域设计体现绿色可持续发展理念		☆☆☆☆☆	
总体布置与建议	☆☆☆☆☆			

五、结项复盘

为保持规范与科学，我们按照这样的逻辑进行项目梳理（表2-11）：首先，和团队探讨在项目活动中，表达自己如何理解并运用自我领导力；其次，指导学生审视自己与项目团队在处理项目驱动性问题上的成效，并深入探讨其成功或不足的原因；再次，思考在本次活动中，自己通过参与哪些具体活动，显著提升了个人领导力素养；最后，指出在未来的活动中，在哪些方面有进一步提升的潜力等。

表2-11 项目过程的自我评价表

评价人：
本次项目化活动中，我如何理解自我领导力？
我和我的项目团队解决好了项目驱动性问题吗？
我认为在本次项目化活动中，重点通过哪些活动提升了个人领导力素养？
如果下次再参与类似的活动，我以下的地方还可以做得更好：

六、项目后的反思和展望

首先，我们可以引导学生对项目的主题、目标、计划、实施过程以及结果进行全面回顾和梳理，从而反思自我影响力。本项目主题"我是班级美化师"是基于初中新入学班级的需求而确立，其开展有力地解决了新班级的实际问题。项目的分解问题"设计班级功能区""设计班级美化区""班级面貌大变身"，彼此间存在逻辑关联，每一步的完成都进一步指向"我是班级美化师"的主题目标。主题与核心目标、分解目标产品对应性和贯穿性强，保证了整个项目的关联性和鲜明的主题性。

其次，为了保证项目完成，项目组成员必须协作沟通。我们应全程鼓励学生保持小组讨论和交流，鼓励他们分享自己的经验和教训，相互学习和借鉴。如不同学生对美的定义是不一致的，不同的学生完成图文设计任务效率也存在差异。无论是三观还是能力不同，我们给学生提供了自由、真实的沟通环境，鼓励他们积极与人友好相处，引导他们接纳不同的观点，领悟妥协的智慧。通过小组的交流碰撞，通过小组讨论和交流，学生可以更好地理解团队成员的观点和想法，同时也可以更好地发现自己的不足之处并制订改进措施。在所有分项目产品完成基础上，学生可以借助小组内外力量对自己的学习过程和成果进行评估和反馈，发现自己的优点和不足之处，让自身能力从项目活动中得到了提升。

最后，我们应该尊重学生的个性差异，鼓励他们在项目中发挥自己的特长和优势，培养自信心和自我管理能力。比如，可以引导学生制订新的个人学习计划和发展目标，鼓励他们在今后的学习和工作中继续发挥自己的优势并克服自己的不足之处。如在评价别人设计教室项目过程中，能同时找到自己需提升的地方。通过最后成果的分享，因相关成果展示涉及多媒体运用技术、表达能力运用和审美能力、创新能力，学生通过高阶能力任务的参与或见证，对以后职业生涯规划产生一定影响。基于更深刻的自我认识，才有更多挑战未来的勇气，自我领导力的控制力、决断力和前瞻力的培养发展也会随之进一步提升。

综上所述，基于项目式学习进行初中生自我领导力的培养契合现在高质量教育发展理念的新要求。学生自我领导力的培养会对学校管理秩序的有效性、有序化提供极大支持。当然，中学生自我领导力的培养无法一蹴而就，但在系列化的项目式学习活动加持下，相关培养定能为学校长远发展提供重要抓手。

唐玲莉，广州市第二中学语文教师，广东省中小学名班主任工作室主持人
　　郑媚，广州市增城区应元学校历史教师，广州市骨干班主任

项目3　班级点赞墙

一、项目背景

"良言一句三冬暖，恶语伤人六月寒。"七年级学生的自我意识开始逐渐增强，希望他人对自己的观点表示赞许和认同，却在与同伴出现矛盾时难以心平气和地沟通，习惯以自我的意见为中心去思考。且七年级学生刚刚步入初中，离开了曾经的班集体，需要融入新的集体，开始崭新的寄宿生活，学生在人际交往方面也需要特别的指导。班主任通过宿舍茶话会与个别谈话相结合的调查、沟通和了解，反映出学生人际交往上的问题，其实更深层次反映的是其缺少美的发现、美的感受和美的创造的意识和能力。

心理学上的"皮格马利翁效应"，是指热切的期望与赞美能够产生奇迹。积极心理学家认为，积极情绪可以拓延个人资源，而且积极情绪有助于消除消极情绪。每个学生都希望得到赞美，而赞美常常通过具有亲和力的语言和诚挚的情感传递。

我校有着"完善人格，壮大情怀，润泽生命"的德育理念，关注学生的自我成长，弘扬个体发展，也为学生提供团队共进的沃土。

基于以上背景和理论，设计"真诚赞美，良言暖心"项目活动，以此培养学生发现美、赞美自我、赞美他人的能力，提升自我领导力中的认知力和控制力，增进团队协作力，营造良好的班级氛围。

二、项目设计

（一）项目基本信息（表3-1）

表3-1　项目基本信息表

项目名称	真诚赞美，良言暖心
项目学校	广州市增城区应元学校
项目时长	1个月

设计者	王明慧老师
实施者	七年级（12）班学生，共46人

（二）项目目标

（1）通过聆听校园生活故事，了解班级是整体，同学之间会互相影响的道理，意识到要构建和谐的班级人际关系，明白集体关系的构建需要依靠每个人的努力，培养集体责任感。

（2）培育自我意识，通过对赞美标准的讨论，掌握人际交往中赞美他人的原则和方法，明白要以真诚的态度待人，表达有具体事例的赞美。

（3）通过赞美体验活动，学会运用真诚赞美的方式，大方开口表达对同学的赞美，乐于创造更多美的行为和美的表达，"美美与共"，增强班级的凝聚力，提升个人社会交往能力和语言表达能力。

（4）通过对项目的策划和实施，培养学生对现实生活的敏锐观察力和探索意识。对生活中常见的现象和彼此的表达，拥有一定的鉴别能力。在解决问题中明白自我领导力的提升需要依托团队的力量，也要以自己的能力助推团队的和谐。

（三）关键问题

1.确定主题

近期经班干部反馈，同学之间人际交往有些紧张，部分同学仅关注他人的缺点，说出较为难听的话，导致人际关系交恶，影响舍友在校内生活的情绪和心态。在宿舍茶话会的了解沟通过程中，同学们共同思考：什么因素会影响我们学习生活的情绪？真正和谐的人际关系是怎样的？我们可以用什么样的方式让人际关系更和谐？我可以为和谐的人际交往做些什么？我还可以为实现更好的人际沟通作出什么努力，学习什么知识？基于各个宿舍的沟通、讨论和交流，同学们共同碰撞出对现实问题的独特思考，齐心决定要在班内营造真诚赞美、良好沟通的氛围。各宿舍的学生在同一情境下的思考，潜移默化中为他们制定了统一的方向和目标，从日常琐事的不和谐中脱身，同心协力，发挥青春期学生的创造性，提升语言表达能力和思辨能力。学生充分表达、充分思考、协力同行、共同进步，不仅推动了项目的发展，更缓和了人际关系的矛盾和实现学生自我能力的提升。

2.确定核心驱动问题（表3-2）

表3-2 核心驱动问题表

核心驱动问题	总任务	最终成果
如何营造良好的人际关系，进行彼此赞美	了解真诚赞美的标准，发现美、感受美、创造美	学生书写的"美的集赞卡"

三、项目计划

为推动解决最终核心驱动问题——营造良好的人际关系，进行彼此赞美，教师指导学生按照自己的意愿，组建8人一组，共6个具体项目小组。通过讨论、谈话、调查等方式了解学生的想法和需求，进而产生认知、体验、实施、延续四大系列分解驱动问题（表3-3）。

表3-3 分解驱动问题表

分解驱动问题	主任务	主产品
如何发现美	1.小组成员阅读根据生活改编的故事《小明的一天》，分享对小明宿舍关系的看法和理由 2.小组成员共同回忆学校宿舍生活中的亮点，记录宿舍生活中令他们感到美好的事件、人物，制作成图文并茂的手抄报	"宿舍人际关系之我见"小组图文手抄报
如何感受美	1.赞美自我：小组成员思考自己的优点，想一个积极向上的词语，连同自己的名字一起写在小标签上 2.赞美同学：小组成员思考同学的优点，想一个积极向上的词语，连同对方的名字一起写在小标签上 3.说出赞美：小组全体同学站起身，把点赞的动作和语言结合，说出刚刚写下的对同学的赞美	每人书写并收获两张赞美标签

续表

分解驱动问题	主任务	主产品
如何创造美	1.小组成员分别对两份不同的赞美作判断，并思考赞美的标准是什么 2.运用"美的集赞卡"，写下对自己和他人的赞美（具体翔实，有事例）；组长将小组的集赞卡粘贴到黑板上并读出赞美	有自我点赞和他人点赞的"美的集赞卡"
如何延续美	1.将"美的集赞卡"融入班级文化建设中，张贴在班级墙壁上，所有的同学都能时常回看，重温赞美 2.在班级内设置《真美集》，由文娱委员主导，学生自由设计版面、自由绘画素材、自由书写赞美，将学生的"美言美行"记录其中，在班内"漂流"，为"美"发声，为"美"点赞 3.共同阅读《非暴力沟通》，小组选择自己感兴趣的专题，做一期以"良言暖心"为主题的读书分享会，形式包括但不限于思维导图、小组阅读笔记和专题分享	班级漂流赞美的手账本《真美集》，小组《非暴力沟通》阅读思维导图、阅读笔记和专题阅读分享会

四、项目实施

项目活动1：制作"宿舍人际关系之我见"手抄报

目标：学会"以人为镜"，发现宿舍人际关系中的闪光点，将美好记忆以图文方式呈现，齐赞宿舍之"美"。

（1）小组成员阅读根据生活改编的故事《小明的一天》，分享对小明宿舍关系的看法和理由。

课间，我看见小A和小B勾肩搭背地去上厕所，我的室友都聚集在小C的旁边，和他一起研究数学题。别的宿舍的人不知道和小B说了什么，小B看了一眼在教室内正学习的小C。

终于结束了上午的学习，老师一喊下课，饿得前胸贴后背的我立刻头也不回地跑到食堂吃起了饭。在饭堂，我和小C打了招呼，便和我的室友坐在一起吃饭，大家有说有笑的，感觉棒极了。走的时候，不知道为什么，小C用脏话骂了小B，一瞬间，他俩脸色都不大好，两个人距离分得特别开。

下午放学，我和小A、小B一起逛了逛校园，在我们班的逐梦之树前停留片刻。与此同时，我也看到小C和另一位舍友小D在校道上打羽毛球。我主动和小C打招呼，小C一眼都没有看向小B。

晚寝休息前，小B说一句，小C顶一句，其他人都不说话，整个宿舍的氛围都怪怪的，我不耐烦地说了一句"我们快休息吧，别耽误明天学习"，但换来的是小C愤愤不平地骂了一句"少管闲事！"。

我觉得有些委屈，为什么这战火波及到我身上，心头有些冷。我们宿舍的舍友关系真冰冷。第二天，我百思不得其解，整个人上课都晕乎乎的。

思考角度：
①小明的宿舍关系真的如此冰冷，没有"美"吗？
②为什么小明最后会感觉到"心冷""晕乎乎"？

在思考和讨论的过程中，学生发现小明与舍友之间会互相讨论问题、一起吃饭，可见大体上整个宿舍的矛盾并不明显，宿舍关系也并不冰冷，只是因为矛盾发生的当下，都在气头上，容易将消极情绪放大。小明感到"心冷""晕乎乎"的原因是他提醒舍友早点休息，是有责任感的体现，但语气是不耐烦的，可能激化矛盾，所以在人际关系中沟通，要注意方式方法。学生通过以局外人的方式重新审视自己生活中可能经常发生的矛盾，以理性的思考代替感性的认知，通过讨论发现，平时对人际关系的认知可能存在不妥之处，人际交往的方式可能存在不恰当的地方。

（2）小组成员共同回忆学校宿舍生活中的亮点，记录宿舍生活中令他们感到美好的事件、人物（表3-4）。老师在学生的思考过程中提供关键词指引，引导学生回忆宿舍生活的方方面面，如在学习中遇到"瓶颈"时，如在同学心情不好时，如朋友们带了新的小零食时，如共同努力打扫卫生时……学生深挖日常生活中的闪光点，发现生活中的点滴温暖，对学生适应宿舍生活、缓和人际矛盾产生潜移默化的积极影响。

表3-4　任务单一：学校宿舍生活亮点

关键词	人物	事件
信任		
治愈		
团结		
————		
————		

（3）对文字、绘图、资料整理等工作进行分工。学生通过协商和讨论，自主确定手抄报制作过程中需要进行的各项工作，由组长负责全面统筹，全体同学认可。

（4）小组同学在一周之内，利用校内空闲时间，依据前期确定好的分工，共同制作完成图文并茂的手抄报。

项目活动2：制作"赞美标签"，组内说出赞美

目标：每个学生在入学第一学期的期末都曾经收到来自班主任的一枚标签，上面书写了赞美和鼓励。为求同学们再次拥有被赞美的积极体验，学会找到自己和他人的闪光点，组织同学们亲手书写赞美标签，先点赞自己，再点赞同伴，通过书写和行动的方式大方地对他人表达赞美。

活动步骤：

（1）小组每位成员被分到两张标签（表3-5），大家围坐成圆形。

（2）所有同学赞美自己的一个优点，连同自己的名字一起写在标签上，如"小明善良"。

（3）所有同学赞美坐在自己右手边同学的一个优点，连同其名字一起写在标签上，如"小红活泼"。

表3-5　任务单二：赞美标签

任务	赞美内容
请为自己点赞	

续表

任务	赞美内容
请为坐在你右侧的同学点赞	
备注：请在右侧写上赞美标签，"姓名+优点"，如"小明善良"	
参考词语：高效、可靠、认真、细致、用心、勤奋、惜时、积极、沉着等	

（4）小组内赞美，所有同学起立，从组长开始把赞美的内容传递给赞美对象，全组同学齐声真诚地向赞美对象说出赞美（图3-1）。

句式：××（名字）你真棒，因为你××（形容词）。

动作：双手比出大拇指。

图3-1　赞美标签实例

通过互动赞美，同学们收获美的体验，感受赞美对自己和他人的双向积极意义。学生感受着向别人发出赞美时由心而生的愉悦，也体验着他人赞美自己时的舒心和快乐。但亦有学生觉得被赞美有些尴尬，由此可以引导学生参与下一个项目活动，探寻赞美的准则。

项目活动3：思考赞美标准，书写"美的集赞卡"

目标：同样的赞美，大家会有不同甚至是截然相反的感受，有同学觉得被赞美心情愉悦，有同学感到害羞，有同学甚至有些尴尬。这是因为发出赞美的同学可能明确赞美的标准，了解赞美的作用。同学们通过回忆相处的点滴，写下有事例的具体赞美，在创造赞美与收获赞美中获得美的体验。

（1）对两份不同的赞美，组内分享自己更喜欢哪一个，原因是什么。

①小可爱，你真棒，因为你乐于助人。

②小可爱，你真棒，因为你乐于助人。昨天我没带饭卡，你微笑着主动掏出饭卡让我刷，真是帮了大忙。

在有无具体事例的赞美的对比中，同学们直观地感受到具体事例的运用能充分展现赞美发出者的真诚，也让赞美的接收者更容易接受赞美，而非感觉对方在无话可说的"尬夸"。如此才能把"赞美"的效能发挥到极致，让彼此都感受到赞美的快乐，愿意在日常生活中延续赞美。

（2）运用"美的集赞卡"（图3-2），写下对自己和他人的赞美，要求具体翔实、有事例。每位同学都在活动开始前拿到一张集赞卡，活动时先将对自己的赞美写在横线上，再将集赞卡顺时针传递到下一位同学手中，每次停留一分钟，组员可以在这段时间内思考集赞卡主人平时的表现并写下赞美，在书写过程中，播放暖心、舒缓的音乐，在悠然的音乐声中回忆友好相处的点点滴滴。集赞卡在组内环绕一周后回到主人手中，此时卡上已经收集满整组人对该同学的赞美。

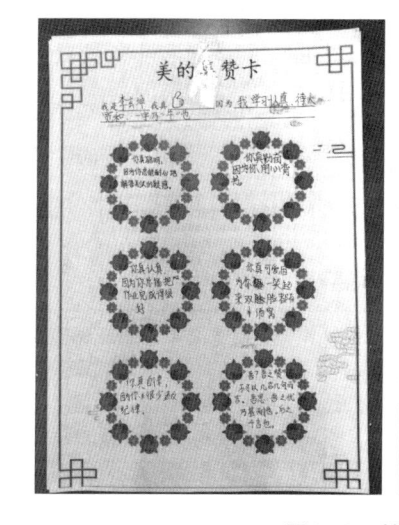

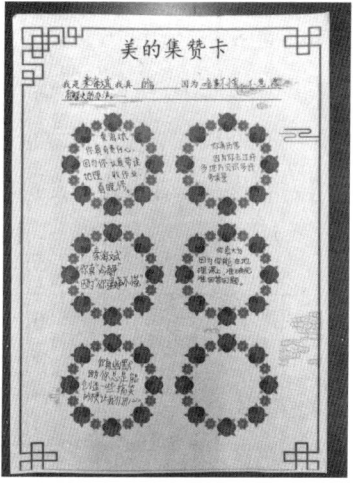

图3-2 美的集赞卡

（3）组长将小组成员的集赞卡带上讲台，读出赞美，让其他小组的同学猜他们描述的是谁。最后把集赞卡张贴到班级文化布置黑板上，作为同学友爱的见证，陪伴同学们成长。

项目活动4：延续赞美氛围，开展"良言暖心"阅读分享会

目标：将上一活动的成果张贴在班级文化布置黑板上，建设温馨美好、真诚赞美的班集体。聚焦学生人际交往沟通能力的培养，每个小组自行阅读《非暴力沟通》，以小组为单位写阅读笔记和制作思维导图，在阅读分享会上进行分享，学习人际沟通的方式方法，营造良言暖心的班级氛围。

（1）将"美的集赞卡"融入班级文化建设中，张贴在班级墙壁上，所有的同学都能时常回看，重温赞美。班级文化在不知不觉中育人，同学们在回看赞美的同时，也能越来越多地发现身边同学性格的闪光点，以榜样力量，促进自我成长。

（2）在班级内设置《真美集》，由文娱委员主导，学生自由设计版面、自由绘画素材、自由书写赞美，将学生的"美言美行"记录其中，在班内"漂流"，为"美"发声，为"美"点赞。学生通过书写漂流手帐，及时将发现的班内"美言美行"记录下来，进行传阅和分享，形成向好向善的积极班级文化氛围。

（3）共同阅读《非暴力沟通》，小组自由选择自己感兴趣的专题，进行自由阅读和专题探究（表3-6）。每个小组成员在阅读过程中需要就自己感兴趣的某一专题或者章节进行重点阅读和分享，形式包括但不限于思维导图、小组阅读笔记。在两周的自主阅读之后，全班举办一期以"良言暖心"为主题的读书分享会，每个小组在全班面前进行一次专题发言，展示组内探究成果。

表3-6　任务单三："良言暖心"阅读笔记

研究主题	摘录词句	研究成果（方法或感受）

五、结项复盘

在项目结束后,为了给予同学们调整和进步的指引方向,我们对项目中每个环节进行星级式评分(表3-7)。小组内每个成员都可以进行自评和他评,根据评价,思考改进的方式方法。

表3-7 基于各项产品的评价星级量表

主产品	评价标准	考察技能	自评星级	他评星级
"宿舍人际关系之我见"小组图文手抄报	组内每个同学都可以分享至少一件宿舍内的趣事	沟通协作能力、图文加工整理能力	☆☆☆☆☆	☆☆☆☆☆
	组内每个同学可以说出宿舍内每个人的至少一个优点		☆☆☆☆☆	☆☆☆☆☆
	有具体明确的小组任务分工表		☆☆☆☆☆	☆☆☆☆☆
	手抄报图文并茂,内容翔实、绘制美观		☆☆☆☆☆	☆☆☆☆☆
赞美标签	拥有两枚标签,一枚自己写给自己,另一枚为他人写给自己	沟通协作能力、"真善美"鉴别能力、大方表达能力	☆☆☆☆☆	☆☆☆☆☆
	找到自己、他人的优点并真诚赞美		☆☆☆☆☆	☆☆☆☆☆
	在"说出赞美"的环节,能大方、投入地表达赞美		☆☆☆☆☆	☆☆☆☆☆
美的集赞卡	赞美自我大方自信,事例翔实	"真善美"鉴别能力、大方表达能力	☆☆☆☆☆	☆☆☆☆☆
	赞美他人真诚友爱,事例翔实		☆☆☆☆☆	☆☆☆☆☆
"良言暖心"阅读分享之思维导图	积极清晰、版面美观、主题鲜明、逻辑清晰	团队协作能力、逻辑梳理能力	☆☆☆☆☆	☆☆☆☆☆
"良言暖心"阅读分享之读书笔记	主题明确,观点鲜明;逻辑清晰,语言流畅;内容上能与班级中的人际沟通事例相结合,能展现自我的思考、抒发真情实感	观点概括能力、阅读及写作能力	☆☆☆☆☆	☆☆☆☆☆

续表

主产品	评价标准	考察技能	自评星级	他评星级
"良言暖心"阅读分享之团队表达	主题明确，观点鲜明；逻辑清晰，语言流畅；内容上能与班级中的人际沟通事例相结合，能展现自我的思考、抒发真情实感	语言表达能力、大方不怯场的能力	☆☆☆☆☆	☆☆☆☆☆

六、项目后的反思和展望

（一）学生与教师的成长

项目实施过程中，我作为一名新教师，也是接触德育的新人，明白我与学生是共同成长的关系。人际交往是横贯所有人一生的一大课题，学生的自我能力成长，也不断给予我启发。学校有一句金句，我一向十分认可——真实学习，真切生活。无论是学习还是生活，都应该以"真"为先，在学习知识、考虑成绩之前，最重要的前提是培养真诚善良的人。

这一次"真诚赞美，良言暖心"的项目互动，我以人际交往中的"赞美"为主题，以"知""情""行"三个维度为活动设计依托，设计了"认识美""感受美""创造美""延续美"等活动环节，且提前将班级内、宿舍内有矛盾的孩子聚集到一起，成为一组，互相赞美。在项目活动中，我欣喜于同学们的参与度，见到他们因互相赞美而展露的开朗的笑容，心中无限欣慰。我认为在这次项目的组织策划与推进实施里，学生真正通过相互研讨、思考探究等方式，真听真看真感受，在情境体验、自我赞美标签和小组赞美活动中，感受到人际交往中美的体验。

通过本次项目式学习，同学们能体会什么才是真正有效的赞美，能写下真诚、有事例支撑的赞美，能在未来的人际交往中运用所学的恰当沟通方式，营造良好的氛围。学生在学习中真正实现了人际交往能力的提升，实现认知上的成长，并将其落实到后续的学习生活中。

（二）项目活动的不足和改进措施

在项目实施的过程中，也能发现一些问题，如少数学生在为同学点赞时十分拘束，组内"任务式"地完成这项赞美，与设计活动的初衷并不相符。我借助组长的力量调动气氛，也亲身参与到这组的赞美活动里，让他们在老师的示范中融入氛围。

另外，在小组分工共同完成任务的过程中，学生任务量分配不均，导致部分学生承担得多，部分学生承担得少，需要老师在小组任务分配后立即查阅分工表，判断任务量是否分配合理并和小组成员共同商讨解决对策。

人际交往一直是一个很大的话题，七年级学生在与世界碰撞的过程中，总会出现与同学、老师、家长等交往过程中的种种问题。在项目式学习实施之后，如何将一时的体验触动转化为长久的行动，从而营造向上向善的班风，还需要我在实践中努力探索。

基于此，我认为在这一节课后，我的努力方向是——

（1）设计相应的系列班会活动。以"人际交往"为主题，设计系列班会活动，涵盖与亲子沟通、同学相处、宿舍问题、师生互信，以生活中具体而微的小切口，通过活动体验，引导学生习得与他人相处的正确方法。

（2）加强家校联动。将本次活动中学生写下的"美的集赞卡"结合班级文化布置，在家长会上展示，一方面让家长了解自己孩子的多方面优点，另一方面也启发家长在家庭亲子沟通中注意方式方法，以积极鼓励、真诚点赞为主。

（3）每月因应不同的校园德育活动主题，推选班级"美的代言人"，如"最美体育之星""最美艺术之星""最美助人之星"等，创造不同机会让孩子们都有机会上榜，营造班级积极进取、崇德尚美的氛围。

提升自我领导力中的认知力和决断力，增进团队协作力，以自我成长带动团队进步，以自我能力提升助推班级良好氛围建设，愿我们的孩子都被看见、被关注，班集体在潜移默化中凝聚向美向善之心。

王明慧，广州市增城区应元学校语文教师，广州市增城区永宁街优秀班主任

栏目二　自我管理

项目4　解密"自主学习"

一、项目背景

随着教育改革的深入推进，自主学习已成为初中学生必须具备的核心能力。自主学习不仅有助于提高学生的学习成绩，更能培养他们的终身学习习惯。本项目首先将解密初中学生自主学习的本质，探寻自主学习的深层逻辑，以更好地促进初中学生自主学习规划能力的发展。

自主学习的关键在于自我规划、自我控制的能力。初中学生需要明确自己的学习目标，并根据目标制定合理的学习规划，这包括对学习时间的管理、学习任务的分配、学习进度的监控，以及自主学习中对情绪的管理能力与团体合作能力。有效的自主学习规划能够帮助学生更好地达成学习目标，提高学习效率，提升自我领导力。

二、项目设计

（一）项目基本信息（表4-1）

表4-1　项目基本信息表

项目名称	解密"自主学习"
项目学校	广州市增城区应元学校
项目时长	一个月
设计者	吴国辉老师
实施者	9年级学生，共40人

（二）项目目标

（1）通过解密"学习"的奥秘，学生可以认识到有规划地自主学习的重要性，有效促进初中学生自主学习能力的提升。

（2）通过系列课程学习，培养学生自主学习过程中的时间管理能力、任务计划制订与目标管理能力、情绪管理能力、团队合作能力，综合提升学生的自主学习规划能力。

（3）指引学生制订《自主学习规划手册》与撰写《自主学习规划实践心得体会与改良方案》，形成了一套行之有效的学生自主学习规划方法，促进学生自主学习规划能力的提升。

（三）关键问题

1.确定主题

本项目以"提升学生的自主学习规划能力"为总任务。在当前教育环境下，初中学生自主学习规划能力的重要性日益凸显，它不仅关系初中学生的学业成绩，更直接影响他们未来的发展和终身学习的能力。因此，本项目旨在通过教师系统的教学与指导，帮助学生掌握自主学习规划的关键技能，包括如何制定明确的学习目标与安排自主学习任务、规划合理的学习时间表、自主学习过程中如何做好情绪管理以及如何有效进行团队合作达成自主学习目标。通过学习，引导学生制订《自主学习规划手册》，并通过反思和总结来不断提升自主学习效果。

2.确定核心驱动问题（表4-2）

表4-2 核心驱动问题表

核心驱动问题	总任务	最终成果
如何制订《自主学习规划手册》并付诸实践	指导学生制订《自主学习规划手册》并运用于实践，然后进行复盘总结，改良自主学习规划方案	学生制订《自主学习规划手册》与《自主学习规划实践心得体会与改良方案》

三、项目计划

关于本项目的实施计划（表4-3），首先，确定项目主题与目标；然后，指导学生学习系列课程，指导学生制定《自主学习规划手册》；之后，指导学生根据手册，进行自主学习实践；最后，与学生共同复盘总结自主学习实践情况及实效，形成心得体会与改良方案。

表4-3 分解驱动问题表

分解驱动问题	主任务	主产品
确定项目主题与目标	明确项目目标，是为了培养学生的自主学习规划能力，提高学习效率	确定项目目标
通过学习系列课程，指导学生制订《自主学习规划手册》	解密"自主学习"的奥秘，认识自主学习中时间管理能力、任务管理能力、目标管理能力、情绪管理能力、团队合作与协调能力的重要性，指导学生制订《自主学习规划手册》	《自主学习规划手册》
学生根据自主学习规划手册，进行自主学习实践	执行自主学习规划方案，进行为期两周的自主学习实践	实践自主学习规划，助力学生成长
复盘总结自主学习实践情况及实效，形成心得体会与改良方案	学生对自主学习规划实践情况进行复盘总结，形成《自主学习规划实践心得体会与改良方案》	《自主学习规划实践心得体会与改良方案》

四、项目实施

（一）召开集体研讨会：确定项目主题与项目目标

（1）组织召开首次项目化学习——《自我规划能力培养：解密自主学习，助力初中学生成长》的集体研讨会，教师阐明开展项目式学习的重要性与要求。

（2）组织学生研究项目式学习的目标，引导学生认识到自主学习规划能力的重要性，并乐于通过学习系列课程，提升自主学习规划中的时间管理能力、任务管理能力、目标管理能力、情绪管理能力、团队合作与协调能力等，并能运用于实践。

（二）自主学习规划系列课程（两周时间）

课程1：解密"自主学习"的奥秘

目标：解密"自主学习"的奥秘，引导学生明确进行"自主学习规划"的重要性与意义。自主学习能力是初中学生必须具备的核心能力。以下为课程1的核心讲解内容。

（1）明确学生自主学习的本质，学生能通过自主设定学习目标、对学习过程进行合理有效的自主规划，并贯彻落实，达成良好学习效果。

（2）明确学生进行自主学习规划的重要性。一方面，自主学习规划有助于学生明确学习目标和方向，通过制定规划，学生可以清晰地了解自己想要达到的学习目标，以及实现这些目标所需的步骤和策略，这样的规划能够帮助学生找到并保持学习的方向性和针对性，避免在学习过程中迷失方向或偏离目标；另一方面，自主学习规划能够培养学生的自我管理能力，因为在自主学习规划执行过程中，学生需要自我监控学习进度，及时调整学习策略，这有助于学生形成自律的习惯，提高学习效率。

如何有效落实学生自主学习规划？这要求学生掌握时间管理能力、任务管理能力、目标管理能力、情绪管理能力、团队合作与协调能力，以此为基础进行自主学习规划，并制订指导实践的行之有效的自主学习规划手册，将之付诸实践。

课程2：时间管理能力

目标：指导学生在"自主学习规划"中提高"时间管理能力"。以下为课程2的核心讲解内容。

1.教授时间管理技巧

（1）制订时间表。教导学生如何制订一个合理的时间表，将学习、休息和娱乐等活动都纳入其中，确保每项活动都有充足的时间。

（2）优先级排序。引导学生学会根据任务的重要性和紧急性进行排序，优先处理最重要、最紧急的任务。

（3）设定目标和计划。鼓励学生设定明确的目标，并制订实现这些目标的详细计划，以便更好地分配时间。

2.培养自我监控和反思能力

（1）自我监控。教导学生如何监控自己的时间使用情况，确保学生按照时间表执行。指导学生使用"番茄工作法"等时间管理方法来提高专注力和效率。

（2）反思和调整。引导学生定期反思自己的时间管理能力，找出存在的问题并进行调整。这有助于他们不断改进自己的时间管理策略。

3.培养时间管理能力

通过组织实践活动和案例分析，让学生亲身体验时间管理的重要性并学习如何在实际生活中应用时间管理技巧。

通过教授学生时间管理技巧、培养自我监控和反思能力，结合自主学习培养时间，我们可以帮助学生逐步提高他们的时间管理能力并形成良好的自我规划能力。

课程3：任务管理、目标管理能力

目标：任务管理能力和目标管理能力是构成自我规划能力的两大核心要素，课程3是指导学生在"自主学习规划"中提高"任务管理能力""目标管理能力"。以下为课程3的核心讲解内容。

1.培养目标管理能力

（1）设定明确目标：教导学生设定具体、可衡量、可实现、相关且有时限的学习目标，这样的学习目标更具指导性和可操作性。

（2）目标分解：大的学习目标需要分解成若干个小学习目标。每个小学习目标的完成都是实现最终目标的重要步骤。

（3）制订计划：为实现目标制订详细的计划，包括步骤、时间表和资源等，这有助于确保学生有条不紊地推进学习目标的落实。

（4）进度跟踪：学生需要定期跟踪学习目标的完成情况，及时调整计划以应对可能出现的问题。这可以通过制作进度表或使用项目管理工具来实现。

（5）反思和调整：在实现学习目标的过程中，学生需要不断反思自己的行为和策略，找出存在的问题并进行调整。这有助于他们提高自我规划能力和实现更高层次的目标。

2.培养任务管理能力

（1）任务分解：教导学生将复杂的任务分解成若干个小任务，这样更容易管理和执行。每个小任务都要有明确的目标和步骤。

（2）优先级排序：引导学生根据任务的重要性和紧急性进行分类，优先处理那些重要且紧急的任务。

（3）任务清单：鼓励学生使用任务清单来记录所有待完成的任务，并定期更新清单。这有助于他们随时掌握任务进度。

（4）时间管理：为每个任务分配合理的时间，确保在规定时间内完成任务。这可以通过制订时间表或使用"番茄工作法"等方法来实现。

（5）监督和反馈：学生需要定期检查任务完成情况，并对未完成的任务进行分析和调整。同时，他们也可以寻求老师或同学的帮助和反馈。

课程4：情绪管理能力

目标：情绪管理能力影响着学生的日常学习和生活。因此，在培养初中学生的自主学习规划能力的过程中，情绪管理能力是一个非常重要的组成部分。课程4是为了指导学生在"自主学习规划"中提高"情绪管理能力"。以下为课程4的核心讲解内容。

1.培养情绪觉察能力

（1）自我反思：鼓励学生定期反思自己的情绪状态，识别并理解自己正在经历的情绪。这可以通过写日记、参与小组讨论或进行角色扮演等活动来实现。

（2）情绪识别：教导学生识别不同的情绪，并理解每种情绪产生的原因和影响。这有助于他们更好地管理自己的情绪，避免被情绪所主导。

2.学习情绪调节技巧

（1）深呼吸和放松训练：教导学生使用深呼吸、冥想等放松训练来平复情绪，缓解紧张和压力。这些技巧可以在课堂上教授，并鼓励学生在日常生活中实践。

（2）积极应对：鼓励学生采用积极的应对策略来处理负面情绪，如寻求帮助、转移注意力、进行锻炼等。这有助于他们更好地应对挫折和困难，保持积极的心态。

3.建立情绪支持网络

（1）家庭支持：与家长沟通，鼓励他们关注孩子的情绪状态，并提供支持和帮助。家庭是孩子情绪管理能力培养的重要场所，家长的引导和支持至关重要。

（2）同伴支持：鼓励学生之间建立互助小组，分享情绪管理经验和技巧，相互支持和鼓励。同伴的支持和理解对于初中生的情绪管理非常重要。

4.将情绪管理融入自主学习

（1）情绪管理计划：在自主学习过程中，鼓励学生制订情绪管理计划，明确自己在面对不同情绪时的应对策略。这有助于他们在学习过程中保持冷静和专注。

（2）情绪日记：鼓励学生在自主学习过程中记录自己的情绪变化，分析情绪产生的原因和影响，并寻找解决方法。这有助于他们更好地了解自己的情绪，提高情绪管理能力。

将情绪管理融入自主学习规划，并提供持续的指导和支持，可以有效地帮助初中学生提高情绪管理能力，从而更好地实现自主学习规划。这将对学生的未来发展产生积极而深远的影响。

课程5：团队合作与协调能力

目标：在培养初中学生的自主学习规划能力的过程中，团队合作与协调能力也是不可或缺的一部分。团队合作与协调能力不仅有助于学生在学习上的成功，还对其未来的职业生涯和社会生活具有重要意义。课程5是指导学生在"自主学习规划"中提高"团队合作与协调能力"。以下为课程5的核心讲解内容。

1.建立团队意识和合作精神

（1）强调共同目标：在自主学习活动中，明确团队的目标，并让学生理解每个人的贡献对于实现团队整体目标的重要性。

（2）角色分配与责任共担：在团队项目中，为每个成员分配明确的角色和责任，鼓励他们相互协作，共同完成任务。

2.培养沟通与协调能力

（1）沟通技巧培训：提供沟通技巧的培训，包括倾听、表达、反馈等，帮助学生提高沟通效率，减少误解和冲突。

（2）协调能力训练：通过团队活动和项目，让学生在实践中学习如何协调不同意见和利益，达成共识和妥协。

3.营造积极的团队氛围

（1）鼓励积极参与：鼓励每个学生积极参与团队活动，提出自己的想法和建议，增强团队的凝聚力和向心力。

（2）互相支持与帮助：倡导团队成员之间互相支持、互相帮助的精神，共同应对挑战和困难。

通过以上措施，可以有效地培养初中学生的团队合作与协调能力，提升他们的自主学习规划能力。

课程6：制订《自主学习规划手册》

目标：通过关于"自主学习规划"的系列课程学习，课程6将指导学生根据系列课程1~5所学习掌握的时间管理、任务管理、目标管理、情绪管理、团队合作能力与自主学习方法，制订自主学习规划与方案，并将方案汇编成一本系统的个人《自主学习规划手册》（表4-4）。

表4-4 《自主学习规划手册》制订指引表

《自主学习规划手册》制订指引		
学习目标设定	总学习目标：	分解学习目标1：
		分解学习目标2：
		分解学习目标3：
任务安排计划	任务清单：	
	任务优先级排序及安排：	
	任务进度跟进计划：	

续表

《自主学习规划手册》制订指引	
时间管理方案	时间分配方案：
	黄金时间利用：
	休息时间规划：
情绪管理方案	情绪调节方法：
	情绪支持网络：
团队力量支持	合作方式：

（三）学生运用《自主学习规划手册》进行自主学习实践

（1）运用课程所学理念与能力，制订并执行《自主学习规划手册》，心无旁骛地进行学习。

（2）学生执行《自主学习规划手册》，自主改善学习环境，营造学习氛围。

（3）学生根据《自主学习规划手册》，自主进行学习与团队合作、互帮互助。

（4）学生执行《自主学习规划手册》，积极学习，主动找教师解疑答惑。

（5）复盘《自主学习规划手册》执行情况，分享心得。

以两周为期，一方面教师组织项目总结反思研讨会，指引学生对《自主学习规划手册》制订的自主学习计划执行情况进行反思、总结，形成感悟，撰写心得体会与改良方案；另一方面，教师组织班级论坛，邀请参与项目的学生代表分享自主学习规划执行情况与实效的心得体会。

（四）整理成果，复盘总结

1.制定并执行"自主学习规划"

在关于"自主学习规划"的系列课程中，指导学生撰写自主学习规划中与时间管理、任务管理、目标管理、情绪管理、团队合作有关的计划与方案，并将方案汇编成一本系统的个人《自主学习规划手册》，根据《自主学习规划手册》进行为期1周的自主学习规划实践。

2.复盘总结

复盘总结为期1周的自主学习规划执行情况、实际效果，指导参与项目学生撰写真实的心得体会，形成《自主学习规划实践心得体会与改良方案》（表4-5）。

表4-5　《自主学习规划实践心得体会与改良方案》撰写指引表

《自主学习规划实践心得体会与改良方案》撰写指引		
实践心得体会	执行情况	效果：
^	^	不足：
^	改善思路：	
改良方案	目标与任务管理	
^	时间管理	
^	情绪管理	
^	团体合作	

3.成果展示

组织论坛，邀请学生分享自主学习规划执行情况、实际效果、心得体会与改良方案。

五、结项复盘

（一）项目成果

（1）参与项目的学生通过学习系列课程，撰写《自主学习规划手册》，规划手册中包括时间管理、任务管理、目标管理、情绪管理、团队合作的计划与方案。

（2）参与项目的学生通过执行《自主学习规划手册》，进行为期1周的自主学习实践，在执行规划过程中提高学生的自主学习水平，提高学习效率。

（3）参与项目的学生在复盘总结阶段，撰写《自主学习规划实践心得体会与改良方案》，反思总结自主学习规划的执行情况与实效，思考并提出调整改善自主学习规划的方案，进一步提高规划的水平与自主学习的有效性。

（二）项目评价（表4-6）

表4-6　项目评价表

主产品	评价标准	考察技能	星级
《自主学习规划手册》	《自主学习规划手册》中时间管理安排合理，具有可行性	时间管理能力	☆☆☆☆☆
	任务管理计划清晰、合理	任务管理	☆☆☆☆☆
	目标管理方案精细、有效	能力目标管理能力	☆☆☆☆☆
	情绪管理方案符合实际心理情况，能有效稳定情绪，进行自主学习	情绪管理能力	☆☆☆☆☆ ☆☆☆☆☆
	自主学习规划中团体合作方案具有可操作性	团队合作能力	☆☆☆☆☆
	自主学习规划手册条理清晰，行之有效	综合协调能力	☆☆☆☆☆
自主学习规划实践情况	能排除干扰有效进行自主学习，自主学习规划实践效果良好	执行规划能力	☆☆☆☆☆
《自主学习规划实践心得体会与改良方案》	复盘总结为期两周的自主学习规划执行情况，撰写真实的心得体会与改良调整方案	总结反思能力 调整改良能力	☆☆☆☆☆ ☆☆☆☆☆

六、项目后的反思和展望

（一）学生与教师的成长

在组织本项目化学习活动"自我规划能力培养：解密自主学习，助力学生成长"过程中，笔者作为教师和组织者，获得的成长是多方面的。一方面，促进了笔者教学理念的转变。在传统的教学模式中，教师往往扮演着

"知识灌输者"的角色，而通过组织本次"项目化教学"，我需要转变为"引导者"和"促进者"，指引学生积极参与项目实践，培养学生的自主学习规划能力。这种教学理念的转变促进本人不断成长，以适应新的教学需求。另一方面，笔者在项目策划与实施过程中，获得知识水平与综合能力的提升。首先是专业知识的更新，本次项目化学习方案策划，需要大量个人自我规划方面的知识，因此我不断从专业书籍中提高自身知识认知水平，以适应项目化教学的需求；其次，在项目化学习方案实施过程中，我不断精进个人综合能力。项目实施包括项目设计、组织管理、指导学生进行自主学习规划，评价学生自主学习规划实施情况。在此过程中，遇到不少未曾设想的问题，在解决问题的过程中，笔者综合能力得到进步。

参与项目学生在制订自主学习规划、执行自主学习规划、总结复盘自主学习规划过程中，形成了一套有效的自主学习规划的思路与方法。因此，在本"项目化学习"方案实施过程中，学生迅速成长。首先，在参与项目化学习的过程中，学生自主学习能力得到提升。项目鼓励学生自主规划学习，这让他们逐渐掌握了如何制订学习计划、如何合理安排时间、如何有效地调节情绪以及如何加强合作。通过不断地实践和调整，学生的自主学习能力得到了显著的提升。其次，学生学习责任感得到增强。在自主学习规划的过程中，学生需要对自己的学习负责。这种责任感促使他们更加认真地对待学习，更加自主地管理自己的学习进程。再次，学生自我管理能力得到加强，自主学习规划要求学生在项目执行过程中进行自我管理，包括时间管理、情绪管理、目标与任务管理等。通过这一过程，学生可以学会如何合理安排时间、控制情绪、有效利用资源实现学习目标，从而提升自我管理能力。这些技能不仅对学生学习有帮助，也对其未来的工作和生活有重要意义。最后，学生适应性和灵活性得到增强。在自主学习过程中，学生可能会遇到各种预料之外的情况，他们需要学会适应这些变化，灵活调整自己的学习计划和方法。

（二）项目活动的不足和改进措施

1.项目存在的不足

（1）个体差异性情况：参与项目的初中学生在自主学习能力、时间管理、学习动力等方面存在个体差异。部分学生在项目初期可能难以适应自主学习的方式，导致学习效果不佳。

（2）指导不够具体：在项目实施过程中，教师可能未能提供足够具体和个性化的指导，导致学生在自主学习过程中感到困惑或迷失方向。

（3）缺乏有效监督机制：自主学习需要学生具备高度的自律性，但缺乏有效的监督机制可能导致部分学生偷懒或敷衍了事，从而影响项目的整体效果。

（4）学习资源有限：受学校条件限制，学生可能无法获得丰富多样的学习资源，这在一定程度上限制了他们的自主学习规划和效果。

2.改进措施

（1）加强个性化指导：教师应根据学生的实际情况提供个性化的指导，帮助他们制订适合自己的学习计划和目标。同时，教师还应定期与学生沟通，了解他们的学习进展和困惑，并及时给予解答和建议。

（2）建立监督机制：为了确保学生的自主学习效果，教师可以建立一定的监督机制，如定期检查学生的学习进度、要求学生提交学习报告等。同时，教师还可以鼓励学生之间互相监督、互相学习，形成良好的学习氛围。

（3）丰富学习资源：学校应尽可能为学生提供丰富多样的学习资源，如图书、网络资料等。此外，教师还可以引导学生利用身边的资源，如家长、同学等，拓宽学习的渠道和途径。

（4）注重评价与反馈：在项目实施过程中，教师应注重对学生的表现进行评价和反馈。通过及时、具体的评价，让学生了解自己的学习成果和不足，并根据反馈调整自己的学习策略和方法。

总而言之，通过组织本次"自我规划能力培养：解密自主学习，助力学生成长"项目化学习活动，本人和参与项目的学生均收获了"自主学习规划"知识与能力方面的成长。虽然本次项目化学习活动仍存在不少遗憾与不足，相信通过改进方案，再次组织项目实施必定让更多参与者收获成长的喜悦！

吴国辉，广州市增城区应元学校历史教师，广州市增城区应元学校优秀班主任

项目5 毕业班的压力调节器

一、项目背景

社会政策的需求：2017年教育部颁发的《中小学德育工作指南》中强调，初中阶段德育培养的目标是教育和引导学生热爱中国共产党、热爱祖国、热爱人民，认同中华文化，继承革命传统，弘扬民族精神，理解基本的社会规范和道德规范，树立规则意识、法治观念，培养公民意识，掌握促进身心健康发展的途径和方法，养成热爱劳动、自主自立、意志坚强的生活态度，形成尊重他人、乐于助人、善于合作、勇于创新等良好品质。这就要求初中阶段的学生要有一定的自我管理能力。具备自我管理能力的人可以更好地掌握自己的情绪、时间、目标，从而提高生活、学习和工作效率，并取得更好的成果。因此，学生有必要提升自我领导力。

学校教育的需求：中学生学习压力日益增加，对他们的心理和身体健康产生了巨大影响。九年级处于升学的最后阶段，学生对于自身和外界一些事情格外敏感，很容易产生压力。

班级学情的需求：班上学生在七八年级没有养成良好的学习自觉性和习惯，到九年级后普遍不适应高强度的学习，成绩不理想，学习压力大。经过分析观察发现学生学习能力不差，只是没有掌握学习方法，更重要的是缺乏自我管理的能力，在学习上被老师牵着走。因此主动了解压力，积极缓解压力，学会利用压力对于九年级的学生而言是非常必要的，本项目主要来源于此。

领导力核心素养的需求：在当今竞争激烈的社会中，每个人都需要具备一定的自我领导能力，以期在个人和职业生涯中取得成功。自我领导力是一种重要的技能，它涉及自我管理和个人领导力的发展。

自我管理的好处是多方面的。首先，它有助于提高自我效能感，使个人相信自己有能力达到目标。其次，自我管理可以帮助个人更好地掌控自己的生活，从而提高个人的幸福感和对生活满意度。最后，自我管理还有助于个人建立积极的工作习惯，提高个人的职业竞争力。

二、项目设计

（一）项目基本信息（表5-1）

表5-1　项目基本信息表

项目名称	钢铁是这样炼成的
项目学校	广州市第十六中学
项目时长	1个月
设计者	王玲老师
实施者	九年级（8）班学生，共49人

（二）项目目标

（1）引导学生树立目标意识，建立清晰的目标是有效自我管理的第一步。确保目标的具体性、可衡量性、可行性和有时限性。将目标写下来，并制订相应的计划。定期回顾和调整目标，以确保其与自身长期愿景保持一致。

（2）让学生掌握管理时间的方法，时间管理是自我管理的关键。学会优先处理重要和紧急的任务，并学会拒绝那些对实现目标没有帮助的事情。制订日程表、制订待办事项清单、设置提醒，可以帮助学生更好地管理时间。

（3）构建自我激励，自我激励是自我管理的重要方面。找到自我激励的方法，例如，设定奖励机制、与他人分享目标、寻找推动因素等，学会克服拖延症，并避开外界干扰，保持专注。

（4）培养学生积极的心态，积极的心态有助于应对压力和挑战，提高自我管理能力。学会从困难中积极寻找机会和教训，保持积极向上的态度，并与乐观的人交往。

（5）建立良好的习惯，良好的习惯可以帮助学生更好地管理自己。养成每天锻炼、阅读、学习等良好的习惯，可以提高自我管理的效果。在养成良好习惯的过程中，要有耐心和恒心，逐渐培养并坚持下去。

（三）关键问题（表5-2）

表5-2 核心驱动问题表

核心驱动问题	总任务	最终成果
如何缓解压力	运用问卷调查、手绘、组织活动等形式了解并缓解压力	缓解压力系列活动

三、项目计划

为推动最终核心驱动问题"如何缓解压力"的解决，教师指导学生按照自己的意愿，组建具体项目小组。通过讨论、谈话、调查等方式了解学生的想法和需求后，进而产生以下收集压力来源、了解解压方式、如何实施解压活动等三大系列分解驱动问题（表5-3）。

表5-3 分解驱动问题

分解驱动问题	主任务	主产品
压力来源有哪些	1.小组商讨收集压力来源的形式，确定最终采取的形式 2.小组分工上网和访问学生压力来源，制作问卷调查人发放问卷调查，收集问卷并进行分析	问卷调查及其结果
解压方式有哪些	1.小组分工收集资料，了解解压的相关方式 2.教师与学生进行小组交流讨论，给予必要指导，确定小组最终的解压方式 3.各小组根据自己选定的解压方式进行相关资料进一步整理 4.小组讨论解压活动的方案流程，做好相关人员、后勤资料等准备	解压方式介绍（PPT、文档、图片等）
如何组织解压活动	1.小组按照方案做好解压活动后勤准备 2.小组展示解压活动	解压活动（照片、视频、文字）

四、项目实施

（一）项目活动

项目活动1：收集压力来源

目标：学会运用百度等搜索、访谈等形式收集资料，学会制作问卷调查并统计分析调查结果。

（1）小组分工。

网上搜索小组：

①负责从互联网上收集关于学生压力来源的相关资料和信息。

②使用各种搜索引擎、学术网站、社交媒体等渠道收集数据。

③对收集到的信息进行筛选、整理和分析，提取出有关学生压力来源的关键点。

访谈小组：

①设计和制定访谈问卷或指导问题。

②联系并安排访谈对象（可以是学生或学生群体）。

③进行访谈，记录学生的回答和反馈。

④对访谈结果进行整理和分析，提取出学生的主要压力来源。

（2）小组成员汇总搜索和访谈结果。

定期会议：

①小组应定期召开会议，分享各自的工作进展和发现。

②在会议上，可以对遇到的问题进行讨论，并寻求解决方案。

③确保两个小组之间的信息流通和合作顺畅。

④使用共享文件夹或云盘等工具，方便小组成员共享文件和资料。

共享文件和信息：

①确保所有成员都能及时获取最新的信息和数据。

②为整个项目制订一个明确的时间表，包括每个阶段的任务和时间节点。

③确保所有小组成员都清楚自己的任务和时间要求。

进度监控：

①每个小组应定期报告自己的进度和成果。

②对于进度滞后或遇到的问题，应及时进行调整和解决。

（3）小组根据访谈结果制作问卷调查。

数据整合：

在项目结束前，两个小组应将各自的数据和发现进行整合，形成一个完整的报告。

报告撰写与发布：

①撰写详细的报告，包括数据收集和分析的过程、结果和结论。

②可以将报告发布在小组内部或更广泛的平台，以便更多的人了解和参考。

初三学生心理压力调查问卷

亲爱的同学，你好！感谢你对我们"初三学生心理压力调查问卷"的配合，请认真填写你的信息，祝你在中考中取得优异成绩！

你的性别：　　　　　　你的年龄：

1.面对即将到来的中考，你是否有心理压力？

A.有心理压力　　　　　B.无心理压力

2.你认为你自己的压力程度是？

A.压力很大　　　　　　B.压力较大

C.压力一般　　　　　　D.压力较小

3.你认为你自己的压力来源是？

A.学习任务与考试　　　B.人际关系

C.家庭问题　　　　　　D.情感问题

E.长相、发育　　　　　F.其他

4.你所采用的解压办法？

A.自己调适　　　　　　B.求助朋友、老师

C.憋在心里　　　　　　D.发火、骂人、打人

E.其他

5.你当前的心理状态？

A.很健康　　　　　　　B.比较健康　　C.有比较严重的问题

D.有些问题　　　　　　　E.正常

6.你希望采取的解压措施？

A.通过学校开课或讲座介绍心理保健知识

B.优化学校教育、管理与环境

C.进行心理调查与测试

D.求助心理咨询机构

E.与老师进行心理互动

小组发放并收集问卷调查，并对班级调查结果进行统计分析。

项目活动2：确定解压方案

目标：学会策划解压方案。

（1）小组所有成员在班主任的带领下选定本小组的解压方案。

提供支持与及时反馈：

①班主任在整个过程中提供必要的支持和指导。

②对学生的努力和贡献给予及时的反馈和鼓励。

实施方案与持续调整：

①在解压方案实施过程中，班主任密切关注学生的反馈和解压效果。

②根据实际情况进行适时的调整和优化，确保方案的有效性和适应性。

总结经验与持续发展：

①活动结束后，班主任组织小组进行总结，分享经验和教训。

②鼓励学生在未来的活动中继续发挥参与和主动性，推动小组解压方案的持续改进和发展。

（2）小组讨论分工，制订本小组的解压活动方案，保存文件到老师指定的小组文件夹中。

设定目标与确定核心问题：

①结合学生的需求和班主任的观察，共同设定解压方案的目标。

②明确小组需要解决的核心问题，如学业压力、人际关系等。

鼓励学生参与策划：

①班主任鼓励小组成员提出自己的解压方案创意。

②组织小组讨论，对各种创意进行筛选和优化。

分工合作与资源共享：

①根据学生的特长和兴趣，进行明确的分工。

②鼓励学生共享资源和信息，如场地、道具等，共同为解压活动做准备。

解压方案1：新年写贺卡

（1）活动主题："传递温暖，新年更近。"通过写贺卡的方式，为亲朋好友送去祝福，为自己加油鼓劲，传递关爱与温暖，缓解焦虑情绪。

（2）活动时间：2023年12月。

（3）活动对象：全班同学。

（4）活动地点：教室。

（5）活动内容：

①活动前期准备：宣传海报制作、贺卡材料准备、活动现场布置等。

②现场写贺卡：参与者可以在现场挑选贺卡样式，写上祝福语，并签名，也可以自己准备贺卡，写好后交给工作人员。

③祝福投递：参与者可以将写好的贺卡寄给亲朋好友，或者放在学校指定的祝福墙上，让全校师生共同欣赏。

④活动结束：清理现场，整理贺卡，并统计活动成果。

解压方案2：励志歌唱

（1）活动主题：本次活动以"励志歌声，唱响未来"为主题，旨在通过歌唱比赛的形式，激发参赛者的积极心态，传递正能量，展现他们励志的精神风貌。

（2）活动目标：

①增强参赛者的自信心和表达能力，提升其自我认同感。

②通过活动传递励志精神，激励更多人积极向上，追求梦想。

②丰富校园文化生活，为学生提供展示才艺的舞台。

（3）活动时间：2023年12月。

（4）活动地点：教室。

（5）参赛对象：全班学生。

（6）比赛形式：

①初赛：以视频提交等方式进行选拔。

②决赛：初赛选出的优秀选手将进行现场演唱，形式包括独唱、对唱、合唱等。

（7）评选标准：

①主题内容：歌曲内容健康向上，体现励志精神。

②表现力：选手的舞台表现力、感染力及情感投入程度。

③技巧水平：选手的演唱技巧、音准节奏等。

④创意性：选手在演绎歌曲过程中的创新和独特表现。

解压方案3：大家一起来

（1）活动目标：班级解压活动旨在提高班级凝聚力，加强同学间的互动与交流，缓解学习压力，提供一个放松心情的机会。通过参与活动，期望学生们能感受到集体活动的乐趣，放松心情，激发对生活的热爱。

（2）活动地点：教室。

（3）活动内容：

①团体竞技游戏：组织一些有趣的团体竞技游戏，如"疯狂躲避球""接力赛"等，增强团队协作能力。

②美食分享：鼓励同学们自带美食与大家分享，同时品尝不同口味的美食。

③自由交流：设置自由交流环节，让同学们自由交谈，分享心得。

（4）参与人员：全班学生。

（5）活动形式：

①利用班会课的时间，以小组为单位，按照小组策划，实施解压活动。

②一共分为三个活动小组，通过团体趣味游戏、美食分享、自由交流等方式进行班级解压。

（二）项目成果

1.出项展示的仪式

在当今竞争激烈的社会中，每个人都需要具备一定的自我领导能力，以期在个人和职业生涯中取得成功。为了进一步帮助孩子们了解自己，认识自己的优势和潜能，引导他们从小树立自我管理领导力，我班开展了钢铁是这样炼成的：自我管理领导力培养项目化学习出项活动。

2.展示的成果描述

在项目学习过程中，我和学生总结了几点提升自我领导力的方法。

第一，不断学习和成长。无论是在学习上还是工作上，我们必须不断自己学习新知识、新技能，不断提高自己的综合素质和业务能力。只有充实了自己，才能更好地掌握自己的生活和工作，才能为别人提供更好的服务，才能获得更多的成功。

第二，保持积极的心态。人的心理状态很大程度上决定了一个人的行为和表现，因此，我们需要有积极的生活态度、乐观、充满自信。在遇到困难和挫折时，要勇于面对，不退缩。有时，困难或挫折会变成一种契机，让我们在挫折中成长和进步。

第三，合理规划时间。我们必须充分利用好时间，最大限度地发挥时间的价值。要按照自己的目标和计划来规划时间，确定优先级，把时间分配到不同的任务上，使自己的时间和精力得到最大化的利用。

第四，自我审视。我们在行动和思考的时候，经常受到自身局限性和偏见的影响。因此，我们需要反思自己的想法、决策是否合理，是否能够达到自己的目标，这样才能不断改进，进而有效地提高我们的自我管理能力。与此同时，还要加强对自己的监督，知道自己行动的后果以及如何承担责任。

第五，注重团队合作。在我们的生活和工作中，我们都需要与其他人进行合作。因此，我们必须建立和谐、可信赖的合作关系，在团队中互相鼓励、支持、配合，共同实现目标。同时，我们也需要学习如何在团队中展示自己的领导能力、影响力，发挥自己的优势，推动团队向更高层次迈进。

3.成效和不足

该项目的发起和实施，切合班级实际，让同学们不仅充分了解到压力的来源，并通过交流讨论，明确了缓解压力的方案，最终实施方案，缓解了自身压力。因为项目来源于班级，因此同学们参与度很高，并且在该过程中，学生对彼此有了更深层次的了解，不仅缓解了压力，而且有利于提高班级凝聚力。

学生从了解压力的来源到确定缓解压力的方案再到实施解压活动，都需要花费大量的时间。只是利用在学校固定的班会课时间是不够的，因此需要学生课后自行组织进行讨论。小组与小组之间实施的效果是有参差的，这就要求教师在项目实施的过程中，要及时给予学生指导，以便学生更好地完成项目。

五、结项复盘

（一）项目活动和产品评价

1.项目活动评价量表（表5-4）

表5-4 评价量表

主产品	评价标准	考察技能	星级
各小组问卷调查	问卷调查形式正确，符合要求	信息检索能力、沟通协作能力、总结分析能力	☆☆☆☆☆
	调查内容具体，具有可操作性		☆☆☆☆☆
	结果分析准确，参照性强		☆☆☆☆☆
解压方案	符合问卷调查结果，结合班级实际	自我领导力、语言表达能力、协作能力	☆☆☆☆☆
	方案内容丰富、有创造力		☆☆☆☆☆
	方案可操作性强		☆☆☆☆☆
	分工详细明确		☆☆☆☆☆
解压活动	活动主题突出，内容有寓意	组织协调能力、团队领导力	☆☆☆☆☆
	活动准备充分		☆☆☆☆☆
	学生参与度高		☆☆☆☆☆
	活动成果收集多		☆☆☆☆☆

2.结果的评价标准

（1）目标设定和达成。能够设定明确、可量化的目标，并制订实现这些目标的计划。能否按时、按计划达成目标是评价标准之一。

（2）时间管理。有效地利用时间，合理安排任务优先级，并且能在工作中保持高度的效率。能否在规定时间内完成任务并有效利用工作时间是关键。

（3）优先级和决策能力。能够识别并区分任务的紧急性和重要性，并据此做出明智的决策。优先处理重要且紧急的事项，并合理规划未来任务。

（4）自我激励和毅力。具备自我激励的能力，在面对困难或挑战时保持积极的态度，并持续努力达成目标。

（二）项目过程的自我评价（表5-5）

表5-5 自我评价表

项目化学习成果的自我评价
我承担了哪些工作？我顺利完成我的工作了吗？ 在项目策划时，我是否能够清晰表达我的观点？ 在项目组织实施时，我是否能够推动项目顺利实施？ 在面对困难和压力时，我是否能够保持冷静和理性，积极寻求解决方案？ 整个活动中，我是否提高了抗压能力？

六、项目后的反思和展望

（一）学生与教师的成长

自我领导力是成功的关键，它涉及自我控制力、前瞻力和个人领导力的发展。通过自我管理，我们可以更好地掌握自己的生活，提高工作效率和个人幸福感。通过发展个人领导力，我们可以影响和激励他人，有效实现共同目标。因此，我们每个人都应该努力发展自己的自我管理和个人领导力，以取得成功并影响他人。不断提高自我领导力是一项长期的任务。我们需要对自己进行全面审视和改正，有一颗积极向上的心，不断尝试，不断前行，才能更好地拥有自我管理的能力，赢得更多的成功。

在实际工作中，作为班主任，我们需要通过多种方式来营造一个积极向上、乐于创新的班级氛围，真实感染、引导学生，建立有力的能力组合，提高团队凝聚力。

（二）项目活动的不足和改进措施

学生从了解压力的来源到确定缓解压力的方案再到实施解压活动，需要花费大量的时间。只利用在学校固定的班会课时间是不够的，因此需要学生课后自行组织进行讨论。小组与小组之间实施的效果是有参差的，这就要求教师在项目实施的过程中，及时给予学生指导，以便学生更好地完成项目。

首先，要注重发扬学生的主观能动性，发挥学生的创造性和积极性。我们要始终坚持"以人为本"的原则，并且认真地分析学生的特点和优势，做到能人所不及。同时，不断地提高学生的管理能力和执行力，增强学生的工作能力和自我认同感，让学生在工作中充分发挥自己的能动性。

其次，注重人性关怀，营造良好的人文环境。我们要给予学生尊重、关心和照顾，做到"严师出高徒，名师出状元"。我们要让学生感受到温暖和人性关怀，这样才能有效减少学生的失落感和困惑感，也可以让学生感受到在这样的环境下，自己有强大的支持和归属感。

最后，重视反馈机制，让学生得到适当的激励和回报。作为班主任，我们应该设置清晰的目标和标准，并且明白地告知学生，同时对学生给出及时、全面的反馈，让学生了解自己的优点和不足。如果学生取得了突出的成绩，我们要及时给予表扬和奖励，以鼓励他们更加努力。

总之，作为班主任，我们需要做到平心静气，注重人性关怀，重视反馈机制，让学生感受到公平、透明、激励和肯定，只有这样，才能够打造出一个高效和谐的团队，让自我领导力不断得到提升。

王玲，广州市第十六中学历史教师，广州市越秀区优秀团干部

项目6　读懂父母：我能有话好好说

一、项目背景

《中华人民共和国家庭教育促进法》强调促进家长依法育儿、科学育儿，推动家校协同育人。家校协同育人在初中阶段尤为重要。到青春期，孩子自主意识越来越强烈，不再单纯地完全依赖家长，不愿意受到过多的限制，有独立的想法。因此，初中生在成长过程中，常常会伴随与父母沟通的问题，不光影响学业，更影响身心健康发展。

"自我领导力"教学法，相信孩子们的自主性，恰好切合孩子们青春期的特性，其总体架构是观（思维）—为（行为）—得（结果），主张从思维开始改变，进而改变行为，最终带来结果的改变。"自我领导力"教育相信每个人都有独特的天赋潜能、坚信每个孩子都能主导自己的学习乃至生活。因此，家长和老师们可以大胆地赋能孩子，让孩子通过实践体验来提升"自我领导力"。

基于此情况，七年级（5）班的同学们，于2022年12月线上学习开始，开展"与父母有效沟通"的PBL项目，结合社会心理学中的非暴力沟通理论，提出应对建议。该项目延续至八年级。

二、项目设计

（一）项目基本信息（表6-1）

表6-1　项目基本信息

项目名称	与父母有效沟通
项目学校	广州市增城区应元学校
项目时长	1年
设计者	李宇楠老师
实施者	八年级（5）班（元梦班）学生，共39人

（二）项目目标

（1）利用项目式学习，帮助学生理解沟通背后的情绪管理机制，积累与他人有效沟通的技巧，提升自身有效沟通的能力，树立正确的亲子沟通观念。

（2）学生通过尝试与父母良好沟通，培养出尊重他人、倾听他人和表达自己的能力，以助日后与他人建立积极的人际关系，使其更好地适应社会环境。

（3）帮助学生更好地认知自我、了解自己的需求与目标。透过认知自我，学生可以更好地管理情绪、应对压力，提高心理韧性，促进心理健康和稳定，以此促进个人成长和发展。

（4）增强自主学习的能力。在深度阅读和有效写作中，理解复杂概念和推理能力，提升逻辑思维能力，培养清晰表达观点的能力。深度阅读和有效写作结合，提升综合分析问题、独立思考和有效沟通的能力。

（5）增强自我领导力，引导学生关注现实问题、关注社会、关注个人需求，学会面对生活中的真实问题，用适切的方式去解决问题，锻炼系统思维。

（6）学会制作PPT，并设置PPT动态效果。在此过程中，培养良好的团队合作精神，学会有效沟通和协调，领导他人并与他人协作实现共同目标。

（三）关键问题

1.确定主题

与父母的沟通，会极大地影响初中生的自我认同及亲密需求的满足。基于同学们现阶段与父母沟通不畅的现象，生发了本项目主题。

2.确定核心驱动问题（表6-2）

表6-2 核心驱动问题

核心驱动问题	总任务	最终成果
如何与父母有效沟通	同学们以小组为单位，面向同学和家长发布项目研究成果	"亲子沟通，我有妙招"幻灯片作品

三、项目计划

核心驱动问题为：如何与父母有效沟通？教师指导学生按照自己的意愿，组建具体项目小组。通过讨论、谈话、调查等方式了解学生的想法和需求后，进而提出了三大系列分解驱动问题（表6-3）：同学们与父母沟通的实际情况是什么样的？怎样的沟通技术能减少亲子交流的隔阂？如何向家长们生动地演绎同学们的沟通需求和技术？

表6-3 分解驱动问题

分解驱动问题	主任务	主产品
同学们与父母沟通的实际情况是什么样的	1.设计"真心话不冒险"学生版和家长版 2.自行填写学生版问卷，回家请家长填写家长版问卷 3.以小组为单位分析填写情况	"真心话不冒险"学生版和家长版； 亲子沟通情况分析表
怎样的沟通技术能减少亲子交流的隔阂	1.与父母共同阅读《非暴力沟通》，结合个人经历，撰写《非暴力沟通》读后感 2.结合"道法"八年级第一学期第二单元的《尊重他人》，进一步明确沟通原则 3.聆听家长代表到班开展关于情绪管理及表达的讲堂，撰写听后感	学生的《非暴力沟通》读后感； 家长讲堂讲稿及学生听后感
如何向家长们生动地演绎同学们的沟通需求和技术	1.分小组汇总阅读《非暴力沟通》及聆听家长讲堂后，对亲子沟通的心得制作成PPT作品 2.收集与父母的合照，结合信息课所学，放入PPT，给这个PPT作品添加动态效果，包括动画效果和切换效果，以小组为单位在亲子交流会上，向家长汇报 3.学生邀请与孩子沟通顺畅的家长代表，在亲子交流会上从家长角度分享沟通技巧	学生小组的"亲子沟通，我有妙招"幻灯片作品； 家长代表的"与孩子一起成长"幻灯片作品

四、项目实施

（一）项目活动

项目活动1：设计、填写并分析"真心话不冒险"

目标：学会面向不同的对象设计问卷；学会结合数据，分类汇总情况，进行情况小结，了解亲子沟通情况。

（1）小组讨论亲子沟通中可能遇到的问题，并进行汇总。每个小组组长担任主持人，引导讨论内容，确保每个成员都有机会发表观点和提出问题，一名成员负责记录。成员们通过分享个人经验或他人案例，汇总亲子沟通中可能出现的问题，如"妈妈总是不敲门就闯入我房间""家长翻我微信聊天记录""父母看到我没考好就说我一点都不努力"，等等。同学们在讨论中产生共鸣，适时质疑或补充，场面热烈。

（2）组长汇报问题，结合同学们的总体情况，面向家长和同学，进行两个版本的"真心话不冒险"问卷设计（图6-1）；小组成员检查问题是否具有

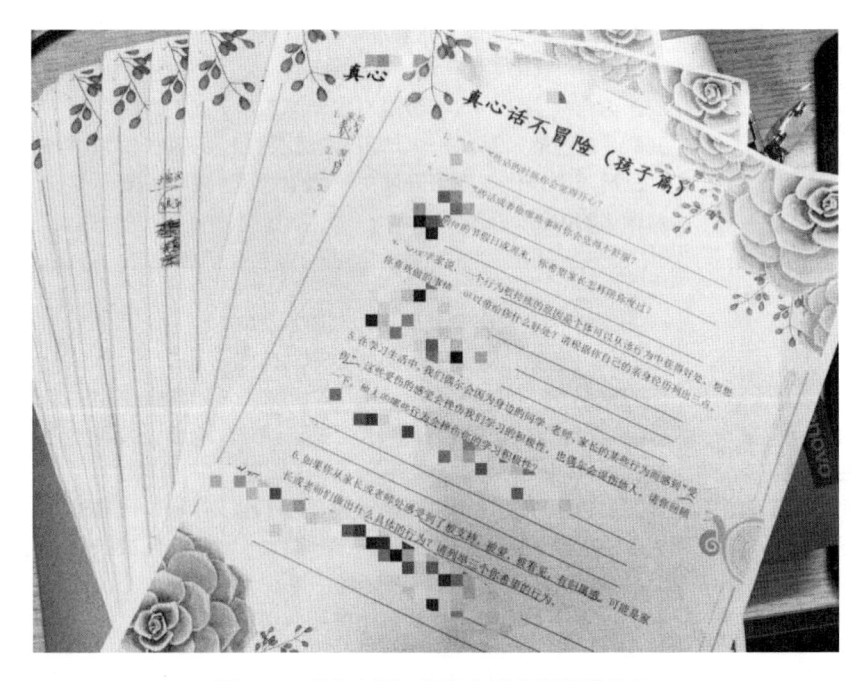

图6-1 "真心话不冒险"学生版问卷收集

代表性，表述是否准确。在刚开始设计问卷时，会出现问题表述过于口语化的情况，经讨论后纠正；随后出现了问题安排顺序不合理的情况，在考虑逻辑关系和连贯性后，同学们调整了问题顺序，确保受访者易于理解和回答。在正式调查前，还进行了小范围预测试，检查问题是否清晰易懂，修正可能存在的问题和不一致性。

（3）同学在班内填写学生版问卷，周末每名同学带一份问卷回家，邀请家长填写家长版问卷。最终共收回线下问卷78份。

（4）收集所有填写完成的问卷，确保数据的完整性和准确性。各个小组长及记录员按照分析填写情况，尤其是亲子沟通中遇到的共同问题。经过汇总和分析，同学们发现大家遇到的亲子问题有共通之处，如容易引发亲子矛盾的话题往往是"学习安排""考试成绩""电子产品使用"。同学们的困惑基本是一致的，家长们的困惑也基本是一致的。

项目活动2：亲子共读《非暴力沟通》，撰写读后感和家长讲堂听后感

目标：通过阅读专业书籍和听家长讲堂，感受角色差异，在角色差异中产生共情，发展非暴力沟通的能力，从而正确处理亲子间的沟通问题，进一步提高心理健康水平。

（1）阅读阶段，与父母共读《非暴力沟通》。每逢周末，家庭成员坐在客厅或书房中，一起翻阅《非暴力沟通》这本书，分享彼此对书中内容的理解和感悟，家庭成员可以一起探讨如何在日常生活中运用书中所学的技巧。学生在书上批注，写下自己的感悟。

（2）学生结合个人经历，撰写《非暴力沟通》读后感。在《非暴力沟通》读书分享会上，领读的同学介绍了书籍内容和主题，引导大家进入讨论状态。同学们争先恐后地分享，对书中内容的理解、感受和体会有不少。有同学分享在实际生活中被"暴力沟通"伤害的经历，令人耳熟的攻击性言辞，令同学们陷入沉默与沉思；也有同学提到运用非暴力沟通技巧的经历和挑战，令同学们时而捧腹大笑，时而激烈地加入分享阵营。通过讨论及分享，同学们深挖了沟通不畅背后的情绪原因。

（3）结合"道德与法治"八年级第一学期第二单元的《尊重他人》，进一步明确沟通原则。同学们熟读这一课知识后，也意识到自己平日有些行为或言语需要改进，明白尊重他人也是一种自我修养和意识形态，能够提高个人的情商和人格魅力，让沟通更有效。

（4）学生聆听家长代表到班开展的关于情绪管理及表达的讲堂。作为家长代表的妈妈携带了以往与自己女儿留言用的小白板，一下激发了同学们的兴趣。这位妈妈通过幽默风趣的方式讲解情绪管理的重要性和技巧，时不时穿插自己和女儿的趣事，让同学们在轻松愉快的氛围中学习，从身边的同学和家长身上获得启发。问答环节，同学们积极互动，提出问题，如"我总是觉得很孤独，怎么办？""不知道如何表达情绪，怎么办""抑制不住想要吵架，怎么办"……交流结束时，同学们纷纷鼓掌，有的同学在走廊继续与家长代表交流，甚至到了晚寝时间还恋恋不舍。

项目活动3：向家长生动演绎同学们的沟通需求和沟通技术

目标：多学科融合，结合《非暴力沟通》阅读启示和"道德与法治"课上所学知识，向家长传达同学们的所想所感，运用PPT进行展示。此外，学生能够在小组工作中承担不同的分工，进行时间和项目的管理，从而发展团队凝聚力，培养换位思考的习惯。

（1）以小组为单位，汇总阅读《非暴力沟通》及聆听家长讲堂后，同学们对亲子沟通的心得，并将其制作成PPT作品。小组成员汇总与阅读各自的心得后，共同讨论并确定要制作PPT的主题，确保大家对主题有共识和兴趣；组长根据各自的专长、兴趣和意愿，分配任务给每位组员，例如，资料整理、设计排版、上台宣讲等；小组成员共同审阅PPT内容，检查错漏并进行必要的修改和调整。同学们非常重视这次活动，在PPT制作完成后，有的小组成员还一起练习演讲PPT，熟悉内容并提高表达能力。

（2）分小组收集与父母的合照，放入PPT，给PPT作品添加动态效果，包括动画效果和切换效果。在收集合照时，学生与父母有进一步交流的契机，通过从幼时到近期的合照，感受父母的爱意。学生还特意在每张合照上覆盖"小猪佩奇"一家的卡通照片，并增加了适当的动态效果，增加PPT的互动性和幽默感，让家长们参与感更强，也更易引起同学共鸣。

当同学们以小组为单位在亲子交流会上，向家长汇报时，小组代表分享自己与父母之间的沟通方式、困难与挑战，以及如何解决问题和改善关系的经验；表达自己在成长过程中的感悟和反思，分享在家庭关系中的收获和体会。虽然有的表达并不一定准确，但同学和家长们都在分享中时而为熟悉的矛盾场景大笑，时而为引起共鸣的问题沉默。在分享过程中，也时不时有同学对自己家长笑道"你也这样说过"，有家长对同学说"你也这样想吗"……而后，拍拍肩、微微笑、握握手，场面热闹而不失温馨。同学们的心声得以表达，家长们也更加了解该阶段孩子的共性和需求。

（3）通过交流了解，学生提前邀请与孩子沟通顺畅的家长代表，在亲子交流会上，从家长角度分享沟通技巧。这次来的家长代表是位男同学的妈妈。这位妈妈结合了她与家中"哥哥"一同成长的体会和感悟，分享与"哥哥"之间的成长互动和情感体验，来启发其他家长和同学。交流结束后，家长们收获了加深亲子之间的情感联系的新技巧，更有不少家长在家长群中表达了感动与感谢；同学们也意识到，原来自己身边看上去大大咧咧的"直男"同学，在与父母、与妹妹相处时也如此细腻，从不言语伤人，会用做家务、帮忙照顾妹妹等行动表达爱。

（二）项目成果

1.出项展示的仪式

借着班级开展亲子交流会的契机，教师按照学习小组，把家长也分为相应小组。在出项仪式伊始，家长联合同学，进行出项仪式前的小组交流，学生分小组深入家长，以"微论坛"的形式与其他人的家长聊天，互相了解亲子沟通中的喜悦、艰辛、收获和感悟。

随后，带着满满的期待，三名学生代表向家长们展示阅读《非暴力沟通》及聆听家长讲堂后对亲子沟通的心得，进行"亲子沟通，我有妙招"的汇报演讲。

我们的每一次成长都离不开家长的教诲与祝福，这一次的成长仪式家长同样不会缺席。在学生汇报演讲结束后，家长代表在亲子交流会上，分享

"与孩子一起成长"沟通技巧。

2.展示的成果描述

学生汇报演讲环节，分为《非暴力沟通》阅读感悟和亲子日常沟通心得两大板块。陈同学对《非暴力沟通》的文本阅读细致，感触良多，发表了阅读《非暴力沟通》后的感想，使家长和同学们一同直面平日沟通时遇到的问题，恨不得马上可以穿越到相似场景，自我纠正。另一名陈同学则着重分享了在电子产品使用时，如何与妈妈好好沟通，如何以行动让她放心，让家长们啧啧称赞，也让同学们受益匪浅。刘同学则还原了家长和同学针对电子产品使用进行沟通时，各自的心路历程，以幽默风趣的语言，时而生动时而严肃的表情，让家长和同学们在捧腹大笑的同时，也深刻领会换位思考的重要性，让交流会进入小高潮，气氛热烈。

笑声过后，王同学的家长作为代表分享"与孩子一起成长"沟通技巧。她讲述了自己的心路历程，讲述自己是如何在生活中与孩子一同成长，跟上孩子变化的步伐，找到相处之道。生动有趣的事例，金句频出，引人入胜，让家长和孩子们笑中有感悟，更有不少家长感同身受，表示深受感动。

出项展示前的"微论坛"形式，让同学和家长们在轻松而又热烈的氛围中，了解其他孩子/家长的思考角度和共同需求，家长们感受到了孩子们的热情与活泼，了解了孩子们现阶段得到尊重和信任的需求；孩子们也感受到家长们"为之计长远"的艰辛与不易，以及与孩子妥善沟通的需求。出项展示中，学生的"亲子沟通，我有妙招"汇报演讲，以及家长的"与孩子一起成长"沟通技巧分享会，让家长和同学们回顾了《非暴力沟通》的四个步骤，在种种沟通情境中充分共情、换位思考，大家都展开了新的思考与探索。

本次出项展示，同样遵循"自我领导力"教育提倡的赋能授权的教学法，为学生赋能，让学生感受到自我领导力学习是一个完整的"观、为、得"的过程，是知行合一的过程。学生切实感受到，从改变自己做起，进而能真正推动他人、班级乃至家庭的改变。

五、结项复盘

活动结束后,根据项目活动和产品评价的评价量表(表6-4),小组邀请教师和家长代表点评,并进行自评、互评。此外,每名同学需要根据自我评价表(表6-5),对项目化学习过程中的自我表现和成长做出评价。同学们在本次项目活动的沟通、体验、评价与反思过程中,提升了"自我领导力"。

(一)项目活动和产品评价

表6-4 评价量表

主产品	评价标准	考察技能	星级
"真心话不冒险"学生版和家长版、亲子沟通情况分析表	问卷语言表述清晰,逻辑性强	沟通写作能力、信息检索、加工和整理能力	☆☆☆☆☆
	问卷问题有针对性		☆☆☆☆☆
	亲子沟通情况分析完整、清晰		☆☆☆☆☆
	小组文件夹有6个组的亲子沟通情况表,分类清晰		☆☆☆☆☆
学生的《非暴力沟通》读后感、家长讲堂讲稿及学生听后感	阅读批注丰富、个性化	阅读能力、总结能力、写作能力、分析和批判性思维	☆☆☆☆☆
	读后感能概括所读内容		☆☆☆☆☆
	读后感情感真挚,感悟深刻		☆☆☆☆☆
	家长讲堂听后能概括交流内容,并有所感悟		☆☆☆☆☆
学生小组的"亲子沟通,我有妙招"幻灯片作品、家长代表的"与孩子一起成长"幻灯片作品	小组PPT能把小组成员们的感悟和方法进行整合	表达能力、沟通能力、动手能力、团队合作和领导力	☆☆☆☆☆
	小组PPT图文并茂		☆☆☆☆☆
	小组代表展示清晰、大方、互动性强		☆☆☆☆☆

（二）项目过程的自我评价

表6-5　自我评价表

项目化学习成果的自我评价
我承担了哪些工作？我顺利完成我的工作了吗？ 在小组交流时，我是否能够清晰表达我的观点？ 对于亲子沟通，我的核心诉求是什么？我是否改善了与家长的沟通方式？ 整个活动中，我是否能合理表达我的核心诉求？

六、项目后的反思和展望

（一）学生与教师的成长

这次项目式学习，指引学生在分析驱动性问题、分解驱动性问题、解决子问题的过程中，实现从被动学习到主动探究的学习方式转变，引领学生学会用恰当的方式发现和解决生活中的沟通问题。通过问卷调查、阅读、家长进课堂、汇报演讲等多种形式，让学生们在交流中思考，在阅读中学习，在生活中体察，在活动中体验。他们尝试改变不愿与家长沟通的心态，运用所学沟通技巧，理解家长的苦心，与家长有效沟通。当家庭氛围变得有爱温和，同学们变得更加柔和且不失自信时，家长也努力转焦虑为耐心。

这次的项目式学习，在生活中营造了一堂堂充满领导力的"课堂"，这是一系列动态生成的"课堂"，同学们不仅对与父母沟通的重要性、有效沟通的方法有了更深的理解，还在真实的情景中，让自己的逻辑思维能力、应变能力、沟通能力和团队合作能力都得到了提升。更重要的是，学生提升了自我领导力，逐渐学会发现自我、找到自我，对处理亲子关系、沟通方式进行高阶的自我思考与学习，并通过自我的觉察和改变，来影响他人乃至家庭氛围。

教师在此过程中，与家长携手，调动资源和智慧，家校协同开展更有意义的活动，尝试充分落实现有教育政策，也初步尝试联动家长、社区，丰富课堂教学资源，改变课堂教学结构，在实践中受益匪浅。

（二）项目活动的不足和改进措施

本次出项展示，时间预估不足，因此家长和学生交流的时间前松后紧，压缩了出项展示后面环节的时间，未能请家长和学生代表发表交流会的感想，而是由老师仓促总结，收束活动。如果能够将出项展示前的"微论坛"前置，或者将出项展示分为两场进行，则会有更充裕的时间让学生收束活动，让学生自我领导力的学习过程更完整。

此外，项目活动探索新模式，也需要转变评价，促进学生的个性发展。本次项目活动的评价还更多的是以成果为导向，且仅在出项展示后进行总结评价，显得比较单一又固定。项目化学习是提出真实问题、分析问题、解决问题、形成项目成果的过程，尤其是本次亲子沟通相关的项目活动，随着沟通交流和换位思考，学生一直在变化发展，评价不应该是与项目过程割裂的，而是伴随项目的进程而展开的，两者之间不可分割。如果尝试把项目化学习的关键评价节点无缝地嵌入项目化学习全程，让师生在项目中评估当下的进程，回望解决的问题，判断后续的方向，最终评价的时候再对项目成果和项目化学习的目标达成情况进行总结性的评价，评价才更具有生成性，才能更好地促进学生的认知理解、知识能力的建构和元认知的发展，更好地发展自我领导力，更好地构建"共生共学"的学习群落。

李宇楠，广州市增城区应元学校语文教师，广州市增城区永宁街优秀班主任

栏目三　自我规划

项目7　真人图书馆——生涯教育

一、项目背景

发展心理学家认为，青春发育期进入自我意识发展的第二个飞跃期。因此在初中阶段有必要帮助学生发展自我意识，正确认识自己、悦纳自我。初中生无论从生理上还是心理上都已具备接受职业生涯规划课程教育的条件，激发学生对职业的好奇心，协助学生了解工作的意义。及时引导他们树立人生目标意识，了解自己的兴趣和未来可能发展的职业方向，避免方向茫然感的滋生和随波逐流性格的形成，对他们以后的人生发展有着深刻的意义。

同时，通过参观院校、与职场人士面对面交流以及线上线下运用手机作为工具进行相关生涯规划知识和行动的学习、了解和实践，学生可以提高学习兴趣和将手机作为工具的运用能力。作为一门综合实践课程，必然要涉及课程标准、核心素养的问题。结合我们两位老师任教的"道德与法治"学科和"英语"学科，我们在进行课程设计的时候将"学生核心素养"的"自主发展""社会参与"与生涯规划的内容融合到了我们的这次真人图书馆——生涯教育课程中。在课程进行过程中，我们着重引导学生在信息意识与技术应用、健全人格与自我管理、社会责任与国家认同、理性使用手机和网络作为工具的观念和技能、学会与同龄人交流与合作、尝试学习与职业场所的人士交流并学会自信地展现自我等方面实践、体验、反思与提升，进而提升学生自我领导力的前瞻力、控制力等。

二、项目设计

（一）项目基本信息（表7-1）

表7-1　项目基本信息表

项目名称	真人图书馆——生涯教育
项目学校	广州市越秀区广州市第十七中学
项目时长	1个学期
设计者	黄淑慧老师
实施者	八年级（2）班学生，共38人

（二）项目目标

（1）帮助学生学会运用手机、电脑等工具在互联网上搜索相关生涯规划主题文章与图片等素材，并通过合作完成小组实践行动的成果，体验将手机、电脑作为工具开展工作的实际经验。

（2）协助学生认识自己，客观评价自己，减少对中考选择志向的迷茫和困惑，更好地进行职业与志向的选择。

（3）通过行走院校、企业，体验未来的生活，学会交往和解决问题。增强生涯规划意识，增强人生目标感。激发学生对工作世界的好奇心，协助学生了解工作的意义。协助学生了解社会和职业发展趋势，引导他们树立人生目标，了解自己的兴趣和可能发展的职业方向，增强学生学习信心和动力，提升培养团队领导力的意识和水平。

（4）学会通过分工协作整合资源完成一个相关职业生涯规划的项目成果，体验未来的生活，学会小组合作，学习欣赏，进而提升自主管理能力，提升自信，培养和提高团队领导力。

（5）激发对所学科学文化知识的学习兴趣和个人成长动力。

（三）关键问题

1.确定主题

生涯教育是帮助学生认识自我，探索职业发展兴趣，谋求人生发展方向，并促进人格完整，提升生命的意义和价值的活动。生涯规划教育宜早不宜晚，初中生无论从生理上还是心理上都已具备接受职业生涯规划课程教育的条件，及时引导他们树立人生目标意识，了解自己的兴趣和可能发展的职业方向，避免方向茫然感的滋生和随波逐流性格的形成，对他们以后的人生发展有着深刻的意义。自我认知和探索同时是生涯规划教育的起点，正确认识自我、了解自己才能为自己的将来谋划，更有信心规划未来。我校八年级学生多是外来务工人员子女，对广州了解不多，同时因为家庭教育等原因，缺乏对社会的认识和对未来、工作意义等的思考。为了激发学生对工作世界的好奇心，帮助学生了解工作的意义和增强生涯规划意识、人生目标感，尝试以项目式学习方式通过行走院校、企业等开展生涯教育课程相关活动，协助学生体验未来的生活、学会交往和解决问题、了解社会和职业发展趋势，引导他们树立人生目标意识，了解个人兴趣，增强学习信心和动力，提高对团队领导力的专业力和影响力的认知和践行。由此生发了本项目主题"真人图书馆——生涯教育"主题项目式学习。

2.确定核心驱动问题（表7-2）

表7-2 核心驱动问题表

核心驱动问题	总任务	最终成果
如何进行生涯规划增加学习信心和动力、提高对团队领导力的专业力和影响力的认知和践行	从知、意、行三个方面进行讨论，厘清思路，帮助学生提高自我生涯规划的意识，学会在团队中自我成长	生涯规划学习与调研成果报告的PPT

三、项目计划

为推动最终核心驱动问题如何进行生涯规划增强学习信心和动力、提高对团队领导力的专业力和影响力的认知和践行，教师指导学生按照自己的意愿，组建具体项目小组。通过讨论、谈话、调查等方式了解学生的想法和需求后，进而产生了什么是生涯规划、生涯规划如何体现在生活中、怎样进行自我生涯规划三大系列分解驱动问题（表7-3）。

表7-3 分解驱动问题表

分解驱动问题	主任务	主产品
生涯彩虹，我才我能	1.参观院校 2.生涯规划主题讲座 3.参观企业，实地考察	专题笔记、感想、日志
走进工作世界	1.学习人物采访的方法和技能 2.分小组准备好到广州供电局变电所采访要提问的问题 3.参观变电厂，协助学生了解变电厂的运作和对社会的意义 4.学生分小组向4位不同工种的变电所工作人员进行职业访谈，拍摄采访视频，通过了解变电所的工作从而了解人生理想和工作世界	采访要提问的问题； 采访素材（包括采访视频、笔记、相片等）
我的未来不是梦	1."升学就业大不同"协助学生清晰自己对升学/就业的选择原因，同时通过团队分享，协助学生更清晰各种人生规划方向与道路的可能性 2."采访汇报"协助学生认识工作对个人和社会的意义 3."超级比一比"促进学生加深对不同职业的理解 4."同学会"促进学生对未来做自我检视及自我发展 5.学生交流感受 6.分小组合作完成小组成果 7.分小组上讲台汇报展示小组活动成果——展示PPT、手抄报、日记等，拍相片和视频记录活动过程 8.老师对活动进行总结评价，评出优秀学员 9.实践活动成果展示、分享与总结，由优秀学员做代表向学校汇报课程学习成果	关于个人人生规划方向与道路的草稿； 成果分享PPT、手抄报

四、项目实施

（一）项目活动

项目活动1：生涯彩虹，我才我能

目标：通过行走院校、企业，体验未来的生活，学会交往和解决问题。增强生涯规划意识，增强人生目标感，激发学生对工作世界的好奇心，协助学生了解工作的意义。协助学生了解社会和职业发展趋势，引导他们树立人生目标意识，了解自己的兴趣和可能发展的职业方向，增强学习信心和动力。引导学生关注领导力的培养。

子问题1：什么是生涯规划？

在学校、年级的统一安排下，参观院校、听生涯规划主题讲座（图7-1、图7-2），了解生涯规划的内涵和意义。

图7-1　主题讲座 　　　　　图7-2　参观院校

子问题2：生涯规划怎样帮助人们实现职业理想？

参观企业、实地考察工作世界、畅游职业舞台的专题活动，进一步了解生涯规划的内涵和意义，为后边活动模块的资料收集作准备（尤其采访活动）。

项目活动2：走进工作世界

目标：分小组进行"真人图书馆"的参访和反思，学会通过分工协作整合资源完成一个相关职业生涯规划的项目成果，体验未来的生活，学会小组合作，学习欣赏，提升自主管理能力，提升自信，帮助学生更好地理解生涯规划对于个人成长的意义，以及如何培养和提高团队领导力，在团队中实现自我成长。安排相关学习活动如下。

（1）学习人物采访的方法和技能。

（2）分小组准备好到广州供电局变电所采访要提问的问题。

（3）参观变电厂，协助学生了解变电厂的运作和对社会的意义。

（4）学生分小组向4位不同工种的变电所工作人员进行职业访谈，拍摄采访视频，通过了解变电所的工作从而了解人生理想和工作世界。

（5）小组活动复盘总结，在任务单上写下完成项目过程中遇到的问题（表7-4）。

表7-4 "真人图书馆——生涯教育"项目任务单

小组名称		参与人员	
小组问题		调研记录	
1.			
2.			
3.			

项目活动3：我的未来不是梦

目标：整合项目活动1和2中的资料，指导学生从学涯规划入手开展自我生涯规划，在团队中培养和提高团队领导力，激发对所学科学文化知识的学习兴趣和个人成长动力。安排相关学习活动如下。

（1）"升学就业大不同"，协助学生清晰自己对升学/就业的选择原因，同时通过团队分享，协助学生更清晰各种人生规划方向与道路的可能性。

（2）"采访汇报"协助学生认识工作对个人和社会的意义。

（3）"超级比一比"促进学生加深对不同职业的理解。

（4）"同学会"促进学生对未来做自我检视及自我发展的认知。

（5）学生交流感受。

（6）分小组合作完成小组成果。

（7）分小组上讲台汇报展示小组活动成果——展示PPT、手抄报、日记等，拍相片和视频记录活动过程。

（8）老师对活动进行总结评价，并评出优秀学员。

（9）实践活动成果展示、分享与总结，由优秀学员做代表向学校汇报课程学习成果。

（二）项目成果

1.出项展示的仪式

本项目为学生成长搭建的脚手架是初中生涯规划和领导力的意识和认知。在这次真人图书馆——生涯教育主题项目式学习的实践过程中，我们在不同的地点、从不同的角度围绕生涯规划主题进行调研和学习，当中包含了对工作世界和职业舞台的观察和采访活动。

2.展示的成果描述

这次有关职业生涯规划主题的专项调研活动行走课程对孩子们知行合一的引导效果比较明显。有的孩子从课程活动一开始"不知何为生涯规划"到后来深刻理解"从现在开始，我们就要规划自己的人生"的意义。同时，也达成了"立德树人"的基本教育意义。例如，学生在采访完继电维修工时，听到继电维修工说："我刚刚出来工作压力是有的，同时会有一点困难。有时候，你在家吃饭、休息的时候，一个电话过来，你可能就要去变电所那边进行工作。这个还是不定时间的，而且你的手机要24小时都开机。不然的话，变电所一出什么问题，也就意味着广州西部的供电都会受到影响。"这让采访小组的学生感受到"一个人对自己的工作负责，也是对自己人生的一种负责"。

五、结项复盘

在项目实施的最后一天，根据学校工作指引，按照本项目计划，教师指导参与项目的全体学生分组以"我的未来不是梦"为主题的汇报展示活动开展结项复盘的工作。在汇报展示活动前，分组在组内各成员对照"项目活动和产品评价表"（表7-5）和"自我领导力评价反馈表"（表7-6），分别从项目整体效果和自我领导力的成长评价开展成员个体的自评、他评和综合评价，然后从小组整体成长层面进行综合评价，并整理提出小组在本项目的复盘意见和对项目本身的复盘建议。最后各小组派代表一起把各小组的项目意见和建议综合在一起，提出本项目复盘建议。接着，在汇报展示活动中，项目组全体成员分小组上讲台汇报展示小组活动成果，包括展示PPT、手抄报、日记等，拍相片和视频记录活动过程。然后，老师对活动进行总结评价，评出优秀学员。最后，进行实践活动成果展示、分享与总结，由优秀学员做代表向学校汇报课程学习成果。在复盘过程中，学生最大的收获是基本厘清了自己、团队、社会三者的关系，明白了培养自我领导力对团队成长和国家发展的意义，并且愿意认真考虑好好培养和发展自我领导力，为团队的成长尽责任，为将来为国家的发展做贡献。

（一）项目活动和产品评价

表7-5 项目活动和产品评价表

主产品	评价标准	考查技能	星级
生涯规划学习的专题笔记	1.概念清晰，有个人的思考和成长分享 2.认真参加小组讨论与交流，乐于在班级分享 3.有较好的指导作用	正确认识自我，有自我觉察和自我反思的意识和能力，学会自我决策	☆☆☆☆☆
生涯规划学习的感想、日志	1.内容完整，有较好的参考价值 2.精心设计，图文并茂，可读性强	学会主动成长，有主动参与团队合作的意识，乐于分享，善于与他人合作	☆☆☆☆☆
采访要提问的问题，采访素材（包括采访视频、笔记、相片等）	1.填写完整，字迹清晰 2.积极参与小组交流，乐于在小组和班级分享 3.认真参加小组讨论与交流，乐于在班级分享	正确认识自己与团队的关系，自我觉察，乐于在合作中获取成长的能量，实现自我成长	☆☆☆☆☆

续表

主产品	评价标准	考查技能	星级
关于生涯规划学习与体验的成果分享PPT及手抄报	1.内容完整，有较好的参考价值 2.乐于分享与小组合作，积极参与小组任务 3.精心设计，图文并茂，可读性强	学会在团队中自我成长，有主动参与团队合作的意识，乐于分享，善于与他人合作	★★★★☆

（二）项目过程的自我评价

表7-6 自我领导力评价反馈表

评价人：_____ 日期：_____

角度	序号	主要内容	星级
自评	评价一	我知道生涯规划的概念和意义	☆☆☆☆☆
		我知道生涯规划的实现路径	☆☆☆☆☆
		我愿意树立个人发展目标	☆☆☆☆☆
		我懂得在团队中实现自我成长	☆☆☆☆☆
他评	评价二	积极配合项目纪律要求，按时到位，认真完成每项任务	☆☆☆☆☆
	评价三	能和项目小组的其他人合作友好，相互支持	☆☆☆☆☆
	评价四	对突发事件协助团队得当处理，能迅速扭转不团结、不和谐、不利于项目顺利进行的局面	☆☆☆☆☆
	评价五	总体高效完成各项小组活动任务，能够合理安排学习和任务的时间	☆☆☆☆☆

六、项目后的反思和展望

（一）学生和教师的成长

这次项目在实施前和过程中，获得了六榕街东风社工中心的鼎力相助，要特别感谢社工李姑娘，在课程内容和外联方面给了很大的建议和帮助；我们还得到了六榕街团工委、乔颐团支部和变电所团委的大力支持和指导，他们为我们开展的有关"真人图书馆"的行走调研课程进行采访活动联系和安排了一个非常好的贴近学生生活的供电局变电所，帮助我们行走课程组的孩子们真实地体验了职业场所的生活，在另一个层面开阔了他们的视野，提高了他们的自我认知和自我觉察能力，更提升了学生爱广州、爱国家的家国情怀，也培养和提高了学生的团队领导力，同时，对学生在班级中的归属感和价值感有正向的促进作用。

在这次"真人图书馆——生涯教育"主题项目式学习行走课程的设计和实施过程中，教师一方面结合学校生涯规划课程设计理念，认真学习了其他同行开展的相关生涯规划的课程设计、课程实施等资料以获得开展生涯规划行走课程的方法和技能；另一方面再次认真研读了"学生核心素养"和国家"立德树人"的相关政策、办法等，并通过网络资源学习当今世界热点尤其是国内外有关生涯规划的资源，以便更好地指导学生开展生涯规划的调研活动。该项目的开展助力教师专业成长，进一步实现教学相长。

（二）项目活动的不足和改进措施

通过回顾，也看到对于学生的辅导还需要加强生涯规划的理念指导，在活动的开展上教师可以更大胆地放手给学生去组织。

在活动安排上可以进一步结合学校、年级的要求和学生的个人特点，但在班级的带班育人方略的结合上有所忽略，需要在后续的班级成长与发展工作中加强。

黄淑慧，广州市第十七中学英语教师，广州市骨干班主任

项目8　青春之力，志愿先行

一、项目背景

项目主要来源于初中生涯教育系列主题。当今社会，随着社会现代化的发展，知识、科技发展日新月异，网络的出现改变着我们的生活和学习方式，同时，这对孩子们的冲击和影响也是非常的明显，也深深地改变着孩子们，使他们变得沉迷于电子产品，人际交往活动能力严重缺乏，同学们缺乏换位思考和自我管理能力等。随着社会发展进程的快速推进，个人发展与集体发展的相互作用显得更加重要和紧迫，积极地开展集体活动和团体合作教育在义务教育阶段尤其必要。初中生进入青春期，更加需要融入班集体，与人友善、和谐相处。在这个过程中，学生会遇到不同的问题，产生各种困惑，同时他们也会不断思索，寻找解决问题的有效方法，因此开展"青春之力，志愿先行"有其必要性，能给予他们解决问题的方向和引导。

我们学校秉承"师生共生，生生互助，共同成长"理念，注重发挥集体的教育和影响的优势。所以，我们在班主任工作中非常注重优秀班集体建设的作用，进一步激发孩子们的内心需求和帮助他们养成良好的行为习惯，帮助孩子们养成良好的与人沟通、乐于助人、积极主动服务他人，与人为善的优秀品质。以点带面，形成网状效应，使孩子们参与社区志愿服务活动，例如，当景点讲解员，将景点的介绍和历史文化等制成图文并茂的讲解稿，以此培养学生助人为乐、无私奉献的精神，促进学生对工作世界的认知，提升他们对自我学习和生涯规划的能力，提高学生自我管理能力、有效沟通能力以及创新思维等的自我领导力。这对于初二年级正当青春期的学生来说，尤其重要。

自我领导力培养是初中学生成长中的重要能力之一，在活动中，如何让他们了解自己的小组、如何发挥自己的优势为小组活动顺利推进贡献积极作用，促进学生们的共同成长，这是自我领导力的核心要求。基于以上的分析，我以志愿活动为出发点，以项目化学习为载体，开展"青春之力，志愿先行"的项目活动。

二、项目设计

（一）项目基本信息（表8-1）

表8-1 项目基本信息

项目名称	青春之力，志愿先行
项目学校	广州市第十七中学
项目时长	1个学期
设计者	周凤玲老师
实施者	8年级（5）班学生，共39人

（二）项目目标

（1）学会多角度、多层次、多渠道收集北京路景点介绍的相关素材（图片、文字介绍），立足自身的感受，挖掘身边的故事，了解北京路的历史文化和发展历程在不同时期的特点，认识志愿者活动的作用和重要性。

（2）了解学习编写《北京路千年古道》介绍稿的基本理念和知识，了解编写的基本要求和基本标准，结合小组的特色和愿景，进行景点设计和介绍。

（3）学习宣讲的技巧，组内积极交流讨论，能清晰表达自身观点，培养语言认知和语言表达能力。通过小组活动，培养综合归纳整理分析的能力，培养批评性思维和自我反思的能力，能有针对性地提出合理的建议。最后，能够声情并茂地宣讲。

（4）让学生感受小组活动的力量，增加小组的归属感和认同感，满足学生归属与爱的需要。树立正确的价值观、人生观、世界观，能够意识到自我领导力是在活动中自我培养，助力成长，激发自我生涯规划意识。

（5）通过项目的推进提高学生的有效沟通的能力、自主学习的能力、收集整理编写资料的能力及合作协调能力等。

（6）让学生体味服务社会、奉献社会的意义，培养"良好的道德修养""责任意识""奉献意识"核心素养，增强社会责任感。

（三）关键问题

1.确定主题

人的成长离不开社会，初中的同学们要主动认识社会，积极融入社会，在生动鲜活的社会课堂中学习、成长，在异彩纷呈的社会实践中锻炼、发展。人的成长是不断社会化的过程，同学们通过参与社会服务，不断丰富知识，提高能力，增强规则意识，形成正确价值观，逐步成长为一名合格的社会成员，同时提高自我管理和自我决策能力，发展自我领导力，学会自我成就。由此生发了本项目主题"青春之力，志愿先行"。

2.确定核心驱动问题（表8-2）

表8-2 核心驱动问题表

核心驱动问题	总任务	最终成果
怎样学会编写《北京路特色景点》解说稿及景点介绍	编写宣讲《北京路特色景点》特色宣传稿件和小视频	《北京路特色景点》宣讲

三、项目计划

为解决推动最终核心驱动问题学会编写《北京路特色景点》宣传稿及景点介绍的问题，教师指导学生按照自己的意愿和想法，组建具体项目小组。通过讨论、谈话、调查等方式了解学生的想法和需求，进而产生如何收集北京路景点的相关素材、如何编写图文并茂介绍资料、如何演讲介绍北京路千年古道三大系列分解驱动问题（表8-3）。

表8-3 分解驱动问题表

分解驱动问题	主任务	主产品
如何收集北京路景点的资料素材	1.了解、收集北京路景点及其历史发展，小组商讨北京路特色景点，写在项目任务单上，写4个 2.小组分工上网搜索所写景点的图片、文字介绍，实地拍摄和走访了解景点特色等，将其保存到老师指定的小组文件夹 3.了解宣讲稿需要哪些素材资料	图片、文字介绍文档
如何编写景点介绍的宣讲稿	小组成员共同商量如何分工合作，分别完成小册封面编写和景点介绍，以及图片的编辑，制作PPT或宣传小视频等	讲稿设计和景点介绍
如何宣讲《北京路特色景点》	将每个成员的设计资料组合成一个《北京路特色景点》的宣讲作品或者宣传视频	《北京路特色景点》宣讲

四、项目实施

（一）项目活动

项目活动1：北京路景点的素材

目标：学会利用各种途径查阅、走访等方式搜索关键信息，学会保存相关的图片和文字，掌握编辑文件的技巧和制作视频及PPT的技能。

（1）项目开始后小组内开展头脑风暴，学生各自发表自己的设想和项目目标，组长归纳总结，并记录在项目任务单上（表8-4）。

（2）各个项目小组进行组间的交流，彼此交换意见，总结共同点和不同点，并记录下来，小组分工保存相关的图片和文字资料及相关的短视频等，注意文件命名，放入老师指定的小组文件夹中。

（3）小组成员相互检查图片是否具有代表性，文字是否准确，编辑是否合理规范。

（4）小组活动复盘总结，在任务单上写下完成项目过程中遇到的问题及解决的建议等。

表8-4　项目任务单

姓名	任务分工	途径、方法	遇到问题	建议
组员1	拍照			
组员2	查阅文件			
组员3	访谈			
组员4	整理			

项目活动2：学会制作《北京路特色景点》宣讲稿及景点介绍短视频

目标：学会收集景点介绍的资料组成元素，能根据要求设计宣讲资料及宣传视频。

（1）在项目活动1实施后，同学们有了初步的班级发展愿景，但是如何寻找独特的北京路景点以及如何体现北京路景点的悠久历史文化等，带着这个问题，同学们继续开展项目学习。然后建立小组文件夹并拖到电脑桌面上，方便后续插入素材和存储资料。

（2）活动开展后，各小组采取不同的方式收集北京路的特色景点及了解特色景点的悠久历史和深厚的文化底蕴。通过实地走访，或网上搜索信息，或从北京路各景点的公众号推送的文章去查找相关的信息，也有的同学主动拜访年长者和景点的负责人。收集好资料后，小组内在明确细项的分工，2人做编辑宣讲稿（较简单），其余3~4人做北京路的景点绍（可以2人合作），完成后保存文件存放至老师指定的小组文件夹。

（3）活动开展后，学生对于北京路各景点的发展历史有了深入的了解和认识，也了解了北京路商圈的发展理念。进一步丰富宣讲稿的内容和版面设计，完善宣讲稿中的图片和文字，根据要求修饰、保存文件。

（4）最终汇集资料后进行编辑，北京路特色景点宣讲稿的设计与制作便开始进行。选择什么元素和资料展现特色。各小组先进行资料收集和整理，然后小组进行交流讨论，将其制作成PPT和手抄报等。

项目活动3：学会声情并茂地宣讲

目标：整合项目活动2中的资料及图文、视频等，学会调整宣讲的效果。

（1）编写一个《北京路千年古道》的宣讲稿和宣传的视频（图8-1），修改完善不足之处。

（2）给宣讲稿添加声情并茂的宣讲效果，利用宣传视频提高宣讲的效果。

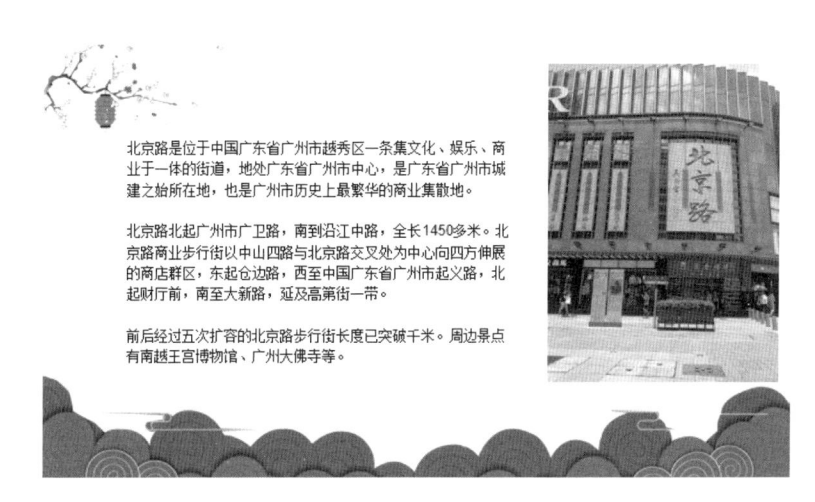

图8-1 《北京路千年古道》的宣讲稿

（二）项目成果

通过参与志愿者服务活动，大部分同学的胆量能得到锻炼，沟通能力与同伴的合作协调能力得到大大的提升，在收集整理和编写资料的时候，同学们的深度阅读能力、写作能力、整理能力、统筹能力等都得到了锻炼，在参与志愿者活动过程中，同学们懂得如何更科学合理地安排时间，规划好自己的学习生涯。但同学们由于经验不足，在开展活动时常遇到很多突发的情况不懂处理，信心大受打击，甚至有的同学想过放弃，由于同学之间互相鼓励、互相影响与支持，慢慢具备克服困难的勇气，同时学会了坚持，勇敢面对，积极进取，迎难而上。同学们的口头禅是：没有做不到，只有想不到；只要勇敢面对，办法一定比困难多；相信自己，我们一定能行等。

通过项目的推进让同学们体味奉献的意义，培养奉献精神，积极参与社会活动，提高服务社会的意识，提高服务社会的能力，培养"良好的道德修养""责任意识""奉献意识"核心素养，增强社会责任感。

五、结项复盘

对每个小组进行项目活动和产品的评价（表8-5）、项目过程的自我评价（表8-6）、项目结果的评价（表8-7）。让同学们更加深入地认识和提升在活动中的所获所得。让学生们全面认识和提升活动效果，对于项目化学习发挥的积极作用，更加坚定了他们的想法和做法，并转化为他们的日常行动。

（一）项目活动和产品评价

表8-5　项目产品评价表

主产品	评价标准	考察技能	星级
展示宣讲稿	资料丰富，内容精简	材料的查找、整理，沟通能力，自我管理能力	☆☆☆☆☆
PPT或视频	主题突出，有创意，整体布局合理，元素运用合理	整合运用能力、多媒体使用能力	☆☆☆☆☆
各小组进行宣讲展示	声情并茂，仪表端正，有鼓动性	自学能力、分析能力	☆☆☆☆☆
肢体语言	动作自然、适度	审美能力	☆☆☆☆☆

（二）项目过程的自我评价

表8-6　自我评价表

项目化学习成果的自我评价
我承担了哪些工作？我顺利完成工作了吗？
在小组交流时，我是否能够清晰表达我的观点
我是否有明确的个人和集体发展愿望？对于集体、我的核心诉求是？
整个活动中，我是否能合理表达自己的核心诉求？

（三）项目结果的评价

表8-7　结果评价表

展示内容	评价标准	星级
设计图	版面清晰	☆☆☆☆☆
	内容多元、新颖、有创意	☆☆☆☆☆
讲解	语言简练、流畅	☆☆☆☆☆
	思维清晰，主题突出	☆☆☆☆☆
	宣讲有感染力，充分表达自己的意图	☆☆☆☆☆
肢体语言	动作恰到好处	☆☆☆☆☆

六、项目后的反思和展望

（一）学生与教师的成长

在该项目的实施全过程中，我们时刻观察每组成员的具体表现，并对学生的表现进行评价，针对学生自身进步与提高进行评价。随着项目任务的开展和起动，指引各组长根据项目的需要和组员的特长有针对性地分配任务，平时表现不太主动的同学在组长的带动下完成任务。使每位成员在活动进行中，都能够很好地发挥自身的特长为团队做贡献，更让我们感到欣慰的是团队的成员发扬团结互助，互相鼓励，积极进取，向着共同的目标奋进，经过一段时间的活动和效果的反馈，成效显而易见。项目在开展过程中，能够有效地发挥集体教育功能，成员之间、组与组之间起到非常积极的相互作用，这种非智力因素的成长，对于学生来说也是很重要的。

在项目实施过程中，同学们学会如何收集资料、编辑资料，利用计算机软件进行编辑宣传稿、制作PPT等，另外学生的有效沟通的能力、自主学习的能力、收集整理编写资料的能力、深度阅读和有效写作、合作协调能力、人际交往能力、自我领导力、自我管理能力和自我决策能力得到不同程度的锻炼和提高。收集资料、查阅信息以及信息加工，是现代中学生需要具备的素养，这种能力在项目的推进中得到了有效的锻炼。通过问题来指引，围绕核心驱动问题来开展活动,能有效地发挥同学们解决问题的能力,促使组长与组员在项目推进完成过程中共同成长。当然,在项目开展的过程中,我们教师团队也有了收获和成长。在不断发现问题,不断为学生解决问题搭建脚手架的过程中,我们对项目有了更加深入的认识,实行了项目化学习。特别是看到学生改变和提升效果时,对于项目化学习发挥的积极作用,更加坚定了我们的想法和做法。

(二)项目活动的不足和改进措施

随着项目的推进以及复盘,从中我们不断发现了问题。部分同学在开展活动的过程中,比较被动,积极性不够,导致效率不高。在活动开展前,准备明显不足,刚开始有点无从下手,不知所措,部分同学应付任务,随便在百度收集信息,没有主动到现场观察和了解情况进行收集材料。针对以上种种情况,教师在活动开展的过程中进行适当的指导,给学生们搭建脚手架和方向、措施的指导。如进行明确的分工,了解具体的内容、方法、途径等,这些对学生活动的开展起到了推动的作用。

如何调动小组成员积极参与活动和讨论解决的对策和方案等,是组长面临的难题。有的小组组员拖拉,推卸责任,导致项目推进速度太慢。以上问题都是在项目实施过程中我们所遇到的难题,这其实也是对组长团队领导力的培养考验。遇到不同的问题,我们及时采取不同的措施,一是加强沟通,小组长之间进行经验交流和分享,我们给组长进行方法和技巧等的指引和帮助。组与组之间,组员与组员之间加强沟通与合作,慢慢培养他们的责任心和奉献意识。二是评价性机制的实施,在科学、公平、合理的评价机制下能促进学生优秀成果的产出。各种措施的落实和推进慢慢发挥作用,达到预期的效果。

周凤玲,广州市第十七中学政治老师,广州市优秀教师

第二辑

团队领导力

02

导读

学生领导力的发展是一个螺旋式发展的过程，团队领导力作为初中生领导力"三维度"发展模型的有机组成部分，在学生领导力的发展中起着至关重要的作用。什么是团队领导力？团队领导力起到什么作用？如何基于项目式学习培养团队领导力？本章立足于团队课题的相关成果，对此开展了研究。

一、团队领导力

沃克·史密斯等国外学者认为团队领导力是推动和影响团队及个人实现共同目标的原因，其核心要素包括共同的愿景、共同的规则和共同的价值观。乔雪认为团队领导力是指团队所有成员发挥自己的领导力以实现团队共同的目标，并且为工作的成败共同承担责任。其将团队领导力细分为团队的战略规划决策、组建优质的团队、引领团队目标实现三个方面内容。然后将这三个方面内容进行细分，即为统筹力、决断力、组织力、推行力和感召力。我们认为，初中生的团队领导力是学生在学生团队中体现出的一种团队的合作能力和影响能力，包括在团队中如何与他人合作的能力、激励他人实现共同目标的能力、建设团队的能力和处理人际关系的能力。在项目化学习中，特别强调激励他人的能力，也就是积极影响他人以期完成项目活动。罗纳德·里根说："一个好的领导者，不是成就自己的完美，而是成就他人的完美。"积极心理学创始人马丁·塞利格曼认为"美好的生活是每一天都用你的优势去创造真实的幸福和丰富的满足感，这是在生活的每一个层面上——工作、爱情、教养孩子等，都可以学着做到的"。这都表明了团队领导力中很重要的一个特征，就是积极影响他人，使他人成长，使他人收获幸福，其实在这个过程中，自己也会收获幸福，因此，学生团队领导力的培养过程也是学生自己创造幸福的过程。

二、团队领导力的作用

领导力是一种影响力，是一种将愿景转换成现实的能力。学生领导力的发展离不开团队，学生影响力需要团队来体现，学生的愿景也有个人愿景和团队愿景，因此脱离团队的领导力是不存在的。另外，团队的合作能力和影响能力是领导力的重要组成部分，也是新时代背景下对学生开展素质教育的内容之一。因此，团队领导力作为学生领导力的重要组成部分，在学生领导力的体系中发挥着不可替代的作用。

那为什么要通过项目化学习的方式来培养学生的团队领导力呢？我们认为，这是学生群体的自然需求。学生是生活在班集体中的，这是天然的团队，而团队的发展对团队活动有其自身的需要。当然，项目化学习不等同于团队活动，但其是以项目小组为单元进行的，这是符合团队活动需要的。项目化学习是基于问题导向的活动，学生开展项目的过程也是团队活动的过程。项目化学习可以在团队领导力的培养中发挥积极的作用。

三、项目的实施

我们知道，学生有在班集体中成长的需要，班主任也有建设班级的现实需求。基于这样的分析，本书的团队领导力聚焦于"团队文化""团队建设"两个方向。团队文化聚焦于文化的建构与认同，即班集体形成文化的过程，强调团队协同合作和创新激发；团队建设聚焦于团队的建设过程，项目来源于班级建设需要，关注团队行为内化与奖励机制。

（一）团队文化

团队需要文化的建设与引领，初中生正是价值观形成的关键时期，因此文化的建设与引导便显得尤为重要。沃克·史密斯等国外学者认为共同的规则和共同的价值观是团队领导力的组成部分，对于中学生来说，团队文化便包含了以上两者。在学生的团队文化建设中，必然伴随规则的确立和价值观的形成。在这个过程中，团队领导者积极协调团队并且做出良好示范及时认可班级成员贡献，对于团队具有一定的激励作用。团队领导者对他人积极施加影响是团队能够形成文化的有力保障。

以"有文化的班级名片"项目为例，项目老师以设计班级名片——文化墙为切入点，与学生一同确定了驱动问题：我们的班级文化是什么，如何体现我们的班级文化。引导学生分解驱动问题，从而确定了四个子问题：制定班级愿景、设计班徽体现愿景、制定班级口号、班训到最后的整合设计文化墙。层层递进，学生在项目实施的过程中，自然而然地形成了特色的班级文化，这种学生自主参与产生的班级文化更容易被学生所认同。随着项目的进行，学生对于班级的情感也逐渐增强，同时通过设计小组名片，小组文化在小组长的带领下也逐渐形成，小组成员以及组长的团队领导力也得到了培养。在"研'骄阳文化'，识班级之美"项目中，项目老师和项目小组紧紧围绕骄阳文化建设班级文化，在活动过程中，形成团队文化，也培养了团队领导力。在"做'以和为贵'的守护者"项目中，项目老师则是让学生在设计主题班会的过程中，充分挖掘中华传统文化"以和为贵"的精神内核，在这个过程中，学生对于中华传统优秀文化有了更多的了解，从而形成正确的价值观。

在"团队文化"栏目中的三个项目都是根据班级文化或者小组文化建设的需要而开展的，形成团队文化的同时，也培养学生协同合作和创新激发的能力。

（二）团队建设

团队建设是一个团队成员不断相互作用的过程。这个过程中，需要团队领导者具备通过引导、激励和协调团队成员，促成团队达成共同目标的能力。本栏目的项目主要基于建设团队的需要而设计，让学生在项目实施的过程中，逐渐掌握积极影响团队的能力，以及采取有效的奖励机制塑造团队，逐渐促成团队正向行为内化的能力。

德国哲学家雅斯贝尔斯在其著作《什么是教育》中提到："教育的本质意味着，一棵树摇动另一棵树，一朵云推动另一朵云，一个灵魂唤醒另一个灵魂。"项目的实施，不仅有助于团队的建设，还能帮助学生相互促进，推动内化生成。以"历史时光机——模拟谈判"项目为例，该项目来源于一节普通的主题班会。项目老师播放电影《我的1919》片段，学生有很大的感触，基于此，便萌发了开展项目的想法，这正是基于团队建设的需要。学生组建谈判代表团并尽力实现自己代表团的谈判目标。该项目开放性很大，需要学生充分调动自身各方面的能力，学生的思考能力、问题解决能力以及团队领导力都得到了较好的培养。该项目的价值不仅在于培养学生的能力，还通过学生的亲身体验引发学生对于国际秩序的思考，培养学生的爱国情操和国际视野。

项目"我是艺术节班级节目小导演"与项目"'武'动赛场"有异曲同工之处：基于班级任务而开发，但不仅仅局限于任务。"我是艺术节班级节目小导演"项目以艺术节节目设计为驱动，从前期准备到确定节目形式、作节目介绍PPT、选拔节目演员、组织排练、购买物资，等等。学生真正做起了"小导演"，不仅提升了自信，还体会到"勇担责任，建设班级"的精神内涵。"'武'动赛场"项目是源于学校运动会开幕式表演节目设计任务而来，项目老师结合实际，希望通过项目的开展，培养学生能力的同时也有助于班级团队建设和发展。从设计节目出发，了解蔡李佛拳，学习蔡李佛拳，然后选拔人员参与排练、物资后勤保障，整个过程始终围绕着驱动问题"毕业班如何利用人力物力高效完成一场表演节目？"，项目的开展不仅培养学生的团队领导力，也增强了学生的班级认同感，也加深了对传统优秀文化的认识。

"我们是劳动仪式官"项目来源于现实的生活场景，项目老师发现学生劳动积极性不高，因此以此作为切入点，希望带动班级团队成长。项目老师先让学生认识卫生存在问题，然后思考如何改进卫生、如何做一名合格的值日生，总结出清单后思考如何执行。

"团队建设"栏目中的项目都是基于班级建设需要而开展的，在团队建设的过程中，也培养了学生激励团队的能力。

四、结语

斯普朗格说："教育的最终目的不是传授已有的东西，而是把人的创造力量诱导出来，将生命感、价值感唤醒。"项目化学习活动的开展，在向我们展示其生命力，因为它不仅局限于学生领导力的培养，也将学生的创造力极大地展示出来，也唤醒了学生的价值感，这或许才是其最大的价值。

郑栩

栏目一　团队文化

项目9　有文化的班级名片

一、项目背景

我校秉承"共生"理念，提倡生生、师生之间相互促进，共同成长，发挥集体教育的优势，班集体建设是我校德育工作的核心。由于物理学科的特殊性，我是八年级才接手该班级。与学生经过初一的相处，对班级有初步的认识。上一位班主任的教育理念与我又不完全一致，如何与学生形成合力，一起进行班集体建设是摆在我面前的首要问题。对于学生而言，在一个班集体中生活了一年，对于这个集体的认知是什么？这个集体是否可以满足他们归属与爱的需要？这个答案对于青春期的学生来说，是比较重要的。另外，团队领导力是学生领导力培养中的重要环节，在团队中，如何了解自己的团队、如何发挥自己的影响力，帮助团队中的人成长，这是团队领导力的核心要求。基于以上的分析，我以集体教育和学生成长需要为出发点，以项目化学习为载体，联合科任老师充分利用学校提供的资源，开展"有文化的班级名片"的项目活动。

二、项目设计

（一）项目基本信息（表9-1）

表9-1　项目基本信息

项目名称	有文化的班级名片
项目学校	广州市华侨外国语学校
项目时长	1个月

续表

设计者	郑栩老师
实施者	八年级（4）班学生，共47人

（二）项目目标

（1）多角度分析（4）班优缺点，立足自身的感受，结合小组活动，剖析班级特点。挖掘班级故事，了解班级文化，认识到优秀班集体所具有的品质及集体建设的作用。

（2）了解班徽和文化墙设计的基本理念和知识，了解设计的要求和标准，结合班级特点和班级发展愿景，进行设计和加工。

（3）学习讨论、交流等方法技巧，能清晰表达自身观点，培养元认知和语言表达能力。通过班级分析，学习综合归纳能力、培养批评思维和反思能力，能针对班级现象提出合理的建议。

（4）通过活动的开展和问题的处理，帮助学生提升沟通能力，具体体现为沟通层次从"以我为中心"到"以我们为中心"的转变；语言表达和沟通技巧都能有所提升。通过组织架构的调整和组织活动的开展，培养学生组织能力，同时提升学生主观能动性，在实践中培养问题意识，在真实情境中锻炼统筹力，以达到培养团队领导力的目的。

（5）通过团队领导力的培养，帮助学生树立责任意识，增强社会责任感，提升学生参与集体事务的意识和能力。学生在做中学，能够具备积极影响他人的能力，能够在团队中帮助他人成长。

（6）感受集体教育，增强班级和小组归属感和认同感，满足学生归属与爱的需要。树立正确的发展观念，培育自我意识，以期形成集体的价值共鸣，能理解团队领导力的本质是在团队中自我成长的同时，也积极帮助他人成长。

（三）关键问题

1.确定主题

该项目以设计班级名片——文化墙为出发点和落脚点，与一般的班级活动有本质区别。该活动以项目化的架构来实施，需要实施者更多地考虑学生的问题意识，培养学生的批判思维和领导力。学生在这个项目实施的过程中，会在所见所闻的基础上思考：我们这个班集体是什么样的班集体？这个班集体存在些什么问题？我们如何解决这些问题？我们想要的是什么样的班集体？通过思考、讨论和交流，学生自己会有答案。这种体验和思索，远比教师的说教有用得多。在设计班徽的时候，学生需要思考如何在班徽上体现自己的班级文化，如何选择元素才能更好地表达美好愿景。学生不仅需要收集资料，还需要在资料的基础之上进行创作。这不是简单的文化产物，而是学生愿景的体现。在这样真实的情境中，充分激发了学生的创作热情，学生的组织能力、批判思维、语言表达能力、设计能力、操作能力得到系统的培养。更重要的是学生的情绪情感也得到了满足，项目实施的过程，也是集体教育的过程，不仅包括班集体的建设，还有小组集体的建设，形成了归属感与凝聚力。

2.确定核心驱动问题（表9-2）

表9-2 核心驱动问题表

核心驱动问题	总任务	最终成果
我们的班级文化是什么，如何体现我们的班级文化	通过交流确定班级愿景，设计制作班徽、口号等布置班级文化墙体现班级愿景	班级文化墙

三、项目计划

与学生一起确定驱动问题后，按照6人学习小组把学生分成8个项目小组，通过与学生的充分沟通与交流，我们一起对驱动问题进行分解，产生如下的驱动问题分解（表9-3）。

表9-3 分解驱动问题表

分解驱动问题	主任务	主产品
我们的班级愿景是什么	1.小组活动，了解自己和他人对自身班集体的看法 2.了解一个优秀的班集体需要具备哪些品质 3.提炼总结出优秀班级品质的关键词，形成自身的班级发展愿景	记录表
如何设计班徽体现班级愿景	设计班徽	班徽
如何制订班级口号、班训	制订班级口号、班训、名片	思维导图、口号、班训
如何整合以上班级文化元素，布置出文化墙，作为班级名片进行展示	设计班级文化墙	展示课件、解说稿、班级文化墙布置

四、项目实施

（一）项目活动

项目活动1：我们的班级愿景是什么

（1）项目开始后8个项目小组在组内开展头脑风暴，学生各自发表对班集体的看法，组长组织讨论并总结了班级的优缺点。小组内部各组员也表述了自己所设想的班级发展目标，并记录在项目任务单上（表9-4）。

表9-4 任务单一：班级优缺点记录表

班级优点	班级缺点	发展目标

（2）各个项目小组对组内讨论的结果进行组间的交流，彼此交换意见，提炼共同点，记录在表格中（表9-5、表9-6）。从表格可以看出，学生们的体会是比较感性的，因为在这个集体中待的时间最长的就是他们自己。他们

对集体的了解是从自身的感受出发，当然很难有全局观。他们所提出的发展目标也比较空泛，缺乏操作性和指向性，并非明确的班级愿景。但我们可以发现，同学对于优点的认识虽少，但"互帮互助"这一点是非常有价值的。也就是说，同学们对这个班级虽然失望，但并不反感，这是契机，也是我们项目继续深入开展的必要性体现。

表9-5 缺点总结表

缺点	具体体现
自律性差	上课起哄、自习课聊天、参加活动时散漫、秩序差
班级整体氛围较差	说脏话、作业完成情况糟糕、参加各种活动不积极
班级凝聚力不足	班委带头不守纪律、班级未获得任何集体荣誉、士气低落

表9-6 优点总结表

优点	具体体现
朝气蓬勃	同学比较活跃，有朝气
互帮互助	同学之间愿意相互帮助，彼此之间关系友好

（3）因为各组所提出的班级目标相对比较感性，缺少提炼和可操作性，只是简单的期望，并非明确的班级愿景。为了帮助同学们了解集体建设的重要性，明确发展方向，我们需要参考与借鉴。因此各小组制订了多角度了解"一个优秀的班集体需要具备哪些品质"的项目计划。各小组进行了资料的收集与查阅，了解近几年广州市优秀班级文化展示活动示范班的资料，尝试对其中班级的优秀品质进行提炼，并完成项目任务单（表9-7）。

表9-7 任务单二

小组_____；组长_____		
班级名称	观察到的优秀要素	提炼的优秀要素

小组组内进行交流后，8个项目小组进行了组间交流，提炼了一些大家都认可的要素。同学们一致认为优秀的班集体应该是和谐友爱、能够互帮互助的，是有目标、有冲劲的，是有规范、有素养的，是有独一无二的班级

文化的。以上的认识还不具有提炼性，因此我提出，将以上的品质再进行筛选或者提炼，能够用几个词语来概括。于是学生开展小组活动，对品质进行提炼，然后各个小组进行汇报交流。最后经过筛选，得出了以下的品质：团结、进取、生长、独特。"团结"意为协作与互助，班级氛围好，同学有归属感，大家有共同目标。"进取"意为班级的成员应该对自身以及对班级都有要求，要积极学习、努力奋进。"生长"意为一起努力成长，大家相互积极影响，自由茁壮成长。"独特"意为班级需要有独一无二的文化，需要建构自己的文化体系。于是，（4）班的同学们形成了初步的班级愿景：通过自己和团体的努力，把（4）班建设成团结、进取、生长和独特的班级。同学们的总结和归纳是很好的，但有个问题还需要解决，属于我们（4）班的独特文化是什么，我们需要去哪里寻找，我们又如何体现班级文化。因此，我们开展了项目活动2。

项目活动2：如何设计班徽体现班级愿景

（1）在项目活动1实施后，同学们有了初步的班级发展愿景，但是我们遇到一个问题：如何寻找独特的班级文化以及如何体现我们的文化？于是同学们继续开展项目学习。关于班级独特文化的问题，我提出了一个比喻：植物的生长需要扎根于地下，我们个人和集体也是一样，我们班级的根需要深扎在哪块土地上呢？对于我提出的问题，有的同学提出需要扎根在学校的土地上，有的说我们需要扎根在祖国的土地上。说得都很有道理，因此我提议各项目小组开展活动，了解我们学校——广州市华侨外国语学校的发展历史与文化底蕴。

（2）活动开展后，各小组采用了多种方法了解学校的历史和文化底蕴。通过网上搜索信息，或从学校的公众号去查找相关的信息，也有的询问家中年龄较大的长者。以上做法对了解学校历史有一定的作用，但更多的是了解学校的发展历史，对于了解学校的育人理念和文化底蕴则作用不大。为此，学生提出要对教师和校长进行采访以便了解更多信息。于是我充分利用学校的资源支持，邀请了李晓玲校长进行了专题介绍，而学生对教师的采访则作为补充。

（3）活动开展后，学生对于学校的发展历史有了深入的了解，也了解学校的办学理念："共生教育"，提倡生生、师生之间相互促进，共同成长。学校是1955年广大华侨和爱国人士捐资建立的，凤凰广场上种植的是当年归国华侨从东南亚带来的凤凰树。凤凰树深扎入土，节节向上，象征着华侨们的爱国之心与开拓精神。因此学校确立了师生团结和谐、阳光健康的凤凰花文化。有了以上的了解，同学们对于华侨的爱国精神无不钦佩，于是我们达成了共识，（4）班的班级文化需要依托于侨外的凤凰花精神，需要将班级愿景再次进行提炼。"共生共情共成长"的班级愿景由此产生。共生即为共同生活、团结协作、我们集体是一个共同体；"共情"即为共同情感、归属感、价值共鸣等；"共成长"即为共同成长、开拓进取、努力生长。

（4）形成最终的班级愿景后，班徽的设计与制作便开始展开。教师提供必要的支架对班徽设计进行必要说明。班徽是我们共同愿景的体现，是一个班级的文化符号，因此选择什么元素来展现，如何展现便是各个小组要解决的问题。各小组先进行资料收集和整理，然后小组进行交流讨论，将结果记在项目任务单（表9-8）。

表9-8　班徽设计任务单

班徽元素	选择理由	备注（元素的详细要求，也可手画描述）
形状选择（圆形、不规则……）		
……		

各个小组在任务单的基础上，设计了班徽。完成初稿后，小组制作课件进行展示与讲解。每个组选出一人，组建学生评委，学生评委设计了学生展示评价表（表9-9），对各小组的班徽展示进行评价。班级全体成员包括各科任老师对各小组的班徽进行投票（表9-10），选出最后的获胜者："筑梦组"设计的方案（表9-11、图9-1）。

表9-9　班徽展示评价表

班徽展示	评价标准	评价
班徽内容	元素选择多样化	☆☆☆☆☆
	寓意清晰明确，围绕班级特点，符合班级文化	☆☆☆☆☆
	色彩运用搭配合理	☆☆☆☆☆

续表

班徽展示	评价标准	评价
展示	使用多媒体展示	☆☆☆☆☆
	表达清晰，凸显主题	☆☆☆☆☆
	展示形式新颖有特点	☆☆☆☆☆

表9-10　班徽投票表

组别	筑梦组	超越组	圆梦组	互助组	奋发组	星梦组	激扬组	追梦组
班徽（直接打钩即可）								

表9-11　"筑梦组"小组的方案设计说明

元素	设计意图
凤凰花	象征着班级诠释的凤凰花精神：开拓进取、和谐共生、热爱祖国与家乡
人物剪影	代表（4）班的共生理念，大家一起守望相助、共同成长
班级愿景	"共生共情共成长"为我们的班级愿景

图9-1　筑梦组方案

（5）班徽选出后，在此基础上，确定班级名称，这也是我们独特班级文化的一部分。围绕着我们的愿景与班徽，各小组组内交流达成共识后，每个组将自己设计的名字写在黑板上，进行初步筛选，确定了以下4个：凤凰花班、共生班、拓取班（开拓进取之意）、侨承班（弘扬和传承华侨文化——凤凰花文化之意），经过多种考虑与投票决议，选择了"侨承班"。

项目活动3：如何制定班级口号、班训

（1）传承了文化、设计了班徽，我们还可以多角度地呈现班级文化——制定班级口号和班训。班级需要口号和班训，这不仅是凝聚力的体现，也是班级文化的一部分。各项目小组围绕问题开展小组活动，在"共生共情共成长"的基础之上，进行新的诠释与扩展，学生完成了项目任务单（表9-12）。

表9-12 项目任务单

特点	诠释	新的补充	诠释
共生			
共情			
共成长			

（2）在项目单的基础之上，各小组进行展示和交流，展示的时候各小组也对补充的内容进行了诠释，"圆梦组"小组所补充的"为国为家为人民"得到了大家的一致认可。"圆梦组"是这样诠释的：我们认为学校的凤凰花文化的灵魂是爱国爱家的精神。老一辈的华侨虽身在国外，但心系祖国和家乡，为了中华民族的崛起贡献自己的力量，因此我们也希望我们班的同学能够传承这份精神财富。我们以后不管身在何方，无论是在祖国大地还是在异国他乡，都应该谨记，我们伟大的祖国、伟大的中华民族、我们的家乡才是我们的根。我们要学好知识，培养能力，用我们的知识和能力为祖国、为人民、为家乡贡献自己的一份力量，像我们曾经的华侨先辈一样。该小组的诠释得到了大家一致的认可，于是我们的班训确定了下来："共生共情共成长，为国为家为人民。"

（3）基于以上活动的开展，班级口号也很快定了下来，口号为"开拓进取之风，为国为民之魂"。从班级愿景到班徽、班训和班级口号，学生们一起把班级的文化初步建立了起来，那如何将这一些元素进行整合和展示，以形成最终的作品？于是我们开展了项目活动4。

项目活动4：如何整合班级文化元素，布置文化墙，作为班级名片进行展示

（1）小组根据之前项目的成果，进行了分工，收集整理资料，组员讨论并且制定了文化墙的初稿设计。在这里我们提供了思维导图这一工具，帮助学生理清楚各元素的关系，训练其设计和鉴美能力。各小组将初稿设计图与教师进行沟通交流，特别是根据美术林老师的专业意见，各小组进行改稿。其中"互助组"被提出，班级是大的共同体，小组是小的共同体，可以将每个小组的照片和信息呈现在文化墙中。这个意见得到了老师和同学们的支持，于是各小组开展了小组名片的设计，小组名片的基本内容包含小组名、小组成员和小组目标，其他的可以自行增加。

（2）各小组设计好名片和文化墙后，将文化墙设计图制作成海报或者手抄报的形式参与最后的出项展览仪式，各组在展区配备解说员，针对自己小组的设计进行全面的讲解和说明，学生和教师评委对产品和解说进行评价（表9-13），并且提供反馈意见。

表9-13 展示环节打分表（学生评委打分）

展示内容	评价标准	星级
设计图	功能区划分清晰	☆☆☆☆☆
	内容多元、新颖	☆☆☆☆☆
	可操作性强	☆☆☆☆☆
讲解	言简意赅	☆☆☆☆☆
	表达清晰，凸显主题	☆☆☆☆☆
	语言有感染力，充分传达自己的意图	☆☆☆☆☆
肢体语言	表达自然	☆☆☆☆☆

（二）项目成果

1.出项展示的仪式

我们把主动权交给各个小组，希望各组不仅展示出文化墙设计图，还可以将小组从立项到最后出项每个阶段的产品也融合进去进行展示。我们鼓

励组长在设计和安排展示环节时要做到自愿优先和鼓励相结合的原则，尽可能地让更多的组员参与展示，也要让组内的每个人都明确分工及参与整个展示过程。大多数小组组长也很好地做到了这一点，有些同学虽然没有上台展示，但是也尽自己所能完成了任务。

最终的展示环节，各个小组的设计图采用"画廊漫步"的方式进行展示。小组将设计图放在画框中，8个小组的名片类似于画廊的形式摆放在走廊并配有讲解员。全班成员都可以参观，其中学生评委和教师评委用便利贴将自己的评价贴在名片旁边。

接下来的环节是各小组进行总结汇报，汇报的内容和形式自定。

展示环节结束后，各组也召开组内会议，对项目的整个实施过程进行复盘，并且组员之间进行过程性相互评价（表9-14），组长对组员进行评价，组员对组长的领导力表现也进行评价（表9-15）。

表9-14　小组互评表

评价标准	组员	星级
讨论积极，敢于发表自己的观点 对于任务能提出自己的见解，并能提出改进意见 完成好组内分配的分工任务 项目过程中，能发挥自身特长，为其他组员提供必要帮助 积极乐观，对小组氛围起到积极作用	组员＿＿＿＿＿ 组员＿＿＿＿＿ 组员＿＿＿＿＿ 组员＿＿＿＿＿ 组员＿＿＿＿＿	☆☆☆☆☆ ☆☆☆☆☆ ☆☆☆☆☆ ☆☆☆☆☆ ☆☆☆☆☆

表9-15　对组长领导力评价表

评价能力	评价标准	星级
团队领导力	活动中能制定明确目标	☆☆☆☆☆
	能够积极推动团队根据活动目标开展活动	☆☆☆☆☆
	语言或者行为具有感染力，能积极影响组员	☆☆☆☆☆
	能统筹全局，调动各资源帮助小组完成任务	☆☆☆☆☆
	能通过信息的收集、整理和分析，果断地做出适合团队发展的战略决策	☆☆☆☆☆
	能够运用恰当的手段优化组织结构，提高团队效率	☆☆☆☆☆
	能够组织系列活动，使活动有序开展	☆☆☆☆☆

2.展示的成果描述

第一环节是文化墙设计图的展示，采用画廊的形式进行展示。

在展示的第二个环节，各小组还进行了多种多样的个性化展示。有的小组进行了多人展示，把每个阶段的产品进行讲解，并且把小组内部发生的矛盾与趣事进行了分享。有的则对小组整个项目过程进行了跟踪拍摄并且播出了很多幕后花絮，现场既有幽默的时刻也有温馨的时刻。

活动的最后，我们用极客大数据进行了投票，省掉了点票环节，提高了效率。最后筑梦组的文化设计墙成功出圈，得票最多。另外，我们还根据学生评委和教师评委的评价结果，评选出班级文化墙"最佳设计奖"以及"最强解说员"两个奖项。

该项目最终的成果是文化墙的设计（图9-2）。在学习的过程中，学生从多角度了解班级，反思班级的不足以及发现班级的长处，形成班级愿景以及独特的班级文化。在项目实施后，学生对于班级的认同感明显增加，产生了归属感，有学生是这样表述的："以前我对于班级没有概念，但现在我知道了我们是侨承班，我们有自己的文化，这份文化是我们所有人一起创造的。我也深刻地体会到原来我自己的一举一动都在影响着我们这个班集体，对于这个班级，原来我可以参与这么多。"

图9-2　班级文化墙部分展示

五、结项复盘

本项目活动的四个阶段都有相应的产品呈现，项目的评价不仅包括对产品的评价，还有学生表现的评价。评价的参与者包括学生以及教师团队，学生有他评和自评，教师团队主要对学生的阶段性表现以及产品进行评价。基于此，我们制定了相应的评价表格。

（一）项目活动和产品评价

我们根据学生的表现、学生的领导力培养情况、项目产品的质量以及项目活动的目标，制定了项目活动和产品评价表（表9-16）。为教师提供评价的参考体系，同时为学生提供反馈信息，使学生能够认识到自身的优势和弱势，为学生的领导力发展赋能。

（二）项目过程的自我评价

学生是活动的主体，活动开展的过程也是学生成长的过程。帮助学生认识自己在项目过程中的能力提升以及不足之处，为学生下阶段的成长提供方向，是项目评价需要发挥的功能之一。因此，我们设计了学生的自我评价表（表9-17）。

表9-16　项目活动和产品评价表

主产品	评价标准	考察技能	星级
班徽	符合学校特色，具有可操作性	团队领导力、语言表达能力、协作能力、创造性思维	☆☆☆☆☆
班徽	内容丰富、有新意	团队领导力、语言表达能力、协作能力、创造性思维	☆☆☆☆☆
班徽	班徽内涵深刻、寓意积极	团队领导力、语言表达能力、协作能力、创造性思维	☆☆☆☆☆
班徽	解说流畅	团队领导力、语言表达能力、协作能力、创造性思维	☆☆☆☆☆
班级文化墙内容设计思维导图	内容具体，具有可操作性	思考能力、批评性思维、沟通能力	☆☆☆☆☆
班级文化墙内容设计思维导图	内容积极，符合社会主义核心价值观要求	思考能力、批评性思维、沟通能力	☆☆☆☆☆
小组名片	主题符合班级特色要求	沟通能力、批评性思维	☆☆☆☆☆
小组名片	设计合理、内容充实、富有小组特色	沟通能力、批评性思维	☆☆☆☆☆
小组名片	主题突出，内容有寓意	沟通能力、批评性思维	☆☆☆☆☆

续表

主产品	评价标准	考察技能	星级
班级文化墙设计图	主题突出，内容有寓意	表达观点能力、团队领导力、创造性思维	☆☆☆☆☆
	整体美观，布局合理，层次分明		☆☆☆☆☆
	画面搭配合理，元素运用比例得当		☆☆☆☆☆
	解说流畅		☆☆☆☆☆

表9-17 自我评价表

项目化学习成果的自我评价
我承担了哪些工作？我顺利完成我的工作了吗？ 在小组交流时，我是否清晰表达我的观点？ 我是否有明确的个人和集体发展愿景？对于集体，我的核心诉求是什么？ 整个活动中，我是否能合理表达我的核心诉求？

六、项目后的反思和展望

（一）学生与教师的成长

项目的实施过程中，我们时刻在观察每个学生的表现。由于我是刚接手该班级不久，对于学生还不是很了解，因此组建了科任老师观察团对学生的表现进行观察与评价。我们发现随着项目任务的开展和起动，组长会根据组员的情况分配任务，一些平时比较低调的学生会在组长的带动下完成任务。一些平时行为习惯表现以及成绩表现都较差的学生，在活动中，也能够很好地发挥自身的特长帮助团队，更让我们感到欣慰的是团队的成员也看到了这一些学生的表现，并且对他们的看法有很大的转变。可见，项目的开展，在发挥集体教育功能方面起到了非常积极的作用。

学生在项目实施过程中，学会如何使用软件、如何设计班徽，也重新认识了解自身班级。从学生思维来看，学生的批判思维、设计思维、逻辑思维能力也得到了一定程度的锻炼。收集资料、查阅信息以及信息加工，是现代中学生需要具备的素养，这一点在项目中也得到了体现。学生在整个项目实施的过程中，其问题意识得到了一定程度的锻炼。项目活动是需要学生具备一定的问题意识才能解决的。通过问题来索引，围绕核心驱动问题来开展，问题得到解决，学生和集体也一起成长。

学生的领导力培养是我们项目开展的目的之一，对于项目小组的成员来说，在活动中表达观点，展示自己只是一种外在的体现。学生在组织团队，围绕驱动问题，进行项目活动的过程中，其领导力也得到一定程度的锻炼。特别是组长，优化组织结构、组织活动、协调资源开展活动等，无不是领导力的体现。在项目开展的过程中，我们教师团队也有了收获和成长。因为在给学生提供支架的过程中，我们也更进一步了解项目化学习。特别是看到学生的明显转变，对于项目化学习的积极作用，我们是很有感触的。

（二）项目活动的不足和改进措施

随着项目的开展以及复盘，我们也发现了一些问题。有些小组在开展活动的过程中，目的性不强，效率不高。有些小组是存在角色定位、分工不明确的问题。在活动开展前，对于困难的预计是明显不足的，有些同学认为收集信息的渠道只有百度，其实在信息时代，资料的获取渠道是多元的。针对这种情况，需要教师提供必要的脚手架帮助学生。我们便提供了角色分工表、信息搜索渠道等，这对学生活动的开展起到了积极的作用。

小组组员如何积极投入活动，是组长所要面临的问题。有的小组就存在组员讨论不积极，分工后完成度不高的问题，这其实也是对组长团队领导力的培养。针对这个问题，我们采取了四个措施。一是提供"有效沟通大纲"，给小组组长进行参考使用。沟通本质是信息的互换，该大纲可以较好地帮助组长进行沟通目标指向和关注对方的反馈信息以达到更好的沟通效果。二是各个小组组长进行交流讨论，分享有效的方法。三是评价性机制的实施，学生的过程性评价需要在最后的成果中体现出来。四是组长与组员进行头脑风暴，提出问题并且解决问题。这四个措施的实施起到了预期的效果。

郑栩，广州市华侨外国语学校物理教师，广州市骨干班主任

项目10 研"骄阳文化",识班级之美

一、项目背景

单丝不成线,独木不成林。集体的成长与繁荣,离不开每个成员的共同努力,更离不开集体力量的充分发挥。这其中,团队的领导力就如同集体力量的引爆线,扮演着至关重要的角色。在当今这个竞争日益激烈的社会中,团队管理与领导力的提升已经成为组织走向成功的关键因素。

新课程着重强调为学生营造一个良好的成长环境,着重培养学生的情感、态度与价值观,通过班级文化的建设潜移默化地影响学生。因此,对于一个渴望持续成长的班集体来说,建设班级文化显得尤为重要且势在必行。

班级文化,即围绕班级教育教学活动所形成的一系列价值观念、行为规范和语言习惯。一个优秀的班级文化不仅有助于教育教学工作的顺利进行,更能促进学生的身心健康发展,对其成长也会产生深远的影响。当我接手初一新生班级,并为其命名为"骄阳班"时,我意识到班级文化的建设应当与之相辅相成。因此,在学生团队领导力项目化学习的启动之际,我选择了"骄阳文化"作为项目化学习的主要课题。我期望通过这一隐性课程的实施,让学生在培养团队领导力的同时,又能满足其归属感和依存需求,进一步形成积极向上的班级文化,引领班级氛围朝着更加健康的方向发展。

二、项目设计

(一)项目基本信息(表10-1)

表10-1 项目基本信息

项目名称	研"骄阳文化",识班级之美
项目学校	广州市第十七中学
项目时长	1个月

续表

设计者	王海荣老师
实施者	七年级（4）班学生，共38人

（二）项目目标

（1）在项目式学习的框架下，确立并深化"骄阳文化"的班级文化核心内涵，精心构建独具特色的班级精神文化，为学生提供一个明确的文化导向。

（2）项目式学习的过程，指导学生学会自主地发展与学习，锤炼学习与反思力、决策力、组织与协调力、教导与引领力、执行与应变力、感召与影响力等核心素质。

（3）通过团队领导力的培养，树立学生主人翁意识，增强对班级的责任感，塑造班级精神风貌和团队氛围。

（4）通过团队领导力的培养，学生更加深刻地感受到归属感与集体认同感，意识到自己在团队中的独特价值，并学会充分发挥自身的力量去影响和激励自己与团队中的其他成员，推动整个集体的共同进步与成长。

（三）关键问题

1.确定主题

当学生从小学步入初一，面对新的学习环境和集体，往往会感到些许迷茫和不适应。为了帮助初一"骄阳班"的学生们更快适应这种变化，并顺利融入新的班集体，老师与学生携手合作，共同制订了班级行为规范，为学生们的言行举止提供明确的参照标准。同时，我们还共同构建了班级的精神文化，以满足学生们对归属感和依存感的需求。

"作为'骄阳班'的一员，我们应该如何深入认识、诠释并宣传'骄阳文化'呢？"带着这样的疑问，学生们踏上了班级文化建设的项目化学习之旅。他们将通过这一学习过程，更加深入地理解和传播"骄阳文化"，共同营造出一个积极向上、充满活力的班级氛围。

2.确定核心驱动问题（表10-2）

表10-2　核心驱动问题表

核心驱动问题	总任务	最终成果
作为"骄阳班"一员，如何认识并诠释、宣传"骄阳文化"的内涵	班训、班规制度；撰写《骄阳志》；班徽、班服制定	班级文化角布置

三、项目计划

与学生一起确定驱动问题后，学生按照每小组6~8人，共组成5个项目小组。通过与学生的充分沟通与交流，我们一起对驱动问题进行分解，产生如下的驱动问题分解（表10-3）。

表10-3　分解驱动问题表

分解驱动问题	主任务	主产品
什么是"骄阳文化"	明确"骄阳文化"内涵，确定班训、班规，撰写《骄阳志》	班训、班规，《骄阳志》
如何体现"骄阳文化"	诠释"骄阳文化"内涵，设计班徽、班服	班徽、班服
如何展现"骄阳文化"	展示"骄阳文化"内涵，布局课室班级文化角	班级文化角

四、项目实施

（一）项目活动

项目活动1：什么是"骄阳文化"

根据"明确'骄阳文化'内涵"这一主题，分解为三个主要任务：

（1）小组间通过网上查找所需资料，与教师、家长一起讨论对"骄阳"的认知，初步明确"骄阳文化"核心内容——自信阳光，勤敏好学，并在此基础上一起完成《骄阳志》的撰写（图10-1）。

（2）在深入理解"骄阳文化"的内涵后，学生们分组积极拟写班训，希望通过精练的语句来体现班级的核心价值观。

（3）学生们在小组内积极展开了讨论，旨在依据"骄阳文化"的核心理念，拟定出既符合班级实际情况又富有教育意义的班规。经过深入的交流和热烈的讨论，每个小组都提出了自己的建议和方案。随后，在全班会议上，各组代表轮流发言，详细阐述了各自拟定的班规内容，并进行了充分的讨论和修改。大家积极发表意见，共同协商，力求制定出既严谨又人性化的班规制度。

骄阳志

朝露去兮旭日升，六更起兮读书郎。
石磊磊兮路遥遥，葛蔓蔓兮水汤汤。
干云蔽日幽篁深，蜿蜒小径山之上。
豆蔻舞勺，
悬梁心，绝韦志，
深自砥砺，亦可肆意轻狂。
骄阳志，述鸿生，
踌躇满怀，不待鬓添霜，
白驹过隙春三载，日月如梭血一腔。
脚踏实地阅金卷，下马看花品芬芳。
待长安花盛，
我辈共骑提金榜。

图10-1　《骄阳志》定稿

项目活动2：如何体现"骄阳文化"

为了深入诠释"骄阳文化"的内涵，学生们积极行动起来，围绕这一主题展开了一系列富有创意的活动。学生们通过查找资料，各组设计体现"骄阳精神"的班徽及班服，以小组为单位进行宣讲。全体同学讨论投票，通过班徽、班服的设计方案（图10-2、图10-3）。

项目活动3：如何展现"骄阳文化"内涵

班级文化角如何布置？具体布置些什么内容才能体现"骄阳"特色？在

这个探究过程中，每组成员开始思考各组的文化角布置方式，集思广益，设计能够展示班级文化风貌的文化角布置方案。

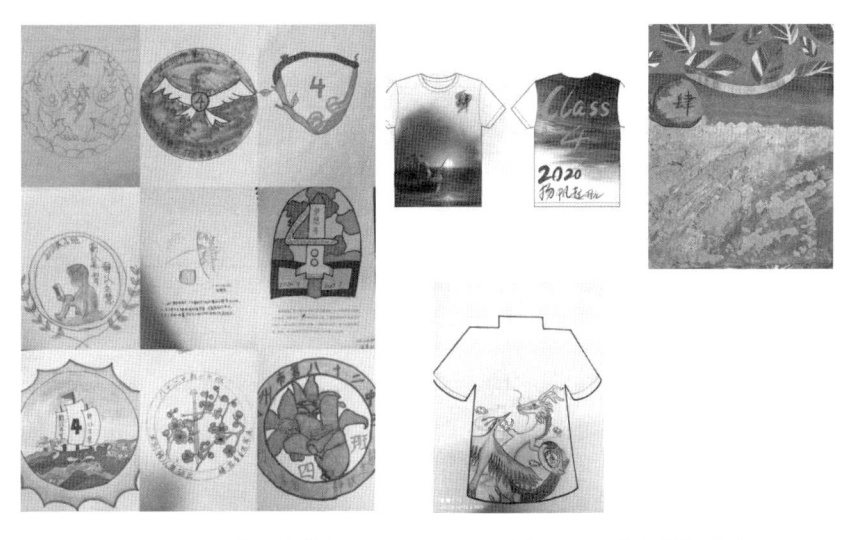

图10-2　班徽设计草案　　　图10-3　班服设计草案

（二）项目成果

1.出项展示的仪式

在展示环节，我们充分展现了各组的创意与努力。各组通过精心准备，将各自的成果展示给全班同学，这不仅是对自身努力的肯定，也为其他组提供了学习和借鉴的机会。展示过程中，同学们积极互动，交流想法，共同探讨如何更好地体现"骄阳"特色。

在本次项目的实施过程中，我们采取了分阶段的总结、展示与交流策略，以确保活动的顺利进行和持续改进。每个阶段的活动结束后，我们都及时进行了总结，以便小组间相互吸取经验，组内成员也明确了自己的分工，确保每个人都能够充分参与到活动的设计与实施过程中。

展示环节结束后，各组立即召开了组内会议，对项目的整个实施过程进行复盘。在复盘中，我们回顾了项目的目标、计划、实施过程以及成果，分析了其中的优点和不足，并总结了经验教训。组员之间进行了过程性相互评价，大家坦诚地交流了彼此在活动中的表现，指出了对方的优点和不足，并提出了改进的建议。同时，组长也对组员进行了评价，肯定了他们的努力和贡献，也指出了需要改进的地方（表10-4）。

表10-4 自我评价表

项目化学习成果的自我评价
我在项目中是否学会了沟通？ 我在项目中是否学会了思考？ 我在项目中还学会了什么？ 我在项目中是否获得认同感和归属感？

2.展示的成果描述

在班训制定环节，经过学生们的热烈讨论和投票，最终"勤以养智，静以生慧"这一班训脱颖而出，获得了大家的一致认可。这句班训寓意深远："勤以养智"鼓励学生勤奋学习，通过不懈的努力来培养智慧，不断积累知识，提升自我；"静以生慧"则强调内心的平静与专注，只有在静谧中，思维才能更加清晰，智慧才能得以绽放。这一班训不仅体现了"骄阳文化"中勤奋、专注的精神，也为学生们指明了成长的方向，激励他们在学习和生活中不断追求卓越。

在班规制定环节，经过全班同学的共同努力，形成了一套全面、具体、可行的班规制度。这套班规不仅体现了"骄阳文化"中勤奋、专注、团结、自律的精神，还注重培养学生的责任感、自律性和团队协作精神，为班级的健康有序发展奠定了坚实的基础。

在班徽与班服的设计环节，各自小组内进行设计讨论，力求通过班徽和班服的设计来体现这一精神。每个小组都充分发挥了想象力和创造力，设计出了各具特色的班徽和班服。完成设计后，各小组轮流上台进行宣讲，详细介绍了班徽和班服的设计理念和寓意。全体学生认真倾听，积极参与讨论，对各个设计方案进行投票。经过激烈的角逐，最终通过了最具创意和代表性的班徽、班服设计方案（图10-4、图10-5）。

在班级文化角布置这一活动中，如何更好地体现班级文化成为了学生们集思广益的焦点。在探究过程中，每组成员都积极思考，提出了各自独特的布置方式，并最终一致通过了以下设计方案（图10-6、图10-7）。

图10-4　班徽确定方案

图10-5　班服确定方案

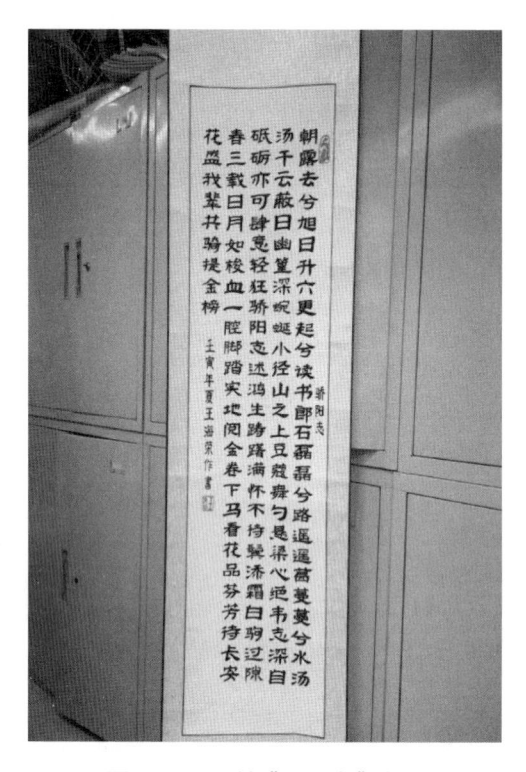

图10-6　悬挂《骄阳志》字幅

图10-7　班级文化角展示

（1）在图书文化角，我们将摆放与"骄阳文化"相关的书籍和资料，如励志故事、名人传记等，以激发学生的阅读兴趣和求知欲。同时，也会设立一个"骄阳推荐"书架，展示同学们自己推荐的书籍，鼓励大家分享阅读心得，营造浓厚的读书氛围。

（2）班徽、班训展示在文化角的核心位置，我们将悬挂精心设计的班徽，并配以简洁明了的班训，如"勤以养智，静以生慧"，让每一个走进文化角的人都能感受到"骄阳"的精神内涵。班徽和班训的展示不仅是对班级文化的展示，也是对学生们的精神引领和激励。

（3）展示《骄阳志》是班级文化角的一大亮点。通过《骄阳志》的展示，同学们可以更加深入地了解班级的发展历程，增强对班级的归属感和认同感。

在布置过程中，我们注重细节和整体效果的协调，力求让每一个元素都能体现"骄阳"的特色和班级的精神内涵。通过集思广益和共同努力，我们相信班级文化角将成为展示"骄阳"精神的重要窗口，成为同学们交流思想、分享文化的重要场所。

班级文化涵盖了班级制度文化、班级物质文化，以及在这一过程中逐步建立起来的精神文化。经过这一个月的探索与实践，随着班级制度文化的建立与完善，我们班级逐渐形成了独具特色的健康价值观、共同的思想基础和认知体系。学生们积极参与，亲手制定并建设他们心中的理想班级，充满热情和兴趣，活动中互帮互助，团结一致，共同追求进步。

"骄阳班"在不断完善班级管理的过程中，学生们对新班级产生了强烈的认同感和归属感，为日后优良班风的形成奠定了坚实的基础。

五、结项复盘

（一）项目活动和产品评价

活动结束后，小组从知识学习、团队协作等方面进行自评、互评，并邀请教师针对学生们在本次项目式综合实践活动中的表现和成长作出评价（表10-5）。

由投票选出成绩最为突出的小组，以此为团队，在其基础上调整班干部团队人选，创建班级学生会。

表10-5　初一（4）班项目式学习教师点评表

主产品及评价标准	组别名称				
	骄阳分队	前进小队	51度	银河小队	大快活
文字解读"骄阳"的内涵	★★★★☆	★★★☆☆	★★★★★	★★☆☆☆	★★★★☆
拟定班训，并能精简说明	★★★☆☆	★★★☆☆	★★★★★	★★★☆☆	★★★★☆
客观公平地拟定班规细则	★★★★★	★★★★★	★★★★★	★★★★★	★★★★★
参与撰写《骄阳志》	★★★☆☆	★★★☆☆	★★★★★	★★★☆☆	★☆☆☆☆
设计班徽并用精简文字介绍设计理念	★★★☆☆	★★☆☆☆	★★★★★	★★☆☆☆	★☆☆☆☆
衍生物班服的设计合乎"骄阳文化"，精简介绍设计理念	★★★☆☆	★★★★★	★★★★★	★★★★☆	★★★☆☆
组员间相互沟通，协调能力强	★★★☆☆	★★★★★	★★★★★	★★★☆☆	★★★☆☆
PPT制作精美和谐	★★★☆☆	★★★☆☆	★★★★★	★★★☆☆	★★★☆☆

（二）项目过程的自我评价（表10-6、表10-7）

表10-6　初一（4）班项目式学习自评表

小组名称：前进小队　　　　　　　　　　　　　　　成员姓名：王睿轩

我在项目中是否学会了沟通	是
我在项目中是否学会了思考	是
我在项目中还学会了什么	学会了倾听别人的意见，并能提出自己的见解
我在项目中是否获得了认同感和归属感	是

表10-7　初一（4）班项目式学习互评表

小组名称：前进小队　　　　　　　　　　　　　　　　成员姓名：王睿轩

姓名	整理资料用心	思考有创意	有沟通协作能力	美术功底好	是否还愿意合作
王睿轩	★★★☆☆	★★★★★	★★★★★	★☆☆☆☆	愿意
石承建	★★★★☆	★★★★★	★★★★★	★★★☆☆	愿意
徐文烨	★★☆☆☆	★★★☆☆	★★☆☆☆	★★☆☆☆	愿意
赵辰好	★★★★★	★★★★☆	★★★★☆	★★★★★	愿意
胡钿钿	★★★★★	★★☆☆☆	★★★☆☆	★☆☆☆☆	愿意

六、项目后的反思和展望

在整个项目式学习的过程中，我们不断地激发同学们各自的潜能，同时让他们深刻体验到自身身份角色的转变。在项目化综合实践活动中，教师扮演着多重角色，既是管理者，又是领导者。教师精心帮助孩子们规划活动流程，引导他们选择合适的方式开展自主、探究学习，旨在唤醒同学们自身的力量，培养他们的综合素养，使他们能够在充满不确定性的未来做出有意义的选择。

从项目成果的角度来看，存在一些需要改进的地方。由于是首次尝试项目式活动，小组在项目实施过程中，对于过程性资料的收集和整理有所不足，大多只保留了最终的成果，这确实是一个遗憾。在未来的活动中，我们将更加注重过程中的记录和总结，以便更好地反思和进步。

活动结束后，同学们积极组建了班级学生会，该学生会由7个部门构成，包括秘书部、学习部、纪检部、卫生部、体育部、策划部和宣传部。这一举措旨在让更多的同学参与班级管理，使他们都能在相应的岗位充分发挥自己的专长和才华。学生会干事的选拔是一个民主过程，由全体同学共同投票决定，这既是对当选者的充分肯定，也是对所有学生参与权利与义务的尊重和认同。通过这样的方式，我们共同为班级的建设和发展贡献力量。

王海荣，广州市第十七中学语文教师，广州市越秀区骨干教师

项目11　做"以和为贵"的守护者

一、项目背景

随着全球化和信息化进程的不断加快，各国综合国力的竞争变得日益激烈，培养具有领导才能的人才已成为各个国家、地区提升竞争力的重要手段之一。无论是学校还是社交场合，学生都需要具备一定的领导能力。《义务教育课程方案和课程标准（2022年版）》在培养目标上明确了"积极人格""学会交往""善于沟通""合作能力""团队精神"等目标。培养学生的组织、策划等领导力，是社会发展、政策制定实施的需求，而领导力的培养需要与具体的教育活动项目相结合。社会各界应共同努力，通过教育培训、政策引导等多种手段，培养学生成为具有正确人生观、价值观的领导人才。

为了培养学生的领导力，提升其综合素质和社会适应能力，创造积极、和谐、有活力的班级氛围，让每个学生都能充分发展自己的潜力，享受到幸福和快乐，是学校教育的需求。学校应帮助学生树立自信心，鼓励学生主动参与各种活动和项目，给予学生更多的自主权，培养领导能力和决策能力；学校应培养团队合作精神，引导学生学会与他人合作、协调，从而领导团队开展工作；学校应培养学生的沟通和表达能力，激励学生能清晰表达自己的想法和观点，有效与他人沟通交流；学校应培养学生分析和解决问题的思维与能力，让学生在面对挑战和困难时，能够找到解决问题的方法和策略；学校应培养学生的社会责任感和公民意识，让学生明白领导者的责任和使命，关心社会问题并积极参与社会公益活动。

广州市八一实验学校8年级（1）班和（2）班这两个班班风好、学风正，大部分学生能力强。8年级（1）班大部分学生学习自觉，讲究学习方法，学习效率高，各科成绩拔尖；8年级（2）班学生单纯活泼，有爱心，部分学生的学习能力强，成绩不错。但两个班均有小部分学生不太注重组织管理能力的培养，缺乏担当精神，缺乏服务班级的意识，个别同学之间存在不太和谐的现象。基于此，培养学生的领导能力，帮助学生树立正确的价值观，奉行"以和为贵"的理念，是班级学情的需求。

领导力是我国21世纪中学生核心素养的重要组成部分，在推行课程改革的过程中，强调中学生领导力的重要性，开发领导力课程至关重要，有助于创设良好的校园文化，促进学生在未来的学习、工作和社会生活中取得成功。

二、项目设计

（一）项目基本信息（表11-1）

表11-1　项目基本信息表

项目名称	传承中华文化瑰宝做"以和为贵"的守护者
项目学校	广州市八一实验学校
项目时长	1个月
设计者	夏灵老师
实施者	8年级（1）班和（2）班的学生，共82人

（二）项目目标

1.知识目标

（1）了解领导者需要具备的知识和能力。

（2）明"和"文化，探"和"之义，寻"和"之用，践"和"之道。

（3）掌握制作PPT的相关知识。

2.能力目标

（1）培养学生的领导能力和责任感，开展领导力培训，组织大部分学生参与班级管理，轮流担任班会课策划者或主持人，以此培养学生的领导力和责任感。

（2）培养学生的自我管理能力，引导学生自觉确定班会课目标和计划，设计相关内容，解决相关问题等。

（3）培养学生的团队合作能力，在设计班会课的过程中，引导学生积极讨论，分工合作。

（4）培养学生的沟通能力，积极组织学生参与策划、主持、演讲等实践活动，培养学生的沟通能力和写作能力。

（5）培养学生的动手能力和实践操作能力。

3.情感态度和价值观目标

（1）引导学生感悟领导者所必须具备的自信与积极乐观的人生态度。

（2）培养学生的同理心与关爱他人的品质。引导学生关心他人的需求和感受，理解他人的立场和情感，并愿意帮助和支持他人。

（3）培养学生公正对待他人，坚守道德原则，凡事做出正确决策。

（4）培养学生团队合作意识和分享精神，引导学生积极与他人合作，共享资源，懂得团队的重要性，愿意为团队的成功贡献力量。

（5）培养学生的社会责任感与公民意识。

4.学习策略目标

（1）培养学生学会对自己进行深入的自我认知和反思，了解自己的优势和劣势，明确自己的价值观和目标。通过反思自己的行为和决策，不断提高领导力水平。

（2）培养学习沟通与协作技巧，通过学习沟通技巧、团队合作和解决冲突等方面的知识和技能，提高自己的沟通与协作能力，从而更好发挥领导作用。

（3）培养学生创新思维，学会寻找解决问题的方案。

（4）培养学生自主学习的能力，通过学习时间管理的技巧和方法，合理安排学习和活动的时间，不断提升自己的能力和素质。

（5）引导通过学习领导力的案例和实践，了解成功的领导者运用领导力的原则和技巧。通过分析和模仿这些案例，提高领导力水平，并将其应用到实际情境中。

（三）关键问题

1.确定主题

该项目以做中华优秀文化传统守护者为目标，采用项目化活动方式，以小组为单位，每个小组围绕"以和为贵"的班会主题进行策划和开展活动。在项目实施过程中，除了引导学生探究"和"之义、"和"之用、"和"之道等问题，还需鼓励学生围绕校园内外、社会热点问题来展开研究，这样既拓宽了视野，又提高了解决问题的能力，促进了学生在团队背景下的交流、讨论与合作，又提升了学生的责任感和使命感，培养了学生的批判思维和领导力。学生在这个项目实施的过程中，会在所见所闻的基础上思考：探究"和文化"有何意义？班上同学之间是否能和谐共处？又存在哪些不太和谐的问题？如何解决这些问题？通过思考、讨论和交流，学生会有自己的想法和解决办法，这些体验和思考，远比说教有用得多。在策划"以和为贵"班会活动的时候，学生不仅需要收集资料进行再加工，还需思考如何体现班级文化，表达美好愿景。在这样真实的情境中，激发了学生的参与热情，提升了学生的核心素养。项目化学习和策划的过程，也是集体教育的过程，为学生提供了锻炼的舞台，形成了归属感与凝聚力。

2.确定核心驱动问题（表11-2）

表11-2　核心驱动问题表

核心驱动问题	总任务	最终成果
如何做班会课的策划者，并制作PPT作品	在班会课上展示以"以和为贵"为主题的相关内容	"以和为贵"为主题的PPT、演讲稿等

三、项目计划

为了组织"以和为贵"为主题的班会活动，教师指导学生按照自己的意愿，组建具体项目小组。通过讨论、谈话、调查等方式了解学生的想法和需求后，进而产生了如何收集资料和素材、如何设计班会课的具体方案、如何写演讲稿、如何制作PPT等一系列分解驱动问题（表11-3）。

表11-3　分解驱动问题表

分解驱动问题	主任务	主产品
如何收集资料和素材	1.小组商量收集以"以和为贵"为主题的资料，并写在项目任务单上 2.小组分工上网搜索相关资料，将其保存到策划者指定的文件夹	图片、文档

续表

分解驱动问题	主任务	主产品
如何制作PPT	小组成员分工合作，分别制作主题班会PPT的封面和其他内容	主题班会PPT的封面和其他内容
如何撰写演讲稿	策划者领导小组成员，利用语文课所学的相关知识，与小组一起讨论，撰写演讲稿	以"以和为贵"为主题的演讲稿
如何开展班会活动	策划者组织小组成员，开展以"以和为贵"为主题的班会活动，展示并讲解PPT上的内容，开展演讲、讲故事、唱歌、知识抢答等活动	开展班会活动，展示并讲解PPT上的内容，开展演讲、讲故事、唱歌、知识抢答等活动

四、项目实施

（一）项目活动

项目活动1：收集以"以和为贵"为主题的资料、素材

目标：学会百度搜索关键信息，学会保存网页中的图片和文字，掌握文件命名的规则。

（1）小组商量收集以"以和为贵"为主题的资料，并写在项目任务单上。

（2）小组分工保存图片和文字资料，注意文件命名，放入教师指定的各小组文件夹中。

（3）小组成员相互检查图片是否具有代表性，文字是否准确。

（4）小组总结，在任务单上写下完成项目过程中遇到的问题。

项目活动2：制作以"以和为贵"为主题的PPT

目标：学会筛选、分析"以和为贵"为主题的班会课所需要的相关内容，能根据要求设计并制作PPT。

（1）小组所有成员将项目活动1中的小组文件夹拖到桌面上，方便后续添插素材。

（2）小组讨论分工，制作PPT的封面和其他内容，保存文件到策划者指定的文件夹。

（3）进一步完善PPT中的图片和文字，根据要求修改，保存文件。

项目活动3：撰写演讲稿

目标：掌握"以和为贵"的相关知识，培养演讲能力。

根据语文课所学的相关知识，小组讨论，完成演讲稿的写作，也可以将演讲稿的内容制作成PPT。

项目活动4：开展主题班会活动

开展以"以和为贵"为主题的班会活动，展示并讲解PPT上的内容，开展演讲、讲故事、唱歌、知识抢答等活动。

（二）项目成果

1.出项展示的仪式

2023年5月，广州市八一实验学校8年级（1）班和（2）班，举行了以"做中华优秀文化传统守护者——'以和为贵'班会策划活动"为主题的出项仪式，此项目是学校项目化学习研究的重点项目，夏灵老师作为此项目的指导老师，指导（1）班和（2）班在确定核心驱动型问题、分解驱动型问题和解决驱动型问题的过程中实现学生从被动学习到主动探究学习方式的转变，目的是培养学生的领导力，做中华优秀传统文化的守护者和继承者。

2.展示的成果描述

广州市八一实验学校8年级（1）班和（2）班全体同学都参与了"以和为贵"的班会策划活动，每班分成3~4组，每组开展自主交流合作与探讨，制作了内容丰富、形式精美的PPT，撰写了主题鲜明、结构严谨的演讲稿，在班会课上开展了丰富多样的主题活动，成效显著。通过开展此项目的活动，培养了学生的团队合作能力、沟通能力、动手能力、解决问题的能力、组织领导能力与创新思维，提升了学生的自信心，培养了积极乐观的人生态度、正确的价值观与社会责任感。

五、结项复盘

结项复盘将对项目活动的过程、产品和结果进行评价，并附有清晰的量表（表11-4~表11-6）。参与评价者有老师和两个班的全体学生，有他评和自评两种形式，评价者根据项目活动中策划者和小组成员的信息检索、加工和整理、合作沟通、解决问题等多方面能力进行评价。结果的评价标准还包括检验学生的口头表达、分析审美、写作能力等。评价结果呈现方式为星级，评五星级、四星级策划者各2名，五星级、四星级小组成员各6名。

（一）项目活动和产品评价

1.项目活动评价量表

表11-4　项目活动评价量表

	评价标准	考察技能	星级
各小组制作PPT	积极搜集和整理与"和文化"相关的资料和图片	信息检索、加工和整理能力、沟通能力、解决问题的能力等	☆☆☆☆☆
	对文字进行修改润色，美化图片		☆☆☆☆☆
	小组集体制作PPT		☆☆☆☆☆
	小组成员提出修改意见，策划者完善PPT		☆☆☆☆☆
各小组撰写演讲稿	小组成员积极搜集材料	口头表达能力、写作能力等	☆☆☆☆☆
	积极讨论演讲稿的具体内容，确定结构和思路		☆☆☆☆☆
	小组成员积极修改演讲稿的内容		☆☆☆☆☆
	策划者完善演讲稿		☆☆☆☆☆

2.结果的评价标准

表11-5　结果的评价标准

主产品	评价标准	考察技能	星级
各小组的PPT	PPT内容丰富、结构完整，设置不同效果的背景	信息检索、加工和整理能力、沟通能力、自学能力、分析审美能力等	☆☆☆☆☆
	图片清晰，进行了剪裁和装饰		☆☆☆☆☆
	文字内容准确，对艺术字和文本框等进行了修饰		☆☆☆☆☆
	PPT整体美观，布局合理		☆☆☆☆☆
演讲稿	演讲稿观点明确，立意准确	口头表达能力、写作能力等	☆☆☆☆☆
	材料可靠		☆☆☆☆☆
	结构合理		☆☆☆☆☆
	感情真挚		☆☆☆☆☆

（二）项目过程的自我评价

表11-6　自我评价表

项目过程	自我评价评价标准	考察技能	星级
分享PPT的内容	分享交流声音洪亮，仪态大方，语言流畅生动，观点鲜明，论据充分，条理清晰	沟通能力、组织能力、解决问题的能力、创新能力等	☆☆☆☆☆
	分享时形式多样		☆☆☆☆☆
	每组分享时间在10分钟左右		☆☆☆☆☆
发表演讲	演讲内容的评价标准： 主题鲜明，观点正确，角度新颖，材料典型，逻辑性强，感情充沛	口头表达能力、演讲能力、心理素质等	☆☆☆☆☆
	演讲技巧的评价标准： 声音洪亮，语气、语调、声音、节奏富于变化并切合演讲内容，动作、表情自然		☆☆☆☆☆

六、项目后的反思和展望

在本项目的实施过程中，同学们在老师的指导下修改了主题班会的策划和开展过程中的不足之处，用问卷星、小组互评等形式进行了"最佳策划者""最佳PPT作品"和"最佳演讲稿"三项内容的评比。最后教师给获奖者颁发奖品，鼓励他们今后争做策划者、主持人，以此提高学生的领导力。

许多学生在实际活动中体验到参与活动的成长与快乐，收获了前所未有的成就，激发了参与热情，提升了工作效率，加深了对领导力的全新认识。学生在尝试与修正、讨论与交流、坚持与退让的过程中，认识到合作的重要性，组员承担着不同的任务，不仅学习和传承了优秀传统文化，培养了合作探究能力、组织能力、表达能力等综合能力，还培养了公民意识、社会责任感和担当精神，提升了核心素养，而且在活动中收获了满满的幸福感，提升了精神境界。

随着项目的开展以及复盘，我们也发现了一些问题。个别学生对"和文化"的认识有待提升；在搜集和整理与"和文化"相关的资料和图片的过程中，有些同学获取资料的途径单一，缺乏对文字的修改和润色；在小组集体制作PPT和撰写演讲稿的过程中，个别成员不够积极、袖手旁观；个别策划者对小组成员的分工不太明确，影响了工作效率。在开展主题班会活动这一重要环节，个别组采取的形式不够多元，缺乏趣味性。

针对这些问题，我们需要多开展项目化学习活动，在策划并开展活动的过程中，需要完善沟通、讨论、参与、执行等措施，完善评价机制，达到真正解决问题的目的，提升学生领导力和核心素养。

夏灵，广州市八一实验学校语文教师，广州市越秀区骨干教师

栏目二 团队建设

项目12 我是艺术节班级节目小导演

一、项目背景

七年级上学期是新学段的开始,班级的学生来自不同的小学,亟须一场深入的破冰行动,增进同学之间的了解,促进信任。根据了解和观察,教师发现学生整体上呈现"三强三弱"的特点:"三强"为"个性鲜明""爱好广泛""自我意识强";"三弱"为"缺乏合作意识""缺乏统筹能力""缺乏责任担当"。而有意义的活动能够为学生提供发展的平台,在活动中发挥优点,飞扬自信,在活动中发现缺点,提升自我。艺术节是学校的四大传统特色活动之一,为学生所喜闻乐见,班级节目学生参与度高,但为了达到更深入持久的育人效果,活动开展的方式有待反思和创新。

结合班级的破冰需要、学生的能力发展需求、学校活动的改进期待,教师选取"我是艺术节班级节目小导演"作为活动主题,以项目式学习作为主要载体,以团队领导力的培养作为提升焦点,设计并启动此案例。

二、项目设计

(一)项目基本信息(表12-1)

表12-1 项目基本信息表

项目名称	我是艺术节班级节目小导演
项目学校	广州市黄埔区会元学校
项目时长	1个月
设计者	徐晓君老师

| 实施者 | 七年级（6）班学生，共39人 |

（二）项目目标

（1）知识目标：学会理解、分析表演主题的内涵和外延；知道艺术表演的不同形式和特点；知道节目介绍词、排练计划表、彩排方案的格式与作用。

（2）能力目标：学会搜集整理与主题相关的音视频资料；学会撰写节目介绍词，制作节目介绍PPT；学会制订班级节目排练计划表和彩排方案；学会主动沟通，正面表达，协调分歧；学会自主学习、主动规划、统筹项目。

（3）情感态度和价值观目标：学生在挑战复杂、有趣的任务中，增强抗挫折能力和自信心，逐渐认识到团队领导力的核心是在团队中实现自我成长和帮助他人成长；学生在小组合作中互助互信，增强团队凝聚力，明确自身在班级中的定位和角色，在完成班级表演的过程中克服困难、荣辱与共，增强班级向心力，初步明晰班级特质和发展愿景；积极奉献、领导力强的同学为班级树典型、立榜样，引领"勇担责任，建设班级"的风尚。

（4）学习策略目标：学生提高元认知能力，对自己的认知系统和面临的任务进行充分了解；学生提高元认知控制能力，学会制定目标、设计流程、选取策略、反馈调整。

（三）关键问题

1.确定主题

班上大部分学生从小参加艺术类课外兴趣班，具有一定的技能基础和表演经验，也对表演活动比较感兴趣，但他们缺乏自主选择和策划表演的经历。本次项目的出发点是以校园艺术节班级表演节目作为抓手和契机，给予学生超越自我的平台——既是表演的呈现者，又是表演的策划者。选我所想，演我所愿，学生在自主和自觉的参与中获得源源不断的内生动力，也在任务驱动、迎接挑战的过程中拓宽阅历、提升领导力。

2.确定核心驱动问题（表12-2）

表12-2 核心驱动问题表

核心驱动问题	总任务	最终成果
如何策划和呈现艺术节班级表演节目	策划并呈现艺术节班级表演节目	歌舞、乐器表演：《如愿》

三、项目计划

学生在讨论之后一致认为核心驱动问题是综合而复杂的，我们需要将核心驱动问题进行解构和细化，并将全班同学分成不同的项目组进行分工合作。经过严密的思考推论和激烈的谈话讨论，学生将核心驱动问题分解为五大系列驱动问题（表12-3）：如何选择与艺术节主题相契合的表演形式、如何确定表演内容、如何制作节目介绍PPT、如何确定并购买表演服装、如何排练并熟练呈现表演内容。学生根据自己的爱好特长和个人意愿选择分解驱动任务，全员积极参与，最终形成1个7人小组，4个8人小组。

表12-3 分解驱动问题表

分解驱动问题	主任务	主产品
如何选择与艺术节主题相契合的表演形式	1.小组分析艺术节主题，发表见解 2.小组了解主要艺术表演形式及其特点 3.小组商讨确定本班节目的表演形式	文字介绍文档
如何确定表演内容	1.小组成员统计具有艺术特长的人数及名单 2.小组搜集资料，寻找灵感 3.确定班级表演节目方案	技能统计表、音视频资料、班级节目方案
如何制作节目介绍PPT	1.小组讨论，绘制布局草图 2.小组分头搜集素材 3.小组撰写节目介绍词 4.小组制作PPT初稿，修改确定终稿	节目介绍PPT

续表

分解驱动问题	主任务	主产品
如何确定并购买表演服装	1.小组搜集资料，选出三种最优的服装方案 2.小组呈现服装方案，统计投票结果 3.小组统计尺码，解决财务问题 4.小组联系商家，购买服装 5.小组跟进物流，发放服装	三种备选服装方案、最终服装方案
如何排练并熟练呈现表演内容	1.小组制订班级节目排练计划表 2.小组跟进排练效果，提出改进意见 3.小组安排节目彩排方案，邀请教师给予指导 4.小组在表演当天负责统筹协调工作	节目排练计划表、各板块排练效果建议记录表、彩排视频

四、项目实施

（一）项目活动

项目活动1：选择与艺术节主题相契合的表演形式

目标：学会分析和解读艺术节主题的文化内涵，学会查找搜集资料，了解目前比较流行的艺术表演形式及特点。

（1）本次艺术节主题为"传承"，小组每个人发表对主题的理解，寻找班级文化与主题相契合的元素。一位同学兼任记录员，简要记录小组讨论过程。

（2）小组分头了解目前比较流行的艺术表演形式，分析各种形式的特点。

（3）小组根据掌握的信息和资料，并结合艺术节主题和班级文化特色，商讨决定以歌唱、舞蹈、乐器表演的综合方式呈现班级节目。

（4）将小组商定的方案写成简要介绍，向全班汇报。

项目活动2：确定表演内容

目标：学会搜集整理资源，学会策划表演内容。

（1）小组成员搜集同学的才艺技能。分别统计具有乐器和歌舞特长的人数及名单。

（2）小组分头上网搜集音视频资料，寻找节目创作灵感。

（3）小组成员各自展示介绍搜集的成果，并提出班级表演节目的方案。

（4）小组商讨决定班级表演节目为《如愿》，落实表演名单，初步方案为：三位同学分别演奏钢琴、长笛、架子鼓呈现伴奏，有声乐特长的三位同学进行领唱，有舞蹈特长的四位同学伴歌而舞，其他同学合唱并呈现整体队伍律动和队形变化。小组成员向全班汇报节目设计方案。

项目活动3：制作节目介绍PPT

目标：学会撰写节目介绍词，提高宣传意识和审美意识，制作PPT。

（1）小组讨论节目介绍PPT包括什么元素，绘制布局草图。

（2）小组线上搜集装饰素材，线下拍摄班级集体照，撰写节目介绍词。

（3）小组美化整合素材，制作PPT初稿，相互发表优化建议，确定终稿。

项目活动4：确定并购买表演服装

目标：提高审美意识，增强沟通和统筹能力，学会选定和购买表演物料。

（1）小组分头上网搜集与班级节目表演风格相似的节目剧照，作为参考依据。小组汇总并筛选出三种最优的服装方案，小组成员向全班展示服装方案。

（2）小组派代表向全班同学呈现服装方案，统计投票结果。

（3）小组统计尺码，联系家委，沟通财务问题，最后确定表演服装由班费支出。

（4）小组对比选定商家，进行沟通，购买服装。

（5）小组负责跟进服装物流进度，发放服装给相应同学。

项目活动5：排练并熟练呈现表演内容

目标：提高审美意识，增强沟通能力，学会统筹制订节目练习和彩排计划，学会提出改良建议并落实。

（1）小组商讨研究，制订班级节目排练计划表，并向全班展示。

（2）小组分成员跟进各板块的排练效果，提出改进意见。

（3）小组安排节目彩排方案，拍摄彩排视频，邀请校内艺术科组教师给予指导。

（4）小组在表演当天负责本班节目的催场和统筹协调工作，确保班级节目得以顺利呈现。

（二）项目成果

1.出项展示的仪式

每个小组做好前期准备工作，依次上台展示小组方案。第一组的驱动任务是如何选择与艺术节主题相契合的表演形式，小组成员上台进行解说。第二组的驱动任务是如何确定表演内容，小组成员策划表演内容，绘制表演站位图和分工表，上台进行解说，并且回答同学们的提问。第三组的驱动任务是如何制作节目介绍PPT，小组成员展示成果，解说创作思路，收集同学们提出的改良建议。第四组的驱动任务是如何确定并购买表演服装，小组成员将精心准备的三种服装方案进行展示和解说，统计选择意愿，全程负责服装的购买和发放。第五组的驱动任务是如何排练并熟练呈现表演内容，小组成员上台投影排练反馈表，对表演人员逐一提出建议。

2.展示的成果描述

各小组展示的成果并非尽善尽美，还存在很大的提升空间，但都具有较高的质量，这凝聚了每位同学的努力。形式组与内容组策划的表演内容融合了主题"传承"和班级审美，内容丰富，具有个性，受到全班同学的支持与赞许（图12-1）。PPT组制作的封面（图12-2），呈现的效果与预期有一定的差距，缺少了班级特色元素和优美的文字排版。服装组顺利完成了从设计方案到发放服装的整个流程。排练组设计的方案比较详细，为节目的顺利展出做出了很大的贡献，排练计划和彩排做了反馈记录（图12-3）。全班同学齐心协力，精益求精，最终在学校艺术节的表演舞台上呈现了精彩的演出，悠扬的伴奏与清婉的歌声融为一体，诉说着深情的故事，衣袂飘飘、韵味十足的舞蹈诠释了中国古典文化中的优美意境。

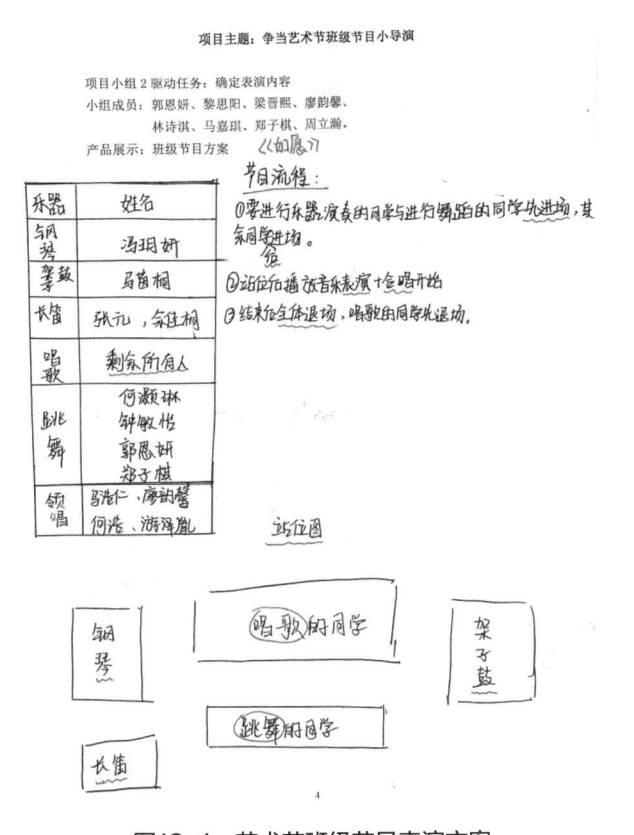

图12-1 艺术节班级节目表演方案

图12-2 艺术节班级节目封面

145

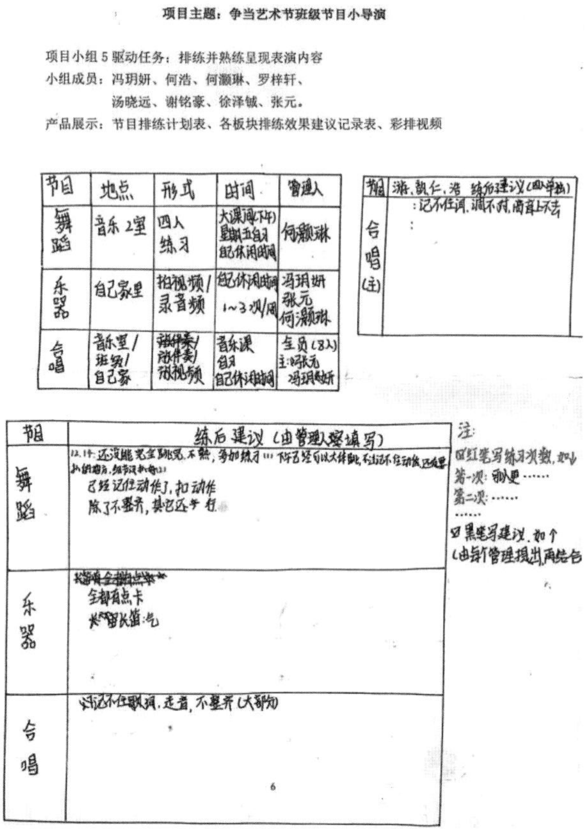

图12-3 排练计划和彩排反馈记录

五、结项复盘

为了全面、公正地评估学生的项目成果，我们设计了以下评价量表。评价量表基于项目目标、学生表现及产品质量等多个维度，旨在提供一个结构化的反馈机制，帮助学生识别自身优势与待改进之处，同时也为教师提供教学参考。

（一）项目活动和产品评价

本次项目化学习是全班同学积极参与的实践与创新之旅，小组的阶段性产品是同学们合作探究的结晶。为了让学生更深入地评价产品的优缺点，为后续的改进提供方向，制订了项目活动评价量表（表12-4）。同时，阶段性产品的产出过程和最终呈现反映的是小组合作的质量，在客观评价自己小组和其他小组的产品的过程中，学生们还需对自己小组和其他小组的协作情况进行评价（表12-5），从而提高自我效能感和团队凝聚力。

1.项目活动评价量表

表12-4　项目活动评价量表

主产品	评价标准	考察技能	星级
表演形式的文字介绍文档	符合班级特色，具有可操作性	信息收集能力、语言表达能力、创造性思维	☆☆☆☆☆
	内容丰富、有新意		☆☆☆☆☆
	呈现清晰、解说流畅		☆☆☆☆☆
班级节目方案	符合主题和班级特色	思考能力、沟通能力、创新能力	☆☆☆☆☆
	内容丰富、有创意		☆☆☆☆☆
	方案完整、可操作性强		☆☆☆☆☆
节目介绍PPT	符合主题和班级特色	信息收集能力、审美能力	☆☆☆☆☆
	画面美观，具有特色		☆☆☆☆☆
	图文并茂，重点突出		☆☆☆☆☆
服装方案	符合主题和班级特色	审美能力、沟通能力	☆☆☆☆☆
	美观大方，舞台感强		☆☆☆☆☆
	价格合理，质量过关		☆☆☆☆☆

2.结果的评价标准（表12-5）

表12-5　结果的评价标准

	评价标准	考察技能	星级
对其他小组的评价、对自己小组的评价	小组团结，分工合理	信息收集能力、语言表达能力、审美能力、创造性思维、统筹执行能力	☆☆☆☆☆
	内容丰富，想法创新		☆☆☆☆☆
	主动推进，效率较高		☆☆☆☆☆
	责任感强，克服困难		☆☆☆☆☆

（二）项目过程的自我评价

竞争愈趋激烈的现代化社会，对学生的自我反思能力和团队合作能力提出了更高的要求，同时项目化学习也强调合作探究。项目化学习成果的自我评价表（表12-6）的出发点是引导学生评价和反思自己在项目化学习中的全过程，特别强调个人在小组内的表现，促进学生增强团队互助意识、提高团队合作能力。

表12-6　项目化学习成果的自我评价

> 我所在的小组是？我承担了哪些工作？我认真完成我的工作了吗？
>
> 在小组交流时，我是否认真思考后主动而清晰地表达了自己的观点？当别人不同意我的观点时，我的做法是什么？
>
> 我是否主动承担了小组分配的任务？为了顺利完成任务，我做了哪些努力？当遇到困难时，我采取了哪些方法来解决，结果如何？
>
> 综合整个任务，我会用哪些词汇来概括自己的表现？我还有哪些可以改进和努力的方向？

六、项目后的反思和展望

（一）学生与教师的成长

"纸上得来终觉浅，绝知此事要躬行"，在持续一个月的项目化学习中，学生与教师都在做中学，在任务驱动下收获成长。每个小组聚焦驱动任务，目标明确，合作较为融洽，在实践锻炼的过程中增长了见识，提升了综合能力；各小组都基本能顺利地完成驱动任务，总体上质量较高，展示汇报环节全员上阵，参与性强。

具体来说，学生成长主要体现在三个方面：一是"综合锻炼，提升能力"。学生反馈他们在学习和生活中，大多数情况下接受的是具体的步骤或指令，事情明确但缺乏发挥创造的空间。而这次项目式学习，每位同学都置身于小组，共同奔赴具有挑战性的任务，需要查找资料借鉴经验、制作表格统计数据、分析情况制订方案、统筹协调推动项目、勤于排练呈现舞台。在综合多维的锻炼中，学生提高了资料收集能力、沟通表达能力、审美创造力、团队合作能力。

二是"转换角色，成为主人"。这次项目化学习打破了教师设计表演内容，给学生分配任务的常规方式，而是让学生成为班级表演节目的设计者和表演者。学生成为节目和项目的主人，竭尽所能准备和呈现节目，在节目呈现之后进行小组互评与小组自评，并且对自己的表现进行评价，所有环节都强调学生对自我的察觉，突出学生的主人地位。这次项目化学习是鼓舞学生发挥主观能动性的良好开始，也必将推动他们以更加积极主动的态度拥抱初中生活。

三是"互助合作，凝聚班级"。这次为期一个月的项目式学习为学生提供了深入了解、互助合作的机会，切实提高了团队协作的能力。为了班级共同的目标努力奋进，共同收获成功的喜悦，班级的凝聚力也大为增强。

教师也收获良多，其中最为核心的成长是课程领导力的提升。课程领导力包括课程思想力、课程设计力、课程实施力、课程评价力。明白了除了教材，处处有课程，处处有教育，而在日常的学校生活中抓住教育的契机，教师需要有善于发现的眼光和开发课程的能力。在本次项目式学习中，教师将学校活动与学生成长相融合，精心设计项目式学习方案，挖掘内涵搭建框架，条分缕析指向明确，保证了课程的科学性、趣味性和可操作性；教师在深度观察中细心记录并收集翔实的过程性资料，在项目呈现与学生小组互评、小组自评、自我评价中反思课程的实施情况，为课程的改良做准备。

（二）项目活动的不足和改进措施

本次项目活动有许多可圈可点的方面，亦存在不足之处，比如，在时间管理上缺乏整体安排，不善于合理规划利用在校的课余时间，项目操作出现前松后紧的状态；在接纳建议和自我改进方面表现较弱，缺乏对方案和行动的优化。

不足之处还主要体现在两个方面。一方面，学生各项能力还有很大的提升空间，如信息收集仅靠百度，渠道比较单一枯燥；方案设计和表演内容以模仿借鉴为主，缺乏自主创新；组织排练困难重重，小组长缺乏统筹管理的方法和魄力。针对信息收集问题，班主任联合信息技术老师专门给学生上了一节课，学生拓宽了思路；针对内容缺乏创造性，班主任指引学生在小组讨论中适时使用"头脑风暴"，让天马行空的想法迸发，并且向学生介绍了几例富有创造性的节目思路；针对小组长缺乏管理魄力，班主任带领小组长分析组织排练需要做好哪些方面，进而逐一增强，同时班主任也有意识地帮助小组长在班级中树立威信。

另一方面，每个小组都存在不积极参与的边缘组员，这导致任务分配不均衡，小组深度合作受阻碍。针对这一问题，我们做了两个方向上的努力，一是引导组长单独询问边缘组员的想法和感受，在小组讨论中友好地指定他们回答一些问题并耐心倾听、给出回应。二是制订自我评价量表，指引边缘组员反思自己在小组中的行为和角色，鼓励他们增强自信，争取进步，并对他们的努力表示肯定和赞许。

徐晓君，广州市黄埔区会元学校历史教师，广州市黄埔区青年骨干班主任

项目13 "武"动赛场

一、项目背景

《健康中国行动（2019—2023年）》中指出："应大力弘扬我国优秀传统体育项目及文化。"在我国传统文化体系里，中华武术不仅能强身健体，自卫防身，还蕴含着丰富的中华传统文化教育内涵，是强化文化自信的有力载体。笔者所带的初三（5）班在刚过去一学年的期末评比中被评为学校"优秀班集体"，同时被年级推选为毕业班级的代表参加一个月后的学校运动会开幕式表演。本次学校开幕式的主题活动要求需体现祖国的文化底蕴和体育精神。因此武术主题的表演成为笔者班级学生们投票最高的选择。本次表演时间紧、任务重，毕业班的训练难免与学习时间存在一定冲突，但考虑举办有效的班级活动不仅有助于毕业班学生身心放松，还能展示班级冲刺风貌，提升班级凝聚力，经与班级全体学生商量，师生一致愿意接受本次演出挑战。为高效完成年级下达的演出任务，本项目拟采取自上而下的"大师傅培养小师傅—小师傅培养好徒儿"的团队培养制，以小组为单位，在全班范围内尽快完成中华武术相对容易上手的广东地区流行的蔡李佛拳法（该拳法属于国家非物质文化遗产）的开幕式表演。本项目将能进一步提升学生们的团队协调沟通能力、责任担当意识以及文化自信等，有利于团队领导力中的影响能力和感召能力的培养。

二、项目设计

（一）项目基本信息（表13-1）

表13-1　项目基本信息表

项目名称	"传承非遗，"武"动赛场"
项目学校	广州市增城区应元学校
项目时长	1个月

续表

设计者	郑媚老师
实施者	9年级（5）班学生，共45人

（二）项目目标

（1）观看初二年级的班集体活动视频，认识班集体荣誉的来之不易。观看影视作品，并以小组为单位，收集线上线下资料，完成"我与中华武术蔡李佛拳法初碰面"表格，自主学习非物质文化遗产蔡李佛拳法背后传统的武术招式和武德历史文化知识。主动请教老师和家长，了解横幅设计和制作的步骤。熟悉服装道具的采购流程，货比三家，精打细算，进一步掌握班级物资统一采购的基本流程。通过反复观看蔡李佛拳法视频，练习、掌握蔡李佛拳法的基本姿势和技巧。

（2）成立学校运动会开幕式表演项目委员会，培养团队干部统筹全局和协商沟通能力。通过组织小组师傅向拳法顾问学习和组织小组师傅学成后分别教授小徒弟们两种递进途径，自上而下完成拳法招式学习。通过互相比对评价、邀请成年人指导等，细化拳法不足并跟进调整，力争动作整齐划一，体现毕业班积极向上风貌。通过言语互相打气，坚持强化训练，完成自我评价表、他人评价表，帮助自己与他人更快成长。

（3）全体项目成员通过在学校运动会开幕式现场进行武术的基本动作和组合招式展示，感受非物质文化遗产蔡李佛拳法的博大精深。表演结束后，成员互相阅读优秀小师傅和项目成员的心得，领悟、反思项目合作的优点与不足。

（三）关键问题

1.确定主题

健康的体魄和心理使孩子受益一生。在学校运动会来临之际，各年级都在如火如荼地组织排练开幕式的表演。此前，学校提出了开幕式表演要凸显传统文化底蕴和体育精神的大方向要求。笔者所带的初三（5）班，入学以来学习成绩一直在年级靠前，行为规范良好，常获"文明班"荣誉称号。经初一、初二较长时间的领导力素养训练，到了初三已培养出一批领导力较突出的学生代表，他们在项目任务完成上具备引领示范优势。仪式是人类社会发展进化过程中的独特文化形式，初三面临升学压力，但学习不是学生们校园生活的全部，蔡李佛拳法背后的中华武术文化与隆重的开幕式表演也是一门校园文化"隐形课程"，对毕业班学生意志磨炼、动力提升、价值引领具有正向持久的引导作用。本班级在初一年级的艺术节表演活动中，曾加入了蔡李佛拳法的少部分内容，考虑历史接触基础，在距离开幕式只有一个月的准备时间下，经全班师生商议，认为本次体现中华武术文化的蔡李佛拳法的表演主题有可行性与实操性。基于以上，本项目最终确定主题为：传承非遗，"武"动赛场。

在这个项目中，学生将融合体育、历史、数学、信息技术等跨学科知识，在一个月内完成一场开幕式武术类主题演出。学生为完成真实情境的项目，得循序渐进×一招一式×细细"抠"拳法动作。时间有限、师傅有限，学生还得因地制宜，想办法先把项目小组师傅培养起来，这样"一带多"，效率才能保证。学生解决问题的过程，创造性思维、合作能力、沟通能力随之提升，团队领导力素养随之生成。

2.确定核心驱动问题（表13-2）

表13-2 核心驱动问题表

核心驱动问题	总任务	最终成果
毕业班如何利用人力、物力高效完成一场表演节目	完成学校运动会初三年级的开幕式武术节目表演	呈现一场演出主题为蔡李佛拳法的运动会开幕式武术节目演出

三、项目计划

为推动最终核心驱动问题"毕业班如何利用人力物力高效完成一场开幕式表演"顺利解决，在班主任的指导下，结合投票和组织意愿，班级成立了专门的开幕式表演项目委员会，委员会主要由常规班干部和项目小组组长，特邀班里学了6年蔡李佛拳法的黄同学担任本次演出总顾问和总教练,下设各个蔡李佛拳法演出项目小组。前期委员会通过组织观影、问题收集、表格设计等,下发"我与蔡李佛拳法初碰面"空白表格至各组进行学习填写。其后在总顾问黄同学的带领下,先培养小师傅,后小师傅教授小组学员进行项目排练,级长、班主任、体育老师和家长代表全程提供指导协助。所有学员蔡李佛演出拳法验收过关后,委员会确定验收名单,安排项目小组采购服装和道具。期待经过一个月的努力,笔者这班"精武少年"能代表所在校区毕业班的项目组以饱满向上的姿态,把中华传统文化——蔡李佛拳法精髓整齐划一、有气势地在学校运动会开幕式当天展示出来(表13-3)。

表13-3 驱动问题分解表

分解驱动问题	主任务	主产品
什么是蔡李佛拳法	1.投票选举成立学校运动会开幕式表演项目委员会并推选本次演出总顾问 2.委员会设计"我与蔡李佛拳法初碰面"表格 3.各小组组织成员与"蔡李佛拳法"进行知识层面"对话",观看蔡李佛拳法的相关视频,从中学习传统的武术和武德历史文化知识	1.委员会名单 2."我与蔡李佛拳法初碰面"填写表格
如何学习蔡李佛拳法	1.表演项目委员会与演出总顾问确定本次蔡李佛拳法的具体表演内容 2.结合表演分工,进行项目分组,组织"小师傅上岗培养团"和"小师傅下山培训团"的训练日程安排 3.邀请班主任、体育老师、级长和家长检阅演出小组自主培训情况并提出调整意见	1.武术表演方案 2."小师傅上岗培训团"和"小师傅下山培训团"的训练日程安排
如何顺利完成本次开幕式演出	1.表演项目委员会联合班级演出顾问验收并确定最终表演名单和服装大小信息,采购服装和道具 2.安排开幕式分组集合地点,安排道具、横幅、展示牌等物资运送负责人 3.在开幕式现场作最后一轮微调,进行终极彩排视频录制,熟悉现场站位 4.开幕当天项目负责人收集各小组考勤信息,组织队伍在球场候场区做好入场准备 5.进行现场终极演出 6.完成团队合作评价反馈表	1.最终表演名单和服装码数统计表 2.拳法表演服与道具货比三家选择表 3.彩排和当天正式表演考勤表 4.团队合作评价反馈表

四、项目实施

（一）项目活动

项目活动1：什么是蔡李佛拳法

子问题1：作为毕业班参与本次演出项目，如何统筹并保证质量？

作为毕业班，学生学习时间紧张，学习压力较以往增加，但参加本次活动与学习是不冲突的。本项目属于集体参与的课余文化演出活动，有利于减轻学生学习负担，让层次不一样的学生找到自信心的舞台。演出成功，能促使项目成员内化坚持不懈、团结拼搏的精神，与"中考百日"有类似鼓舞作用。蔡李佛拳法的百年发展史是一部保卫家国、锄强扶弱、抵御外侮的民族沧桑史，背后蕴含深厚的家国情怀，项目成员参与排练、演出的过程，是增强民族自豪感、集体观念的良好教育契机。于是，笔者组织全体项目成员投票选举成立学校运动会开幕式表演项目委员会，推选出本次学生演出总顾问：黄同学。委员会的成员由参与演出项目的班级学生、老师和家长代表组成。本次推选出来的学生武术顾问黄同学在初中以前，曾在一位佛山武术老师傅指导下"习武"6年，获得过各种全国比赛的荣誉。他不但"本领高强"，性格也温文尔雅，他本人表示十分支持本项目的排练工作。

"总指挥部"成立后，班主任和项目委员会准备召开一场隆重的演出动员会。在动员会的准备会议中，项目委员会成员提出可以通过制作过去班级活动视频合集的形式，焕发学生们的斗志。这个做法马上获得了班主任的肯定，并有素材支持。还有委员会成员提出，可以设计一张表格（表13-4），让项目各组一起回忆自己在过去参与班级活动中最难忘的瞬间是什么？遗憾又是什么？这样班级同学能带着教训成熟地投入本次毕业班的活动。看到项目委员会全体成员都非常给力，班主任也在班会课上亲自做项目动员："过去的荣誉证明我们聚是一团火，让我们带着荣光，在初三一起奋斗！蔡李佛拳法是中华武术南拳的分支，希望我们不仅完成年级光荣的任务，还要趁机练就强健体魄应对中考挑战！初三，我们仍然要紧密团结在一起，老师相信，初三（5）一定能继续战胜挑战，战胜自己！"值得肯定的是，笔者当时的动员赢得了全班一致掌声。

表13-4　班级活动回顾与展望（填表人：_____）

最难忘的班级活动是哪一（几）场，为什么	最遗憾的班级活动是哪一（几）场，为什么	还能做得更好的班级活动是哪一（几）场，为什么

子问题2：关于蔡李佛拳法，我们知道什么？

成立项目委员会后，由委员会筛选、组织项目成员利用自习课时间观看含蔡李佛拳法在内的中华武术主题的《黄飞鸿》《叶问》《蔡李佛拳》三部电影，这既有适当调适毕业班压力之意，亦含鼓励项目成员从中学习领悟传统的武术和武德历史文化知识。观影完毕，项目委员会收集成员们目前对中华武术和蔡李佛拳法的种种疑问，汇总后统筹设计主题为"我与蔡李佛拳法初碰面"的项目调查表（表13-5）。各项目小组组长下发"我与中华武术初碰面"任务单表格（表13-6），成员按照表格指引，线上搜索资料，线下走进学校或社区图书馆，与中国武术进行知识层面"对话"。

表13-5　"我与蔡李佛拳法初碰面"项目调查表

项目班级：	
项目组长	项目成员
项目驱动问题1：蔡李佛拳法的历史起源	
项目驱动问题2：现代蔡李佛拳法的发展	
项目驱动问题3：蔡李佛拳法招式的特点	
项目驱动问题4：有哪些值得推荐给大家观看的蔡李佛派或其他派别电影	

表13-6　"我与中华武术初碰面"任务单

小组名称		参与人员	
小组问题		调研记录	
1.				
2.				

续表

小组问题	调研记录
3.	

子问题3：蔡李佛拳法在当下传承的必要性。

教师指导委员会的学生干部，组织各组拿着完成的调查表，发表"中华武术在当下传承必要性"的看法。引导问题包括以下内容：

①目前你最喜欢的演绎过蔡李佛拳或南拳等拳法的明星是谁？他演绎的角色身上有哪些精神让你印象深刻？

②当下学习蔡李佛拳等的中国武术，你认为有哪些好处？

③作为中学生，你认为可以怎么传承这些优秀的非物质文化遗产？

各小组代表纷纷讲出了自己的见解。经过立体的电影熏陶、线上线下资料搜索、小组分享，项目组员们对蔡李佛拳法为代表的中华武术的认知进一步加深，家国情怀在他们心里进一步扎根。

项目活动2：如何学习蔡李佛拳法

表演项目委员会与学生演出顾问选取合适项目成员演出的几个学习视频，项目成员投票确定演出内容。通过观看、点评各种蔡李佛拳法表演节目视频，学习本次拳法展示的要点和技巧。通过认真听取体育老师、级长、家长等现场指导意见，找准演出走位，调整自身不规范动作，找到最佳状态。请教班主任与家长物资采购知识，掌握生活理财技能。结合校运会主题，完成年级节目横幅制作。主动请教老师和家长，熟悉服装道具的采购流程，学会货比三家，掌握班级物资统一采购的基本流程。通过在学校运动会现场进行蔡李佛拳动作和组合招式展示，感受中华武术的博大精深。

子问题1：如何确定本次表演的蔡李佛拳法具体招式？

表演项目委员会与学生演出顾问选取合适项目成员演出的几个学习视频，供项目成员投票后确定演出内容。学生顾问黄同学结合实际情况，改编视频内容，并录制成专门视频，上传到班级网盘供项目成员课间时打开自主学习。班主任观察到，首次观看演出顾问现场演示武术的专业和标准动作的视频时，学生演出的兴趣和热情瞬间激发，个个以模仿的姿态跃跃欲试。

子问题2：如何解决项目最大困难点：全班集体性的学习。

蔡李佛拳法一招一式有特定味道，学习、纠正动作都非一日之功；毕业班学习时间较紧张，这意味单靠黄同学一人带演出项目排练存在很大困难。项目委员会想到"化整为零，各组击破"的办法，结合表演内容设计了项目小组，明确"小师傅上岗培养团"（图13-1）和"小师傅下山培养团"的名单和训练日程安排。这些措施，对整个项目的最终高效完成有重要保证。具体排练安排包括：演出顾问黄同学利用每日中午半小时的时间，手把手培养各项目组的"小师傅"。约一周后，"小师傅"在持续学艺基础上，开始在放学后利用30分钟教授自己的项目小组成员学习。

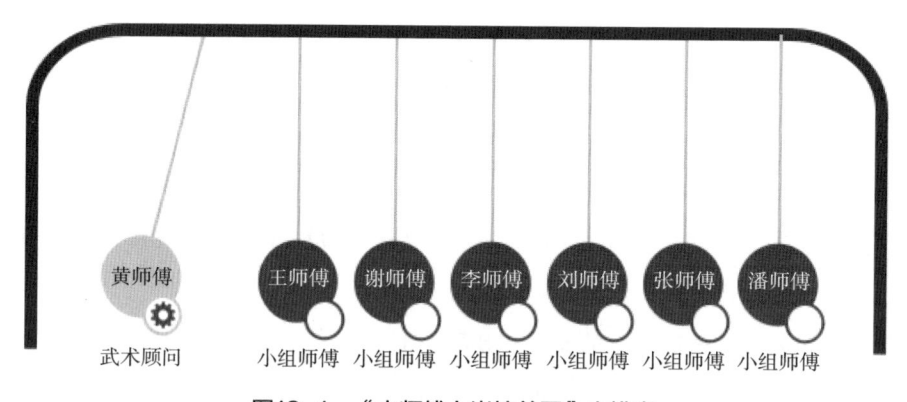

图13-1 "小师傅上岗培养团"安排表

刚开始排练时有发生"准小师傅"中午练习长达一个小时，家长反映对晚上学习状态有影响的现象。班主任尽快调查后，在反映次日的排练前即召开简短会议，先是肯定"小师傅"们的责任担当。其次要求"小师傅"在学成前，自己也需以身示范，高效学拳后，劳逸结合地火速回班级休息，保证第二天继续高效投入练习。再次对"准小师傅"提出放学时间组织排练同样要注意高效开展，准时准点放学。为了跟进效果，班主任增设每日情况反馈表供项目"小师傅"记录（表13-7）。最后，班主任协助用手机录制视频供演员们回家巩固训练，此环节同样要求学生用计时法控制20分钟以内，尽量减少对学习的影响。

表13-7　每日排练情况反馈表（本表项目小师傅填写）反馈日期：_____

反馈人		小组成员	
考勤情况		结束后是否按时午休或放学离校	
具体排练情况	全程认真的同学有谁？动作特别标准的有谁？是否有好人好事等		

项目活动3：如何顺利完成本次开幕式演出

子问题1：训练过程如何劳逸结合，保持演员排练积极性？

约三个星期后，全体项目成员基本出师。表演项目委员会邀请了年级组长、班主任、体育老师和家长检阅武术小组自主培训情况并提出调整意见。评价的老师和家长都表扬了学生们的刻苦努力和动作整齐。班主任和项目委员会事后及时传达了老师的高度肯定，并召开了一场"美食分享"班会，让大家在互相分享排练的有趣事情中实现有张有弛，有学生在分享中提到，轻松的表达氛围，无意中也减轻了初三以来自己对学业的焦虑情绪。

子问题2：如何保障本次演出的后勤？

表演项目委员会联合班级表演顾问验收并确定最终表演名单和服装的大小信息，用于准确采购服装和道具。为了购买物美价廉的商品，家长代表给演出委员会负责购买的学生们亲自教授线上采购物品技巧，如货比三家、查看买家评价、选择经营年份较久的店家、多人商量再下订单等。在吸纳家委意见后，委员会同时给班级制作出最新的线上班级表演采购表（表13-8）供班级长期使用。演出委员会结合年级意见，商量、拟定多条横幅内容供审查。商量过程大家纷纷出谋划策，积极提出各种横幅字的想法，包括要"体现蔡李佛拳法"、要"体现初三毕业班身份"、要"体现毕业班士气和斗志"，不能"有错别字"、不能"太口语化"，"也不应全部都兼顾，得有所取舍"等。最后经年级审议，本次横幅标语确定为："饮水思源不忘蔡李佛之本，精武少年谨记义忠仁精神。"

表13-8　班级表演物资线上采购表

待购买货物名称：_____			货物件数需求：_____			采购人：_____	
店家名称（至少三家）	单价	除折扣后的总价	款式是否美观、向上、符合表演主题（衣服禁暴露、裙子类要过膝盖）	好评率	主要负面描述（关键词即可）	店铺年限	店铺等级

子问题3：怎么确保演出当天有序完成终极演出任务？

运动会当天演出的地点距离学校较远，班主任、委员会与各项目小组长踩点后，商量安排开幕式分组集合地点，项目委员会统筹安排彩排和表演当天道具、横幅、展示牌等物资运送负责人。以上的安排在演出前一天彩排就要全部模拟一遍。彩排前一天，在演出现场作最后一轮微调，熟悉现场站位（图13-2）。当天有多所其他学校也参加运动会，为避免因交通拥堵造成迟到，全体演出人员提前填好"演出当天备忘录"（表13-9），第二天全部选择乘坐公共交通工具地铁到达演出校区。

图13-2　彩排当天首次以整齐服装示人

表13-9 演出当天备忘录

演出当天备忘录填表人：			
小组集合时间		班级集合时间	
小组集合地点		班级集合地点	
个人拟出门时间		拟乘坐交通工具	
出门具体出行路线	可以思维导图形式呈现		
需携带的物品	水壶、交通卡、演出服、少量备用零钱等		

（二）项目成果

1.出项展示的仪式

开幕式当天项目负责人收集各小组考勤信息，组织队伍在球场候场区做好入场准备。有学生迟到或缺勤及时联系班主任。年级组长、班主任、项目委员会会长等为项目全体成员作说话动员，鼓舞士气。项目小组长协助检查各小组演出前的仪容仪表。

2.展示的成果描述

项目小组以饱满的姿态、整齐划一的动作，较圆满完成现场终极演出（图13-3）。在家长协助下，相关演出道具妥善回收。演出结束后，在新一周的班会课上组织项目委员会代表、"小师傅"代表、项目成员代表分别上台发表项目活动感想。

图13-3 表演当天的演出

活动后，所有项目成员完成团队领导力评价反馈表（表13-10），协助年级完成"优秀师傅"和"优秀演出小组"的评选，后续颁发奖状，张贴相关评优代表的项目心得和感想。从学生的反馈可以看出，所有项目成员对小组的师傅、小组其他伙伴的满意率达90%以上。学生在本次团队项目活动中进一步肯定彼此，极大增强了团队的凝聚力。学生们互相欣赏对方在团队中体现的闪光点，也在耳濡目染中内化了团队领导力的各项素养。

表13-10　团队领导力评价反馈表

序号	角度	主要内容	星级
	评价人：_____　日期：_____		
评价一	评价他人：小组师傅	拳法动作相对标准、扎实	☆☆☆☆☆
		积极传授拳术技艺	☆☆☆☆☆
		善于用积极的语言进行鼓励或纠正动作，使得小组成员信服	☆☆☆☆☆
		不迟到、不早退，是小组的好榜样	☆☆☆☆☆
评价二	评价他人：小组成员	积极配合项目纪律要求，按时到位，认真完成每天蔡李佛拳法排练任务	☆☆☆☆☆
评价三		能和项目小组的其他人合作友好，相互支持	☆☆☆☆☆
评价四		对突发事件协助团队得当处理，能迅速扭转不团结、不和谐、不利于排练顺利进行的局面	☆☆☆☆☆
评价五		总体高效完成排练和演出任务，学习保持较好	☆☆☆☆☆
评价六	评价自己：本人	积极配合项目纪律要求，按时到位，认真完成每天蔡李佛拳法排练任务	☆☆☆☆☆
评价七		能和项目小组的其他人合作友好，相互支持	☆☆☆☆☆
评价八		对突发事件协助团队得当处理，能迅速扭转不团结、不和谐、不利于排练顺利进行的局面	☆☆☆☆☆
评价九		总体高效完成排练和演出任务，对学习影响小	☆☆☆☆☆

五、结项复盘

（一）项目活动和产品评价

为体现团队领导力积极影响的评价，发挥评价正面导向，本项目活动和产品评价将详细说明如何进行项目总结与复盘（表13-11），包括参与对象、形式、活动内容、成效评估及个人领导力提升等方面。

表13-11　项目活动和产品评价量表

主产品	评价标准	考察技能	星级
"我与蔡李佛拳法初碰面"调查项目表	项目表上内容总体翔实，收集到的资料文字量需至少1000字或以上，至少三张图片	信息检索、加工能力、整理能力、计算机word编辑能力	☆☆☆☆☆
演出方案	符合基本表演格式，有方案封面、正规字体、页边距和空白	编导能力、写作能力、分析能力、沟通能力、协作能力	☆☆☆☆☆
	有整套的武术动作设计的背景介绍，有全套武术表演的招式简介和具体走位安排		☆☆☆☆☆
	经过项目同伴、跨学科老师、家委等审阅，并结合反馈完成至少三轮或以上修改		☆☆☆☆☆
训练日程安排表	有明确的帮扶分工，有细致的时间安排	自律能力、统筹能力、时间规划能力	☆☆☆☆☆
	安排表的时间对毕业班学习有基本保障，如午休时间至少保证留有20分钟或以上，晚上回家自行排练时间不超过25分钟		☆☆☆☆☆
服装、道具的确定与购买	演员服装凸显中华武术南拳传统特色，非奇装异服	审美能力、设计能力、采购能力	☆☆☆☆☆
	道具相对逼真，但不具危险性，符合武术表演需求，购买回来后有专人注意统一保管与运送		☆☆☆☆☆
	购买时至少罗列三家店家比对，好评率较高，采购价格相对实惠，不超过线上可查的平均价格		☆☆☆☆☆

续表

主产品	评价标准	考察技能	星级
团队合作评价反馈表	体现团队核心人物小师傅的评价	表演能力、团队协作能力、审美能力、沟通能力	☆☆☆☆☆
	体现个人对团体积极影响的评价		☆☆☆☆☆

（二）项目过程的自我评价（表13-12）

表13-12　自我评价表

评价人：
1.本次项目化活动中，我和我的项目团队很好地解决了项目驱动性问题吗 2.我认为我在本次项目化活动中，提升了哪些团队领导力素养 3.我认为下次再参与类似的活动，我还有哪些地方可以做得更好

六、项目后的反思和展望

（一）学生和教师的成长

本项目属于团队领导力培养的系列提升课程。本项目在初三年级毕业班班级开展，此阶段学生有一定升学压力。参与项目的班级都是上一学年的优秀班集体，因而享受了光荣也应肩负起责任和使命。本项目时间紧任务重，但有一个排练优势是参演班级初一时曾在学校艺术节表演过类似节目，有一定经验和功底。在这种背景下，本项目在选拔好相对专业的武术总顾问基础上，采取"小师傅上岗培养团"和"小师傅下山培养徒儿"的分级教授模式，自上而下较高效率地完成了合班排练任务。为保障参演学生毕业班的学习最大程度减少影响，项目在排练安排表和评价表上对具体排练时间和休息时间作了明确限制的导向要求。本项目是毕业班班级管理工作的一次创新尝试，学生身心已经蜕变成一名13岁以上的青少年，自律能力、时间管理能力、团队合作能力都有了一定的基础。中考是人生的重大挑战，但不是初中生涯的全部，强健的体魄和身心才是中考取得胜利的保证。

（二）项目活动的反思与改进措施

"曲不离口，拳不离手"，以蔡李佛拳法为代表的中华武术的学习与进步绝非"一日之功"，本次在较短时间速成了一批"小师傅"，但对比专业的武术表演还有较大距离。中华武术是中华文化的瑰宝，它源远流长，是全体中国人民的精神财富。项目结束后，笔者最大的感触是初三毕业班仍然可以创设更多平台给予更多学生自主成长的机会。本项目牵涉专业节目的排练，但无须花钱外聘教师，采取了自主培养"小师傅"模式，这种团队负责制拓宽了学生锻炼的舞台，促进学生实现自我教育和发展，进一步提升了学生的团队领导力。学生经过完成本次武术表演项目实践，纷纷表示要努力继承和发扬中华优秀传统文化，做中华优秀传统文化的接班人。

班主任事务繁杂琐碎，但班级不应该是班主任一人说了算，应充分动员学生干部、全体学生、家长甚至社会的力量，共同完成班级各项活动。这样班主任的重心可放在顶层设计上，如秉承民主决策、尊重协商的原则，调动班级学生出谋划策的积极性，从而创设更多丰富有意义的微项目以锻炼学生的前瞻能力、感召能力和影响能力等团队领导力。

郑媚，广州市增城区应元学校历史教师，广州市骨干班主任

项目14　历史时光机——巴黎和会与板门店谈判

一、项目背景

义务阶段的历史学科课程标准要求教师需要重视学生唯物史观、时空观念、史料实证、历史解释和家国情怀的培养。家国情怀的培养，不仅是历史学科的要求，也是德育的要求，是树立学生正确价值观的需求。我校是华侨学校，秉承"开拓进取、爱国爱乡"的华侨精神，其中毕业的学生会有出国留学的选择，因此渗透家国情怀的培养有其必要性，我们希望培养有家国情怀、具备国际视野的学生。

历史新课标要求通过综合运用多种评价方式和方法，发挥评价促进学习和改进教学的功能。项目化学习重视过程和结果的评价，重视评价的多元化，将项目化学习本土化并且与学生实际、学校实际相结合，将发挥极大的作用。九年级的学生已经学了中国的近现代史，他们意识到中国的近现代史是一部血泪史，也是一部奋斗史。在这段历史中，中国签订了太多的不平等条约，这里选取了两个较为代表性的历史谈判，通过前期的筹备，学生代表其中各方势力，模拟当年的谈判。使学生感受时代背景，理解当时各方势力的角逐，了解这部血泪史，感受先辈的奋斗，激发爱国情怀。通过项目的实施，让学生更加了解自己的团队，并且知道如何发挥自己的影响帮助团队中的成员成长，即培养学生的团队领导力。

二、项目设计

（一）项目基本信息（表14-1）

表14-1　项目基本信息表

项目名称	历史时光机——巴黎和会与板门店谈判
项目学校	广州市华侨外国语学校
项目时长	5周

续表

设计者	郑栩老师
实施者	八年级（6）班学生，共48人

（二）项目目标

（1）通过活动的开展，学生更加了解中国的近现代史，特别是第一次世界大战以及抗美援朝战争的相关知识。通过资料的查阅和分析，了解两次谈判事件相关方的利益需求。

（2）了解外交谈判的技巧，能尝试运用所学习的相关技巧，主要为沟通技能。在谈判前，能分析国际形势采取相应的措施，从而培养自身的分析能力、统筹力和决断能力。在谈判过程中，能明确表达自身的观点，能有目标意识，行为始终围绕谈判目标。

（3）通过谈判活动以及签订协议的过程，让学生深入体验，了解当时的国际丛林规则，从而激发爱国情怀，构建正确的价值体系。在复盘阶段，能表达自己的感受。

（4）通过外交团队的活动开展，培养学生的团队领导力，以期形成相应的责任能力和责任意识，培养勇于担当的品质。

（三）关键问题

1.确定主题

在一节爱国教育的主题班会中，我播放了电影《我的1919》片段。学生观看后很有感触，希望能够对"巴黎和会"有更多的了解，对于中国近代所受到的屈辱，不少同学表达了愤恨。有同学说，如果他作为中国的外交代表，一定要力挽狂澜。有同学表示，弱国无外交，哪怕你再厉害，也改变不了什么。为此，我与同学们一起确定了这样的一个项目学习：模拟谈判，选择其中的两个谈判，以模拟谈判为切入点，不设定固定的谈判结果，学生可以根据当时的实际情况努力达成自身的目标。这样设置的目的在于充分发挥学生的主观能动性，培养学生的分析能力、决断能力，在复杂的国际背景和国内纷乱中，发现关键信息，发挥自身的技巧，找到突破口进行解决。另外，通过这段近现代史的研究可以激发学生的爱国热情。

2.确定核心驱动问题（表14-2）

表14-2 核心驱动问题表

核心驱动问题	总任务	最终成果
如何实现自己代表团的谈判目标	组建各国代表团，进行谈判，签订合约	合约

三、项目计划

与学生一起确定驱动问题后，教师介绍"巴黎和会"和板门店谈判的历史背景，播放相关的视频材料和发放文字材料，特别讲述第一次世界大战时中国被列强划分势力的情况以及朝鲜战争的详细介绍。教师提供"巴黎和会"的相关代表团名单，"巴黎和会"代表团虽然参会国家很多，但主要有影响力的是5个，即美国、英国、法国、意大利和日本，因此代表团设为以上5个，再加上中国代表团，共6个。板门店谈判代表团为3个，分别为中国、朝鲜、美国。一个代表团即一个项目小组，活动分为9个项目小组。学生先根据自身的意向选择代表团，然后教师再进行适当的调整。学生按照代表团组建项目小组，通过讨论、调查等方式了解了学生的实际情况后，对驱动问题进行分解，产生如下的驱动问题分解（表14-3）。

表14-3 分解驱动问题表

分解驱动问题	主任务	主产品
在代表团中，我想充当什么角色	学生需要给自己角色进行定位，在代表团中，充当何种角色，代表团进行团长选举	研究报告
谈判前期需要做哪些准备	商讨代表团的谈判目标 分析国际现状，制订谈判计划 私下政治活动	谈判计划、议案

续表

分解驱动问题	主任务	主产品
进行谈判	1.各代表团进行谈判 2.会后接受记者采访 3.私下政治活动	发言稿、合约
谈判结果交流	结果复盘	总结

四、项目实施

（一）项目内容

项目活动1：在代表团中，我想充当什么角色

（1）教师提供代表团相应角色：团长、秘书、资料收集员、副团长、联络员等。接着我提出一个要求，每个代表团的角色可以有调整，但必须要有团长和副团长。这样做的目的是确保代表团的活动能够开展，也是为了培养学生团队领导力的要求。另外，竞选团长的，需要提交一份分析当时国际政治形势的研究报告。小组成员分析自身能力，确定自身角色，完成任务单一（表14-4）。

（2）通过任务单来自我分析，以帮助学生确定自身角色。小组内部开展交流活动，确定好各自角色和任务，并进行团长选举和宣誓流程。在实施过程中，我们发现了一个问题，有的学生由于对角色或者对自身的能力分析，在选择角色后存在适应困难，希望能够组内进行调整。通过与各个团长的交流沟通后，确定一个规则，组员（除团长）的角色可以安排适应期，在相应时间段内可以根据组员意愿以及团长的要求进行调整。通过项目活动的开展，各个代表团基本确定下来，这也为项目活动2做好了准备。

表14-4　任务单一：自身角色分析表

关于这一问题我的已知；对于自身能力，我的已知	关于这一问题我想知道；对于代表团的角色，我的分析	关于这一问题我打算如何解决；我打算充当什么角色

项目活动2：谈判前期需要做哪些准备

（1）在项目活动1开展后，9个代表团组建完毕。为了谈判能够顺利进行，前期准备工作需要有序进行，于是开展项目活动2。各个团长组织组员召开会议，明确各成员角色所对应的前期准备任务以及完成任务的期限。团长需要列好清单，确保组员完成任务，下次会议时间为一周后，议题为"代表团谈判计划与议案的制订"。

（2）小组成员在一周时间内，查阅相关资料，请教老师和家长，做好会议的汇报准备。通过这一活动的开展，学生不仅对当时的国际形势有了更深入的了解，还了解了相应代表团所在国历史和当时的利益诉求。学生的思考能力和分析能力得到了相应的发展。

（3）在第二次会议上，各组成员进行了相应的汇报与交流，在团长的组织下，各代表团基本明确了自身的谈判目的，并且完成了任务单二（表14-5），学生评委对展示环节进行评价（表14-6）。

（4）在任务单的基础上，团长组织组员，制订了谈判计划，撰写谈判计划书（初稿）和谈判议案（初稿）。内容和形式由各代表团自行拟定，各团将计划书与议案交于教师团，并与教师团（班主任、年级历史教师）进行交流沟通，在教师团意见基础之上进行修改与整合。

（5）在活动开展的过程中，我进行了补充说明：在谈判前期活动中，各代表团可私下见面交流，可达成私下的协议，以期达成自身的利益最大化。比如各国代表团私下交流或者私人身份进行交流以及情报获取、贿赂、结盟等，此类活动都是被允许进行的。但学生需要做好相应记录，以便后面的评估。

表14-5 任务单二

当前的政治势力利益关系	当前的政治形势	论述针对的形式或现象	论述本质	提出方法

表14-6　展示环节打分表（学生评委打分）

谈判计划	评价标准	打分
内容	内容翔实，有分析当前国际形势包括对各代表团的分析以及后续预测情况（30分）	
	谈判目标清晰，罗列主次目标（20分）	
	有明确的谈判计划和措施（20分）	
	有预案（20分）	
排版	排版工整（10分）	
		总分：

项目活动3：进行谈判

（1）项目活动2的开展，已经为谈判的进行打下基础，当然，我们还需要制订相应的谈判制度和程序以便谈判的有序进行。于是各个代表团选出一人，共计9名学生与教师团一起制订会议制度和程序，并将其印发给各个代表团。谈判顺序为各方团长依次发言，各团长需要拟定发言提纲并且交于裁定团和评价团以便进行评价（表14-7）。谈判双方根据对方提供的议案以及要求进行协商，各代表团成员可以举手要求发言。代表团中的秘书角色需要做好会议记录，以便后期进行评价。我们从其他班级邀请了11名学生参与到谈判活动中。其中两名学生与教师一起组建主席裁定团，以维持会议的流程和正常秩序，另外9名组成记者团，在会议期间进行视频录制以及会后采访。

（2）该活动原本预计用时一周，两个谈判需要两课时。但是实施过程中发现谈判过程并不顺利，出现团长要求休会的情况，因此时间调整为两周，共用四课时。并且我们也对休会要求提出了限制，需要主席裁定团一致通过，当然，我们也对规则进行了调整，允许各代表团内部现场交流讨论和复盘，以便谈判顺利进行。在休会期间，允许各代表团开展政治活动。会议结束后，各方代表在原有议案基础之上进行修改，拟定合约，并且进行隆重的签约仪式。每次谈判会议结束后，会召开记者会，各代表团安排一名代表参加记者会并回答记者的提问。

表14-7 谈判表现评价表

评价内容	评价标准	星级
会议发言内容	内容与目标一致性,有针对性	☆☆☆☆☆
	能根据形势判断是否更改发言内容	☆☆☆☆☆
会议后活动	能进行必要活动以实现自身目标	☆☆☆☆☆
协商交流	代表团能够及时协商,对对方的议案进行判断,根据形势采取必要措施	☆☆☆☆☆

项目活动4：谈判结果交流

（1）谈判完成后，我们要求各代表团完成一份心得感想和经验总结并且在出项仪式上进行展示交流。"巴黎和会"的中国代表团团长在感想中写道："真羡慕新中国有强大的志愿军，因为志愿军在战场上的胜利是谈判的底气。而我们，只能任人宰割。"而板门店中国代表团的一句话，让我感受颇深。他写道："在看'巴黎和会'的过程中，虽然只是观众，但因为中国人的身份不由自主地带入进去，看到中国代表据理力争仍然无能为力时，我感受到无奈与屈辱……在板门店谈判中，这种情况得到了逆转，逆转的背后是什么？是祖国的支持，也是无数志愿军战士不顾一切地冲锋，我很敬佩他们，最可爱的人。"看了他们的感想，我们意识到这是一个很好的教育机会，于是我们对项目活动4进行了调整。

（2）各代表团对谈判进行复盘，成员发表自己的看法，思考总结，并且各个代表团进行交流。在最后的出项仪式上，我们要求各个项目小组需要制作相应的课件进行展示说明，能够有视频补充更好。

（二）项目成果

1.出项展示的仪式

本次项目出项仪式我们分为两个部分：第一部分是将所签订的合约进行展示；第二部分是各个小组制作课件和视频，对谈判准备过程和复盘感受进行展示交流。

2.展示的成果描述

在第一部分的展示中,我们将签订的合约在教室的展示墙上进行展示,学生进行观看,各代表团委托一名代表在现场进行必要的讲解。讲解内容为该合约的重要条款,以及对条款利益方所获得的利益进行阐述,以便观众理解合约内容。在第二部分的展示中,各项目小组根据自身的展示内容选择展示的形式,但课件是最基本的要求。我们鼓励学生将过程性的资料进行展示以及自身收获的汇报,以便大家了解项目开展的过程和意义。

五、结项复盘

(一)项目活动和产品评价

基于学生的表现以及项目产品的质量,我们制订了相应的项目活动和产品评价表(表14-8)。评价范围涵盖四个项目活动,我们希望通过多元和多维度的方式来进行评价,以期给学生提供更多的反馈,帮助学生发现自己的优势和不足。

表14-8 项目活动和产品评价表

评价	项目阶段	内容	评价者	评价依据	评价等级
过程性评价	模拟谈判准备期	资料收集、自身角色定位、自身分析	教师评价	个人表现	☆☆☆☆☆
		竞选团长、发表宣言	教师评价、组内个人	竞选过程表现	☆☆☆☆☆
	会议期间	会议发言、会议后做政治博弈、权衡利弊,选择政治势力	教师评价组会议观察团	表现记录	☆☆☆☆☆
	谈判结果讨论	个人和小组活动结合、讨论会、汇报	教师评价组组内个人	发言内容、领导力表现	☆☆☆☆☆
终结性评价	模拟谈判准备期	资料收集、自身角色定位、自身分析	教师评价	任务单	☆☆☆☆☆
		竞选团长、发表宣言	教师评价	目标拟定、可行性分析	☆☆☆☆☆

续表

评价	项目阶段	内容	评价者	评价依据	评价等级
终结性评价	会议期间	会议发言、会议后做政治博弈、权衡利弊，选择政治势力	教师评价组会议观察团	会议记录表	☆☆☆☆☆
	谈判结果讨论	个人和小组活动结合、讨论会、汇报	教师评价组组内个人	反思材料	☆☆☆☆☆

（二）项目过程的自我评价

在项目活动的过程中，学生自己定位角色、参与小组活动、完成小组任务、表达自己的观点、展示自己的能力，学生就是项目化学习中的主体。为学生提供相应的自我评价表，有助于学生通过反思，发现自己的成长和认识自己的不足。基于这样的目的，我们设计了学生的自我评价表（表14-9）。

表14-9　自我评价表

项目化学习成果的自我评价
1.在代表团中，我的角色是什么？我如何定义我的角色
2.在小组交流和谈判过程中，我是否能够清晰表达我的观点
3.我是否能采取相应的措施实现小组目标

六、项目后的反思和展望

（一）学生与教师的成长

我们发现在谈判过程中，有实力的代表团各种强横与不妥协，而巴黎合谈中的中国代表团则非常无奈，其组员虽然做了充足的准备，但在谈判过程中，处处碰壁，处处备受欺负。在日本代表团要求得到山东权利而我方无可奈何的时候，我们发现中国代表团的副团长争到失态后，更是流下了眼泪。在项目复盘的时候，他们说的话也让人动容，团长说，我们那一刻真实地体会到顾维钧大使当时的感受。这就是该项目学习的隐性价值，学生在情感价值方面也很有收获，对于祖国的强盛有了更真实的体会。作为明显对比，在板门店谈判中，中国代表团态度强硬，称如果美方想继续打下去，那就继续打。这种强硬，来自于中华人民共和国的底气，来自我们中华民族的底气。学生在项目实施的过程中，锻炼的不仅是能力，还有更为重要的民族自豪和家国情怀，这是最为可贵的。我们教师评价团作为观察者、参与者与引导者，这种多角色的定位给我们教师团队带来了压力。我们需要及时对学生的过程进行评价和反馈，因为项目的开放性较大，不仅是在固定的课时内展开，还有课后学生的活动。比如，学生利用课后的时间开展了政治结盟等活动，虽然已经让学生做好记录，但我们想要及时给予反馈和评价，也是有较大难度。这次项目活动的实施，培养了我们教师处理相应问题的能力。

（二）项目活动的不足和改进措施

学生在复盘阶段，提出了几个非常好的问题：为什么落后就没有话语权？为什么强大的国家就要掠夺贫弱的国家？现在的国际秩序下美国霸权肆无忌惮，这样的国际秩序是不是合理的？

对于第三个问题，我们认为是非常好的问题，这个问题是出乎我们意料的。我们没有想到学生会思考得这么深入，这个问题提出后，很可惜，因为时间的问题，没有展开去探索，这也是这个项目中最大的遗憾。在项目实施的过程中，如何有效地、有价值地引导学生提出这种生成性的观点，是值得思考的。

郑栩，广州市华侨外国语学校物理教师，广州市骨干班主任

项目15　我们是劳动仪式官

一、项目背景

学生从小学到初中，心智上不断发展，除了课本知识难度的提升，更需要开始独立自主地承担责任，无论是宿舍还是教室内的同学关系、内务整理，都从小学阶段的"家长包办"到现阶段的"自我整理"。如何让新初一的学生更快地提升综合素质，培养独立自主的意识，这需要让学生们意识到自我"领导力"的重要性。

该项目在七年级的新班级开展，此时学生已经度过了两个月初中新生活，经过了风纪训练期间校规校纪的学习，已经能够适应初中阶段较独立的生活，能学会整理好个人物品，但对于自觉维护班级卫生的意识还有待加强，值日中易出现推卸责任、积极性不够的问题。

笔者所带的班级学生学习能力和自我表达能力较强，头脑较灵活，适合开展以学生为主体关于班级卫生的探讨，在改善班级卫生环境的同时，有助于培养学生团队合作能力、主人翁意识与自我领导力。

二、项目设计

（一）项目基本信息（表15-1）

表15-1　项目基本信息表

项目名称	我们是劳动仪式官
项目学校	广州市增城区应元学校
项目时长	1个月
设计者	陈蒲晶老师
实施者	七年级（12）班学生，共46人

（二）项目目标

（1）通过自主发现问题、解决问题，引导每位值日生清楚自己值日的标准，学会对值日进行合理分工；认识到劳动在学校规章制度和中小学生行为规范中的重要地位；了解养成良好卫生习惯和正确劳动意识对学习生活的重要意义。

（2）善于思考、发现班级公约，值日细则的不足之处并向班主任及时提出；通过小组合作分析，学会主动清理自己座位周围的卫生，养成良好卫生习惯；善于反思多次值日效果不好的原因，并进行总结；学会与值日小组的每位值日生分工合作，培养团队协作力、组织力。

（3）养成会劳动、懂劳动、爱劳动的素养；养成主人翁意识，共同维护课室的环境。

意识到值日并不是负担，而是身为班级小主人的责任，培养自我领导力。

（三）关键问题

1.确定主题

该项目以班级卫生这个十分常规的班级活动为出发点，正因为值日是中学生每天必须要完成的工作，而且一定是班级每个同学都参与进来的，所以在七年级学生中开展这个项目，让学生从一件班级必做的"小事"中，以小见大，意识到自己身为班级主人公应该承担的责任，顺利在小学向初中的过渡中"转型升级"，是十分必要的。而真正让学生意识到这一点，比起反复地提醒说教，不如让学生作为主体来设计一次项目，思考如何从做好班级卫生这件小事，来提高自己的领导力。

七年级开学接手新班级的我便给学生们制作了班级值日表，安排了每个学生的分工，也每天选定了一名同学担任值日小组长，负责监督同学们每天值日是否合格。第一个月实施还算不错，但是随着学生逐渐适应初中生活，有些同学开始出现了偷懒的侥幸心理，开始推卸责任。例如，我每天安排了2~3名学生扫地，有些同学只是草率打扫很少一部分教室，就把剩下的工作丢给了另一位同学打扫。同时，部分同学没有自觉整理座位周围卫生的意识。

经过我和班委的共同商讨，可以以值日小组为单位，来设计如何让班级值日更明确，以此提高每位同学值日的意识，此次项目主题由此开展。

2.确定核心驱动问题（表15-2）

表15-2　核心驱动问题表

核心驱动问题	总任务	最终成果
如何提高同学们值日的主动性	进行小组讨论，要求每位同学积极参与，提出班级值日需要改进的地方以及每位同学可以做到的地方	进行班级值日分工细化，完善班级值日表，共同制定1个月卫生合格标准，班级卫生状况达到优良

三、项目计划

班委与班主任商讨确定了核心驱动问题，利用班会课的时间，班主任提出问题，先调查班上同学对班级卫生的态度，放出一些典型图片（例如，学生打扫课室之后仍满地的垃圾、某些同学课桌周围满地个人杂物、教室图书角随意堆放的杂物……），提醒学生重视课室的卫生问题。随后，学生以值日小组为单位，由值日小组长带领，分小组合作。班主任了解学生对教室卫生与值日的态度后，将驱动问题进行分解，产生如下细分后的驱动问题（表15-3）。

表15-3　分解驱动问题表

分解驱动问题	主任务	主成果
我们班的卫生，哪些地方可以改进（值日生、劳委、值日家长、班级公约、班级每位同学……）	1.先以全班为单位，积极劳动的同学为代表先发表自己的看法 2.以值日小组为单位进行头脑风暴，小组内每位同学提出至少一个观点，由值日小组长整合写在项目清单上	图片、文字文档

续表

分解驱动问题	主任务	主成果
如何当好一名值日生（值日时间值日分工，值日态度……）	1.以值日小组为单位进行讨论，小组内互相探讨，班主任进行旁听引导 2.值日小组长将组内讨论的内容整理在项目清单上 3.各小组派代表进行发言，分享小组内的想法	图片、明确的项目清单文档、各小组分享讨论结果
如何让班级卫生成为你期待的样子	1.各个小组利用课后时间，完成一份详细的小组内部值日分工细则，贴在班级卫生宣传栏处展示 2.各小组提交一份班级值日未来1个月评价方案，绘制成流程图形式 3.劳动委员整理好各组提交的评价方案，在班主任指导下完善并整合成一份完整的体系，在班上展示 4.全体同学共同履行所制订的计划，积极面对班级值日	细化分工后的班级值日表、班级值日1个月评价方案、班级卫生实质性改善

四、项目实施

（一）项目活动

项目活动1：发现问题——提出班级卫生可以改进的地方

（1）活动目标
①通过课堂上积极发言，锻炼自我表达能力，提高主动学习内驱力。
②通过小组内的合作，锻炼团队协作能力与团队领导力。
③意识到班级卫生问题，培养发现问题的能力，培养主动思考与批判精神。
④班级同学共同分析问题，培养集体荣誉感与班级主人翁意识。
（2）活动步骤
①班主任利用班会课开展活动，利用三个问题，来唤醒同学们身为课室

小主人的意识，引起同学们重视课室的环境卫生问题。

②项目的第一步是由班主任牵头，预示着项目的开始，正式把项目任务交给学生，以学生为主体进行项目活动。班主任利用几张典型图片（图15-1），展示课室卫生的问题，引导学生去提出、分析问题：课室卫生为什么会变成这样？在哪些方面可以改进？

图15-1 课室卫生问题图片

③鼓励学生积极发言，从值日生、劳委、值日家长、班级公约、班级每位同学等多方面进行分析，来阐述自己的观点。

④下发项目式学习的清单，在课室按照值日小组分小组讨论。活动1需要让学生从不同角度深入思考（表15-4）：班级卫生哪里需要改进？我们班哪里可以更好？

表15-4 活动1：讨论班级卫生需要改进的地方

讨论1：我们班的卫生，哪些地方可以改进？ （值日生、劳委、值日家长、班级公约、班级每位同学……）

⑤小组内部进行讨论和头脑风暴，每位同学提出一个观点，各小组的值日小组长将组员们的观点整理在项目清单的学案上。从同学们整理的表格中（图15-2）可以看出，各位同学在日常的值日中，确实关注到了班级卫生存在的各种问题，只是平时缺少一个平台，让各位同学能够提出自己的建议。

同时，也发现同学们虽然提出了详细的卫生建议，但大多只是和值日相关，还没有深刻意识到班级卫生需要每位同学进行维护，对自我的责任感意识还不够，这是进一步开展项目的动机之一。

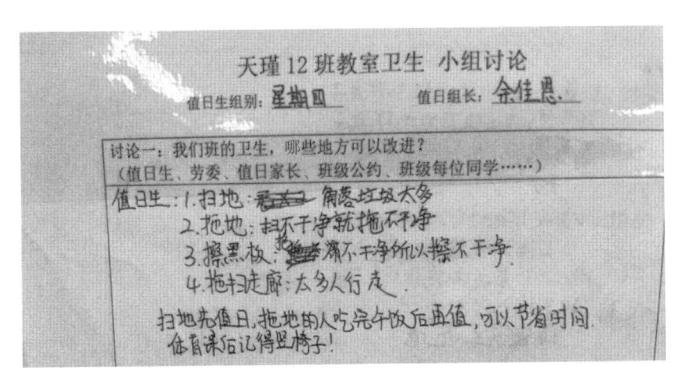

图15-2 班级卫生完成情况的讨论（周一值日小组）

项目活动2：分析问题——讨论和分享，如何成为优秀的值日生

（1）活动目标

①通过小组讨论，完成项目式学习活动2，锻炼学生组织能力和分析问题的能力。

②各小组派代表进行发言，锻炼学生语言表达能力。

③每位同学思考值日生的职责，树立正确的值日意识，培养学生劳动的荣誉感。

④分享具体的劳动做法，培养学生主动劳动、积极劳动的意识。

（2）活动步骤

①在项目活动1实施之后，学生意识到班级卫生存在的诸多问题，提出问题之后，最重要的是如何分析问题。我向学生提出了一个问题：有没有留意到班级有些值日生的行为，那些优秀的值日生都有什么样的特点？除了个人因素，还有哪些因素会影响班级的值日（表15-5）？同学们在我提出问题的基础上进行了回应，他们大多提出优秀值日生的值日态度是非常棒的，还提出了一些值日分工中存在的问题，以及提出用餐时间段的值日生值日较为散漫。每位同学都发表了自己的观点，由此我提出了不妨依然以值日小组为单

位，对同学们的观点进行总结，各个值日小组分别讨论成为优秀值日生的具体做法。

表15-5 活动2：讨论如何当好一名值日生

讨论2：如何当好一名值日生？ （值日时间、值日分工、值日态度……）

②由各值日小组组长整理组员们的发言，完成项目式学习活动2清单（图15-3）。

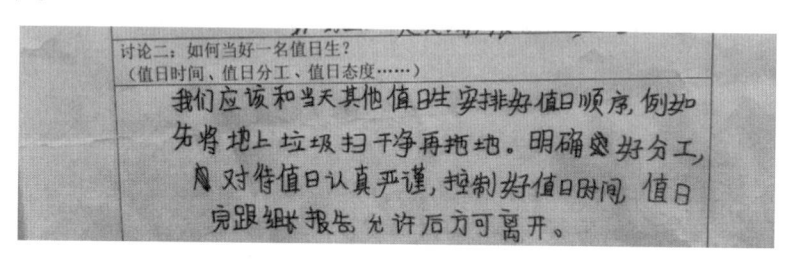

图15-3 如何当好一名值日生的讨论（周一值日小组）

③各小组派代表分享本组的观点，与全班同学讨论。学生在黑板上按不同分类，将发言中的关键词板书在黑板上。从学生完成的活动中可以发现一些非常创新的观点，对于值日时间，由于拖地之后同学们来来往往非常容易留下脚印，有小组规定了拖地时间为同学们还没到课室的第二天早上或大部分同学离开的晚上。对于值日分工的问题，大部分小组都提到了"同一个工作的值日生一起走"这个观点，既保证了学生值日的相对公平，也体现了我们班学生的凝聚力。

待所有小组分享结束后，班主任在班上进行总结，指出各值日小组分享中值得同学们关注的重点，同时让同学们一起补充需要改进的地方。

项目活动3：解决问题——如何让班级卫生成为期待的样子

（1）活动目标

①在对班级值日表细化的过程中，加强班级小主人的责任感，每位同学

都参与班级事务，培养个人领导力。

②将学生讨论后总结的观点贴在班级宣传栏，增强学生表达自己的信心，鼓励学生积极对班级事务发表自己的看法。

③让学生参与班级公约、班级值日评价方案的修改制定，让学生意识到服务班级的责任感，提高学生个人领导力。

（2）活动步骤

①以小组为单位完成活动3，在原有值日表的基础上制订一份更加详细的值日细化分工表（表15-6），由小组长进行总结，小组其他每位同学签上自己的名字，张贴在班级的宣传栏。

表15-6　活动3：细化值日分工

讨论3：说一下大家对我们班级环境的期待吧
小任务：1.值日分工还能更加细化吗？
2.天瑾（12）班要实施1个月值日计划，你有什么好的评价体系？
值日小组组员签名：

②学生用流程图的形式将班级值日评价体系绘制出来，由每组代表进行组织整合。

③班主任再次让学生树立起自己作为班级小主人、每位同学都是光荣值日生的意识，对整个项目确立过程进行小结。自此，学生通过阅读"班级值日很光荣"的标语，再一次意识到自我应承担的责任，去提升他们的责任感和对班级的管理意识。

（二）项目成果

1.出项展示的仪式

劳动委员对各小组交上来的方案进行总结（表15-7），确定最终"班级值日1个月计划"，目的是让同学们真正能重视班级卫生，达到良好效果。由劳动委员作为代表，在班上分享并描述最终的方案（图15-4），并获得所有同学举手表决通过。

表15-7　学生们的卫生评价标准

卫生标准	1.地面干净无垃圾、无污渍，不能放水瓶、书籍和学习用品 2.黑板干净无痕迹，黑板槽无粉尘 3.讲台物品摆放整齐，只留粉笔、粉笔擦和笔筒，不放作业本 4.图书角书籍摆放整齐 5.窗台无灰尘，自习课和课间窗帘要束好 6.教室没人时，电灯、风扇、空调和电教平台都要关闭
备注	1.卫生清洁一日三次，中午、下午和晚上放学后立刻完成，不得以"吃饭"为由拖延 2.周二仅需进行中午和晚上放学的清洁，周五中午、晚上放学清洁，周日晚修结束后清洁 3.值日组长组织并检查卫生，并将缺勤人员名单、卫生值日不合格名单及存在的问题报班主任 4.各成员需服从劳委和组长的安排，相互配合，每月布置考场 5.无故逃避值日者，给予清洁办公室一周的大礼包 6.全体学生有自觉维护班内卫生的权利和义务，如有破坏者给予清洁办公室一周的大礼包 7.体锻后需立刻回班值日，晚上不可以"宵夜"为由，不按时值日

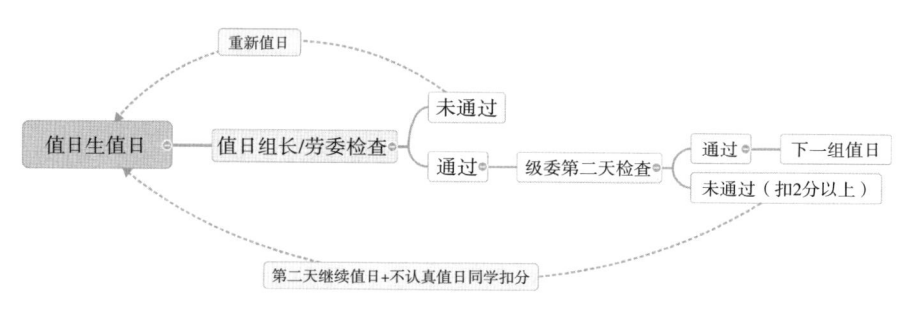

图15-4　"班级值日1个月计划"评价体系

2.展示的成果描述

每位同学表决通过修改后的班级值日细则与评价体系，在这1个月的项目实施过程中，由劳动委员作为总负责人进行监督，通过值日小组长对当日值日情况的描述，将卫生情况记录并告知班主任。班长负责记录每日文明班扣分细则，以此评判前一天卫生是否合格。在这一个月项目实施过程中，天瑾（12）班卫生状况有了较大的改善，卫生方面的扣分情况基本降至2分以内，同学们也提高了对值日的重视程度，有了自觉维护班级卫生的意识。

五、结项复盘

（一）项目活动和产品评价

项目结束后，学生收到一个客观性的项目评价量表（表15-8），对此次项目的收获与技能进行评价。

表15-8 项目评价量表

主任务	评价标准	考察技能	星级
各小组完成的项目式学习活动清单，总共3个活动	每个活动书写的内容清晰、具体、符合班级实际	团队合作能力、个人组织领导能力、语言表达能力、批判精神、深入思考的能力、创造性思维	☆☆☆☆☆
	体现了值日小组所有同学合作、共同讨论的结果		☆☆☆☆☆
	对班级卫生的改善有建设性的建议，有深入的思考，对现有制度提出了改进措施		☆☆☆☆☆
	符合应元天瑾（12）班"怀瑾握瑜，风禾尽起"的精神		☆☆☆☆☆
各小组提出的关于"班级值日1个月计划"实施的评价体系	各小组参与积极度高，能给出一个大致方案	创新能力、组织策划能力、个人领导力	☆☆☆☆☆
	给出的评价体系能够结合应元学校文明班评比的制度，具有可行性		☆☆☆☆☆

续表

主任务	评价标准	考察技能	星级
每位同学真正将制定的值日分工细化表和值日守则落实	值日小组内的每位同学积极参与值日，计划实施的1个月内各小组对应卫生扣分较少	行动执行力、动手实践能力、个人领导力	☆☆☆☆☆
	各小组按照提交的值日分工细则进行值日		☆☆☆☆☆
	自觉树立起值日光荣的责任感，维护好自己座位周围的卫生环境		☆☆☆☆☆

（二）项目过程中的自我评价

除了客观性的星级评价，学生还将对此次项目式学习成果进行主观性自我评价（表15-9）。

表15-9　自我评价表

项目化学习成果的自我评价
小组讨论中，我承担了哪些工作？我积极参与我的工作了吗？ 在小组交流时，我是否能够清晰表达我的观点？ 我是否有明确的个人和集体发展愿景？ 在整个项目中，我是否意识并履行了自己在班级承担的责任？

六、项目后的反思和展望

（一）教师和学生的成长

通过开展以"我们都是班级光荣的值日生"的项目式学习，班级值日表和班级公约并不是只有班主任和班委制定，而是由班上每位同学共同参与完成。同学们能够意识到班级值日表中的不足之处，将班级值日细化。例如，有小组将扫地的三名同学分别安排打扫课室左、中、右三块区域；也有小组将扫地的三名同学安排在了早、中、晚三个时间段打扫。各个小组都能意识到班级卫生存在的问题，同时值日的分工细节合理且清晰。

通过这次项目式学习的开展，我们天瑾（12）班进行了为期1个月严抓班级值日的计划，在这1个月内，要求严格按照同学们自己制定的标准和评价体系进行值日，效果显著。同学们明显树立起了主动、积极值日的责任感，也会时常注意自己作为班级的一分子，认识到了班级每位同学是班级的小主人，也是光荣的值日生，增强了我们班的凝聚力。

学生自我领导力的培养是我开展项目的目的之一，在项目小组活动中，每位小组成员能够以身作则，明确自己的理念，发出自己的声音；使行动与理念保持一致，为他人树立榜样。同时每位同学能够共启愿景，展望未来，想象令人激动的各种可能；诉诸共同愿望，感召他人为共同的愿景奋斗。面对问题，同学们能够做到挑战现状，通过探索创新的方式来寻找变革、成长和发展的机会；进行试验和冒险，从错误中吸取经验和教训，不断取得小的成功。最终的目的是使众人行，通过强调共同目标和建立信任来促进合作，并且能够以激励人心，通过欣赏和表彰个人的卓越表现来认可他人的贡献，营造团队精神，实现共赢。

在项目实施的过程中，我每天都会观察学生的值日完成情况。由于我是新接手班级，而且是新班主任，对学生还处于不断了解的过程，同时德育经验也不够充足。同时我在进行项目活动期间请教了年级级长，作为在德育方面有较丰富经验的前辈，级长指导我对班级值日表不断完善。在项目式活动的进行中，也是我与学生不断深入交流的过程，通过班级卫生这个人尽皆知的切入点，虽然说作为项目式学习不够有创新性，但却让我们天瑾（12）班的凝聚力不断加强，也增进了我和他们之间的联系。同时，我在项目式活动中，观察学生的做法，我发现值日小组长起着非常重要的作用，他们能督促小组成员按照分工细则完成。我也发现一些平时学习较差的学生，反而在班级值日方面表现出了强大的责任感。这也让我积累了班级管理相关的德育经验，让我意识到每位同学的多样性，能够真正落实到自我领导力并非针对少数精英或领袖的职业素养，而是对每一位学生的基础教育。

（二）项目活动的不足和改进措施

此次项目实际上是由班主任作为主导，带领学生认识到班级的卫生问题和值日问题，在班主任没有开展项目前，学生本身并没有意识到问题的存在，所以需要总结的是如何让学生自己去发现班级中存在的问题。学生应该成为发现问题的主导者，班主任应作为指引者，引导学生更好地处理问题，这也更利于培养学生的个人领导力。

此次开展的是"1个月的值日计划"，事实上1个月之后，班级的卫生状况虽较项目开始前已有较大改善，但也不如项目实施期间内优秀。新学期可以尝试将值日计划时间从1个月加长到2个月，到3个月，乃至一学期，让学生时时刻刻能够意识到劳动与卫生的重要性，培养学生的班级责任感。

陈蒲晶，广州市增城区应元学校数学教师

第三辑

价值领导力

03

导读

21世纪的领导力是一种由内而外的价值领导力，与领导者的知识技能相比，领导者的品格、道德、价值观是决定他人是否愿意追随的根基。

初中生领导力内涵丰富，具有综合性，是一个逐步发展、螺旋式完善的过程。在这一过程中，价值领导力作为初中生领导力"三维度"发展模型的关键一环，对于塑造学生领导力的思想高度起着至关重要的作用。在本章中，我们将聚焦于初中生价值领导力，探讨其定义、作用、培养和实践方法。同时，我们还将分享一些基于项目化学习的初中生价值领导力培养和实践的案例，为您在教育和指导初中生领导力发展方面提供有益的参考和启示。

一、价值领导力理论

价值领导力理论是近十年国际研究的一个新潮流，从国际领导理论来看，价值领导力以价值观为核心要素并遵循道德伦理原则和价值原则。翁文艳认为，价值领导力是指领导者通过明确表达愿景，在自己的工作中践行自己内心真实的价值观，同时通过激发追随者认同自己的价值观与愿景，与追随者建立信任关系并帮助他们成长，在实现组织价值愿景的过程中为组织中所有成员谋求更美好生活的过程。

初中生通常是指年龄在13至15岁的学生群体，他们在身体、心理和智力等方面正处于成长与发展的关键时期。因此，对于初中生价值领导力，我们更应聚焦于发掘、激发和培养其潜在的领导才能。在这一阶段，学生们主要通过班级、社团或专项小组等组织形式参与活动。由于学生间的差异相对较小，每个成员的能力和创意比较接近又各有所长，彼此关系也相对平等，所以往往采用分享式的领导方式，通过分享权力、共同决策和对话交流达成愿景，形成共同的价值观，促进每位学生的成长和发展。

综上所述，本研究认为，初中生价值领导力是指初中生在团队或集体中，通过履行正确的价值观，积极影响和引导他人，达成共同目标，推动共同成长，形成价值愿景的过程。这种领导力不仅体现在对自我和团队的管理和组织上，更体现在对组织成员的价值观共建和行为的塑造上。

二、价值领导力的作用

价值领导力，简言之，就是基于正确价值观来引领和影响自我和他人。在正确价值观影响下，有助于提升自我认知和管理能力，有助于提升社交和合作能力，有助于提升示范和引领能力，更有助于提升积极进取与创新思维能力。这其中，正确的价值观最为重要，始终贯穿其中，赋予初中生成长的力量。

国家对新中国青年提出了"六个要"的总要求——要树立远大理想，要热爱伟大祖国，要担当时代责任，要勇于砥砺奋斗，要练就过硬本领，要锤炼品德修为。按照这个总要求，树立坚定的理想信念和正确的价值观居于首位。初中生价值领导力的关键是价值观，是树立学生热爱伟大祖国，担当时代责任，把小我融入祖国的大我、社会的大我之中，与时代同步伐，与社会共呼吸的观念。

价值观的形成与影响力需要提供环境学习和培养，引导学生在真实情景中持续地发现问题和解决问题，探索外部世界，认知自我，形成自我，进而影响他人，乃至社会和国家。它的培养和发展需要一种与之相适应的学习方式。项目化学习回归学习的本质，以学生为中心，通过团队合作解决真实世界问题，实现知识应用与技能提升，实现对外探索，建构自己的精神家园。

三、项目的实施

价值观的形成基于个体的思维、感官和经历，离不开个体所处的环境和文化背景。初中生正处于价值观形成的关键时期，他们对外界充满好奇，易于接受新事物，同时也面临着诸多困惑和挑战。根据初中生所处的环境与特点，本章的价值领导力聚焦"红色精神""传统文化"和"社会价值"三个价值取向，通过10个项目化学习案例，通过项目化学习的方式，让初中生在实践中体验、感悟和内化这三个价值取向，帮助他们树立正确的价值观，提升价值领导力。

1.红色精神

项目16（"小红棉"广州红色研学路线"设计师"）和项目17（争当新河浦文化小使者）是一个集创意、地理、历史、文化与教育为一体的项目化学习。其中项目16的核心目标是设计一条富有教育意义的红色研学路线，项目17的核心目标是向大家推广新河浦红色文化，两个项目的参与者在亲身体验中深入了解广州的红色历史，感受革命先烈的英勇事迹和崇高精神，从而激发爱国情怀，增强民族自豪感和历史责任感。同时通过规划和组织这一活动，项目"设计师"和"小使者"都展现了强烈的价值导向。他们深入挖掘广州的红色历史资源，精心策划活动内容和形式，发挥了价值引领的作用，帮助学生树立正确的历史观和价值观。他们将在项目的引导下，逐渐成长为具有强烈社会责任感、良好公民意识和较高价值领导力的人才。项目18（研读红色经典，传承"红星精神"）以"我们应该传承'红星'什么精神？"为驱动问题，让学生研读红色经典并进行合作学习，小组探讨并制作PPT进行阅读分享，以此培养学生的合作能力、有效沟通能力以及创新思维，最终形成正确的价值观，传承并弘扬"红色精神"。红色经典中蕴含的丰富的价值领导力内涵，有利于初中生从理想信念、全局观念、决策能力、团队协作精神以及自我修养等方面提升价值领导力。这种领导力不仅能够帮助领导者更好地履行职责，还能够推动团队的整体发展和进步。

2.传统文化

项目19（讲好中国故事，传颂广府文化——我是南粤文化遗产守护人）通过串联网络资源及学校周边的教育资源，以设计文物简历为驱动问题，引起学生对优秀的中华文化、本土文化的认同感，传承和弘扬中华优秀传统文化，增强学生的文化自信心和民族自豪感。通过设计文物简历，不仅可以锻炼学生的创新思维和实践能力，还提升了他们的价值领导力，自觉践行优秀传统文化，成为文化传承和创新的引领者。项目20（我是西关"剪"艺合伙人）和项目21（探寻掐丝珐琅工艺，争做非遗传承者）则是通过了解剪纸和掐丝珐琅的历史、文化和技艺，亲手制作手工艺品感受传统工艺的魅力，最后形成展现西关风情和班级特色标志的成品，培养了学生的艺术兴趣和文化素养，增强学生的团队合作意识，对传统文化的传承和保护意识，提升学生的价值领导力。项目22（寻广州与海上丝路历史，做研学活动设计师）以"探寻广州与海上丝绸之路故事"为主题，开展策划组织历史文化研学实践活动，最终形成研学活动的策划方案与实践综合材料。这一方面深化了学生对广州与海上丝绸之路相关历史文化知识的认识，另一方面，在完成项目过程中，锻炼了学生的探究精神与合作完成项目的能力，使学生的价值领导力得到真实培育。

3.社会价值

项目23（研究核污水排海危机，共同守卫蓝色星球）将学生的关注从课本转移到课外，学生通过研究日本核污水排海危机，分析其对我国资源、环境、经济、人类产生的危害。项目24（"green activities环保随行"垃圾分类专项调研）则是关注身边环境问题，聚焦如何认识垃圾分类的重要意义和在日常生活中身体力行并做好垃圾分类的宣传。在这两个项目的开展过程中，学生逐步深入了解了保护环境的重要性，感受绿色发展理念，初步形成环保意识和生态文明观。通过与他人协作，学生培养了沟通、协商、合作和解决问题的能力，提高了团队合作的水平，培养了学生国际视野与综合运用能力，形成了保护海洋和保护陆地的共同愿景，提升了价值领导力。项目25（中加交流"amazing guangzhou, delightful journey）基于中加友好姊妹学校互动交流，为了更好地帮助他们了解广州的特色和文化，通过各项目小组了解并确定想要介绍的一个方面，制作成手抄报、思维导图或PPT，拍摄成导游讲解广州主题之旅一日游的英文小视频。在探索、对比、选择的过程中，学生增进了对广州的了解，加深了对地方文化的理解和认同，更坚定了文化自信。同时也扩展了学生眼界，以主人翁的心态向世界展现美好中国，激发责任心和协作意识，提升责任感，提升价值领导力。

4.价值领导力的培养

基于项目化学习的初中生价值领导力培养，是一种以学生为中心的学习模式，它充分借鉴了认知理论中的"建构主义"观点，通过构建有效的学习环境来发展学生的价值领导力。项目化学习强调学生在实际情境中解决问题，通过实践操作来培养领导力。在这个过程中，学生不再是被动地接受知识，而是成为学习的主导者，他们自主选择项目主题、制订计划、组织实施并评估成果。这种学习方式有助于培养学生的主动性和创新精神，激发他们的领导潜能。建构主义认为学习是学生基于原有的知识经验生成意义、建构理解的过程。在项目化学习中，学生需要通过与他人的合作与互动，共同解决问题并完成任务。这种学习方式有助于培养学生的团队协作能力，学会倾听、沟通、协调和解决冲突等领导技能。同时，学生在项目中的不同角色和任务，也使他们有机会实践并提升自己的领导力。

初中生价值领导力的核心价值在于积极价值观、社会责任感和创新精神。这些都不是纸上谈兵可以得来的，必须要创造真实环境，进行真培养、真实践。项目式学习强调通过实际操作来解决问题，在这种情境下，学生需要运用价值领导力来指导团队、做出决策并解决问题，从而加深对价值领导力的理解和应用。学生既可以在项目中全面展示自己的领导力，同时又能提升其他相关技能。在项目执行过程中，学生可以获得来自教师、团队成员以及项目本身的及时反馈，有助于及时调整自己的领导策略，提升价值领导力的效果，更有助于增强自信心和成就感。

另外，我们也发现，基于项目化学习的初中生价值领导力培养对教师的能力提出了更高的要求。项目式学习不仅涉及较多的资源和时间投入，而且领导力的培养本身就是一个渐进的过程，无法一蹴而就。因此，教师不仅需要具备项目设计、实施和评价的能力，确保项目的有效性和针对性；同时他们还需要具备持续引导不同学生发展价值领导力的能力，能够根据学生的特点和需求，提供个性化的指导和支持。这无疑增加了教师的工作难度，但也为他们提供了一个挑战自我、提升专业素养的宝贵机会。

四、结语

"青少年时期是价值观、人生观和国家观、民族观形成的关键期"，要做好青年干部的源头培养、跟踪培养、全程培养工作必须从小抓起。培养初中生的价值领导力并非易事，这需要学校、家庭和社会等多方的协同努力。

学校作为教育的主阵地，可以通过开设相关课程、组织实践等方式系统培养学生的价值领导力。家庭作为孩子成长的摇篮，父母应该以身作则，引导孩子关注社会责任，培养他们的同理心和合作精神，传递积极向上的价值观。社会则应为初中生提供良好的环境和平台，各界也应积极支持教育事业，创造有利条件，如志愿服务、社区建设等，让他们在实践中锻炼领导力，提升自我价值。

梁盈

栏目一 红色精神

项目16 "小红棉"广州红色研学路线"设计师"

一、项目背景

"木棉花映丛祠小,越禽声里春光晓。"广州作为中国近代革命的摇篮,其丰富的红色文化资源亟须我们发掘与宣传。如今,我们结合广州市政府开展的"英雄花开英雄城"传承弘扬红色文化系列主题活动,以广州革命历史作为宏伟背景(表16-1),以百年红色作为色彩基调,设计"小红棉"红色研学路线。我们试图让来自世界各地的游客沿着广州红色革命的发展历程,品味广州独特质朴的红色历史。

融合历史学科元素,广州市白云区云雅实验学校初二(11)班全体同学在班主任胡双月老师的带领下,开展"小红棉"广州红色路线设计项目组学习。

表16-1 项目背景分析表

需求类别	需求内容	红色路线设计项目化学习的意义或作用
社会政策需求	弘扬红色文化	让学生在实践中深入了解红色历史,增强文化认同感和自豪感
	培养爱国情怀	通过实地参观、亲身体验等方式,深刻理解爱国主义精神
	促进全面发展	关注学生知识学习,注重实践能力、团队合作能力和创新思维能力的培养
学校教育需求	拓展课程资源	结合红色资源,丰富课程内容,提高课程实用性
	提升教育质量	深化学生对知识的理解,培养自主学习和问题解决能力
	加强校地合作	促进学校与地方政府、红色教育基地等的合作,实现资源共享

续表

需求类别	需求内容	红色路线设计项目化学习的意义或作用
班级学情需求	满足不同学生的学习需求	提供多样化的学习内容和方式
	增强班级凝聚力	通过共同参与，增强团队合作意识
	提升学生实践能力	为学生提供实践机会，提升实践能力
领导力与核心素养需求	培养领导力	通过项目化学习，担任不同角色，培养领导力和组织协调能力
	提升核心素养	注重综合素质培养，提升创新思维、批判性思维、沟通协作能力等核心素养

二、项目设计

（一）项目基本信息（表16-2）

表16-2 项目基本信息表

项目名称	"小红棉"广州红色研学路线"设计师"
项目学校	广州市白云区云雅实验学校
项目时长	一年
设计者	胡双月老师
实施者	8年级（11）班学生，共40人

（二）项目目标

1.知识目标

（1）学会从多种渠道获取相关的图片、文字介绍等素材。

（2）学会根据研学路线主题和目标，筛选素材，挑选最具代表性和教育意义的内容。

（3）掌握素材整合的技巧，能够将不同来源、不同形式的素材进行有效整合，形成研学路线方案。

（4）学会使用视频剪辑、PPT等多媒体制作工具，将研学路线设计方案以生动、直观的形式呈现出来。

2.能力目标

（1）培养学生的有效沟通能力，能够与团队成员、指导教师等进行良好的交流和合作，确保研学路线设计工作的顺利进行。

（2）培养学生的分析和批判性思维，对收集到的素材进行深入分析，提出自己的见解和建议，不断完善研学路线设计方案。

3.情感态度和价值观目标

（1）通过研学路线设计活动，培养学生的审美情趣和创造力，让学生在设计过程中展现出独特的风格和想法。

（2）培养学生的耐心和细心，引导学生在设计过程中注重细节，力求完美。

（3）通过挖掘和传承广州红色文化，弘扬革命精神，增强学生对传统文化的认同感和自豪感。

4.学习策略目标

（1）培养学生的自主学习能力，让学生能够独立思考、自主学习，不断提高自己的综合素质。

（2）通过团队合作和领导力的培养，让学生在研学路线设计过程中学会分工合作、协调沟通。

（三）关键问题

1.确定主题

广州作为中国近代革命的重要城市，拥有丰富的红色历史和文化资源。这些资源不仅见证了革命先烈的英勇事迹和革命精神，也是对学生进行爱国主义教育和革命传统教育的重要载体。通过挖掘和利用这些红色资源，帮助学生了解广州的历史和文化，增强民族自豪感和文化自信心。

项目式学习作为一种以学生为中心、强调实践和创新的学习方式，通过自主研究、合作交流和实践创新，可以让学生在亲身参与中深入了解红色文化的内涵和价值，培养学生的团队协作、创新思维和实践能力。

2.确定核心驱动问题（表16-3）

表16-3　核心驱动问题表

核心驱动问题	总任务	最终成果
如何结合广州的红色历史和文化资源，通过创新性的项目式学习，自主设计富有教育意义且吸引力强的红色研学路线	深入研究广州的红色历史和文化，挖掘和整理相关资源，结合项目式学习，自主设计出具有鲜明红色主题、富有教育意义且吸引力强的研学路线	1."小红棉"广州红色研学路线设计方案：完成一份详细的研学路线设计方案，包括路线的起点和终点、途经的红色文化遗址和纪念馆、每个点的介绍和停留时间，以及整个行程的活动安排和预期目标 2.研学路线宣传资料：制作一套研学路线的宣传资料，包括宣传海报、PPT演示文稿或短视频等 3.研学活动总结报告：撰写一份研学活动总结报告，回顾整个项目式学习的过程，总结在路线设计、素材收集、团队合作等方面的经验和教训，分享自己的收获和感悟

三、项目计划（图16-1）

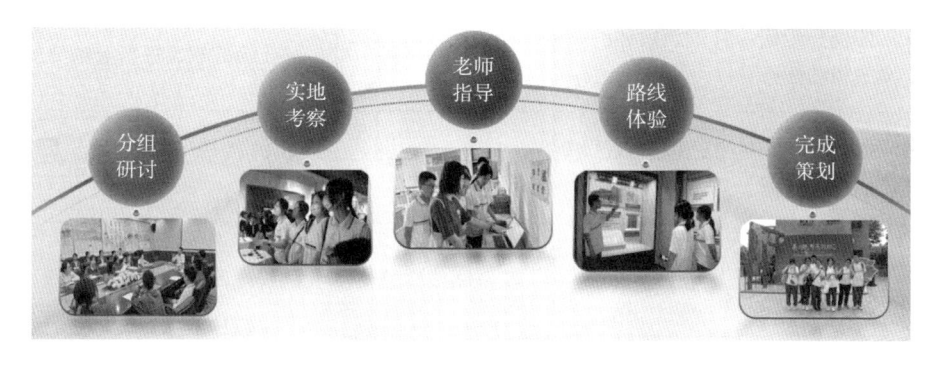

图16-1　项目活动流程

（1）分组研讨：组建多个项目组，深入研读广州红色历史资料，明确设计目标与受众定位，围绕主题展开讨论，形成初步路线构想。

（2）实地考察：各小组根据研讨结果，分赴广州各大红色地标、纪念馆、遗址等进行实地考察，记录历史遗迹现状，捕捉感人故事，为路线设计积累第一手资料。

（3）老师指导：邀请历史老师对各项目组进行专业指导，确保路线设计既尊重历史事实，又富有教育意义和创新性。

（4）路线体验：设计初稿完成后，组织试走活动，亲身体验路线安排的合理性与吸引力，收集反馈意见，及时调整优化，确保路线既能深刻体验红色文化，又兼顾游客体验与安全性。

（5）完成策划：综合所有信息与反馈，最终完成详细策划案，包括路线地图、讲解词稿、宣传推广计划等，确保"小红棉"广州红色路线设计有效达成，产生细分后的分解驱动问题（表16-4）。

表16-4 分解驱动问题及项目计划

驱动问题	主任务	主产品
如何选择和确定适合广州的红色研学主题	选择红色研学主题	广州红色研学主题列表
如何有效挖掘和整理广州的红色资源	挖掘与整理广州红色资源	相关遗址清单
如何分组研讨并确定具体的研学主题和任务	确定延伸任务	分工合作表、任务清单
如何组织实地考察以深入了解广州红色资源	组织实地考察	红色路线"设计师"研习表
如何实践并评估研学路线的实际效果	实践路线体验	路线设计图、游客反馈
如何构思并形成具有创新性和实施性的研学策划方案	形成研学策划	路线策划书与总结报告

四、项目实施

（一）项目活动

项目活动1：先行探索

通过分组研讨、资料搜寻、请教老师形成相关遗址清单。

"小红棉"广州红色研学路线"设计师"项目化学习先行探索的内容，主要围绕广州市的红色史迹与城市空间进行。该项目依托全市各大爱国主义教育基地、历史建筑及有关场馆，将红色史迹与城市空间有序串联，打造城市体验式党史学习教育新模式。

这一先行探索的内容可能包括设计并推出包含"羊城千年史迹路""百年峥嵘红色路""改革开放强国路""高质量发展腾飞路"在内的多种主题研习路线。这些路线不仅涵盖了广州丰富的历史文化遗产，也展现了广州在革命、建设和改革不同历史时期的奋斗历程和辉煌成就。

项目活动2：实地体验

学生深度参与并亲身感受广州的红色历史和文化。

在实地体验环节，项目组成员将按照预先设计的研学路线，亲自走访广州市内的各大爱国主义教育基地、历史建筑以及相关场馆。项目组成员们将聆听专业讲解员的讲解，了解每个地点的历史背景、革命故事以及红色文化的深刻内涵。

项目活动3：路线设计

这一环节旨在通过精心策划和布局，将广州的红色史迹与城市空间有序串联，打造一条兼具历史意义与现实价值的红色研学路线。

在路线的布局上，我们充分考虑了景点的地理位置、交通状况以及参观者的实际体验。为了增强路线的趣味性和互动性，我们在设计中还融入了一些创意元素。

（二）项目成果

1.出项展示的仪式

（1）问题驱动下分为不同项目组，组建以班长、学习委员、宣传委员、艺术委员等为核心成员的先驱团体。在前期资料收集的基础上进行PPT演说展示，介绍项目的意义与实施方案。

（2）先驱团体组织学生进行分组分工，落实行动计划。

2.展示的成果描述

（1）回顾历史，着眼当下——相关遗迹清单（表16-5）。

表16-5　项目成果展示相关遗迹清单（部分）

遗迹名称	地址
中国共产党第三次全国代表大会会址纪念馆（以下简称为"中共三大会址纪念馆"）	广州市越秀区恤孤院路3号
中国国民党第一次全国代表大会旧址（以下简称为中国国民党"一大"旧址）	广州市越秀区文明路215号
毛泽东同志主办农民运动讲习所旧址纪念馆（以下简称"农讲所纪念馆"）	广州市越秀区中山四路42号
中国社会主义青年团第一次全国代表大会会址纪念馆（以下简称"团一大纪念馆"）	广州市越秀区越秀南路团一大广场

（2）红色路线设计图（图16-2）。

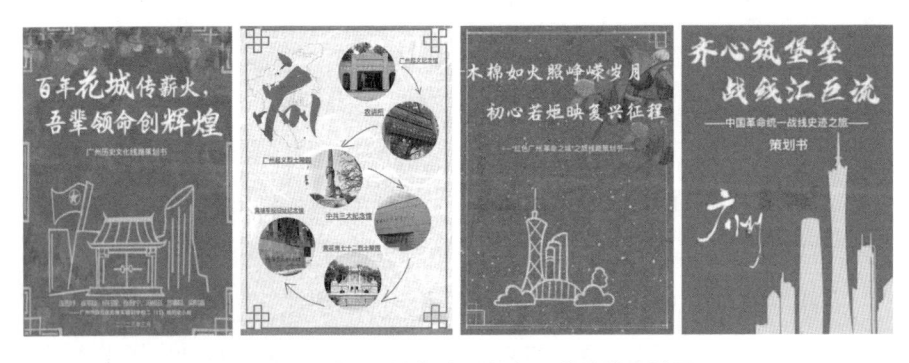

图16-2　"小红棉"广州红色研学路线设计图

（3）主要遗迹点导游词（略）。

（4）红色路线策划书（略）与总结报告。

（5）深化红色教育：通过实地走访和体验，学生们对广州的红色历史和文化有了更加直观和深入的了解。

（6）促进跨学科学习：研学路线设计涉及历史、地理、文化等多个学科领域，促进学生们进行跨学科学习和整合，提升综合素质。

（7）增强团队协作能力：在研学过程中，学生们分组合作，提升团队协作能力和沟通能力。

（8）提升社会实践能力：通过实地调研、采访和互动体验等活动，学生们的社会实践能力得到提升。

五、结项复盘

（一）项目活动和产品评价

为了客观、全面地评价项目活动的成效，依据活动目标达成情况、参与者感悟以及活动评价等多个维度，我们制订了以下项目活动评价量表（表16-6、表16-7），旨在提供一个规范化的评价体系，帮助参与者明确自身在活动中的优势与不足，同时也为组织者改进后续活动提供参考依据。

1.项目活动评价量表

表16-6 "百年铸丰碑，星火燃红棉"红色之旅线路研习表

姓名		身份	
研习时间	＿＿＿年＿＿＿月＿＿＿日		
研习地点			
基础题目挑战	1.中共三大全称是＿＿＿＿＿＿＿ 2.中共三大召开时间是＿＿＿＿＿＿＿ 3.国民党一大召开时间是＿＿＿＿＿＿＿ 4.国民党一大召开的背景是＿＿＿＿＿＿＿ 5.农讲所的全称是＿＿＿＿＿＿＿ 6.农民讲习所一共办了＿＿＿＿＿＿＿届 7.团一大全称是＿＿＿＿＿＿＿ 8.共青团与共产党的关系是＿＿＿＿＿＿＿		

续表

进阶题目探究	可选探究题目（三选一进行探究）： 1.中国共产党在国民革命中起到了怎样的作用 2.第六届农民运动讲习所的特点是什么？其背景是 3.每一代人有一代人的使命，参观完团一大后，你认为当今青年学生有什么使命
进阶项目的分析讨论记录及结论	
活动感悟	
线路评价以及建议	

2.结果的评价标准

表16-7　评价标准表

评价项目	自我评价	小组评价	教师评价
核心价值观体现			
团队合作与领导力			
自主学习能力			
创新思维与解决问题的能力			

（二）项目过程的自我评价

在项目活动中，（11）班的孩子们深入探访广州红色地标，感受革命先辈们的坚定信念和无私奉献。为了让参与者更清晰地了解自己在项目活动过程中的成长与收获，我们设计了项目活动过程自我评价表（表16-8），提升参与者的自我认知和自我价值感。

表16-8　自我评价维度细目表

评价维度	具体内容	自我评价
项目策划与准备	研学路线的规划与设计、资源的整合与准备	我们在项目初期进行了充分的调研和规划，整合了丰富的红色资源，为后续的研学活动打下了坚实的基础（☆☆☆☆☆）

续表

评价维度	具体内容	自我评价
团队协作与沟通	项目组成员之间的分工与合作、沟通与协调	在项目实施过程中，我们保持了良好的团队协作和沟通，共同解决了遇到的问题，确保项目顺利进行（☆☆☆☆☆）
实地体验的组织与实施	研学路线的实地走访、互动体验活动的组织	我们精心组织了实地体验活动，让学生们在亲身体验中感受红色文化的魅力，取得了良好的效果（☆☆☆☆☆）
成果展示与反馈收集	研学成果的总结与展示、反馈机制的建立与运行	我们成功举办了成果展示活动，得到了广泛的好评。我们也建立了有效的反馈机制，收集了多方面的意见和建议，为今后的改进提供了依据（☆☆☆☆☆）
创新能力与特色	项目中的创新点、特色元素的设计与实施	在项目实施过程中，我们注重创新，设计了一些具有特色的互动体验环节，使研学活动更加生动有趣（☆☆☆☆☆）
项目管理与执行效率	项目的进度控制、任务分配与完成情况	我们对项目进行了有效的管理，确保了各项任务的按时完成。同时，我们也注重执行效率，使项目在规定的时间内顺利完成（☆☆☆☆☆）

六、项目后的反思和展望

（一）项目化学习的反思

经过"小红棉"广州红色研学路线设计项目的实施，我们深刻体会到了项目化学习的优势与挑战。

在优势方面，项目化学习以其明确的目标导向和真实情境的体验，有效激发了学生的主动性和创造性。然而，我们也发现了一些挑战和不足。

首先，项目化学习对教师的专业素养和教学能力提出了更高的要求。在项目设计和实施过程中，教师需要具备跨学科的知识储备和灵活应变的能力。其次，项目化学习需要充足的时间和资源支持。最后，几个有待优化的部分，如路线设计有待优化：部分研学路线的安排可能过于紧凑或分散，导致学生在体验过程中感到疲惫或无法深入了解每个景点的历史和文化内涵。未来可以对路线进行更加精细化的设计，确保学生能够在有限的时间内获得最佳的研学体验。互动体验环节有待丰富：虽然已有一些互动体验活动，但还可以创新互动形式，如虚拟现实、角色扮演等，以更加生动有趣的方式呈现红色历史和文化。资源整合有待加强：在研学过程中，可能存在一些资源利用不充分或浪费的情况。未来可以加强与相关场馆、机构的合作，实现资源的共享和优势互补。反馈机制有待完善：为了更好地了解研学效果和改进方向，需要建立更加完善的反馈机制，收集学生、教师和家长的意见和建议。

针对这些挑战和不足，我们计划在未来加强教师培训，提升教师的专业素养和教学能力，同时，积极争取更多的资源和支持，为项目化学习提供更好的条件。

（二）素养提升的展望

通过本项目的实施，我们深刻认识到项目化学习在提升学生素养方面的重要作用。未来，我们将继续探索和完善项目化学习的模式和方法，以提升学生的综合素养。

我们将注重培养学生的跨学科思维和实践能力，通过设计更具挑战性和创新性的项目任务，激发学生的探究精神和创新意识。

我们还将关注学生的情感教育和价值观培养。通过红色研学等具有教育意义的活动，引导学生树立正确的历史观、文化观和价值观，培养爱国情怀和社会责任感。

通过本项目的实施与反思，我们获得了宝贵的经验。未来，我们将继续努力，不断完善项目化学习的实践模式，为学生的全面发展贡献更多的力量。

胡双月，广州市白云区云雅实验学校英语教师，广州市中小学名班主任

项目17 争当新河浦文化小使者

一、项目背景

"发展社会主义先进文化，弘扬革命文化，传承中华优秀传统文化"是党的二十大报告提出的明确要求，新河浦地区承载着深厚的革命文化和中华优秀传统文化，是值得学生研究学习的宝贵资源，该项目有利于实现文化育人的目标，也有利于弘扬优秀的中华文化，传承中华文化血脉。

新河浦东山洋房群作为广州市现存最大规模的中西结合、低层院落式传统民居和历史街区，核心部分为建于20世纪二三十年代具有欧美建筑风格的低层花园式住宅。我校正好坐落在这一洋房群中，研究这些洋房十分方便也十分有价值。于是，我们学校政史地科组决定以《争当新河浦文化小使者》为题开展学生项目式研究活动。

该项目研究活动以新河浦东山洋房的变迁为研究对象，通过查找资料、参观走访等方法调查新河浦洋房的历史和现状，通过了解新河浦的历史文化价值，学生结合研究成果设计一份新河浦文化旅游指南。该项目的研究活动充分满足了学生的心理成长需求，提升学生各方面的能力。

此项目整个过程需要学生组织策划、现场走访、沟通交流、查找资料、提取信息、归纳总结，全方位地培养学生的价值领导能力、团队合作能力、有效沟通能力以及创新思维。

二、项目设计

（一）项目基本信息（表17-1）

表17-1 项目基本信息表

项目名称	争当新河浦文化小使者
项目学校	广州市八一实验学校
项目时长	30天

续表

设计者	黄玉清老师
实施者	该校七、八年级学生，共300人

（二）项目目标

1.知识目标

（1）了解新河浦洋房的地理位置、建筑特点，结合新河浦社区的现状特点，更好地理解"聚落的形成、发展与保护"这一知识点。

（2）深入了解新河浦洋房相关红色文化的发展概况；结合红色文化内涵、中国共产党的发展历史等重点了解新河浦洋房的发展历史和相关历史人物、故事。

（3）对于新河浦洋房保护现状的优点和不足，提出自己的建议。

2.能力目标

（1）自主学习的能力，学习搜集、处理、运用信息的方法，提高媒介素养，适应信息化社会的能力。

（2）分析和批判性思维，培养多角度分析思考问题的能力，勇于创新的个性品质。

（3）有效沟通、注重实践、善于合作的能力。

（4）组织策划、沟通协调的领导力。

3.情感态度和价值观目标

（1）热爱祖国的情感，热爱家乡的情怀。

（2）对中华文化的认同感。

（3）社会责任感。

（三）关键问题

1.确定主题

新河浦地区的传统民居的文化价值是非常高的，而我校正好坐落在这一洋房群中，研究起来比较方便。于是，我们政史地科组决定以《正当新河浦文化小使者》为题，以新河浦东山洋房的变迁为研究对象，通过查找资料、参观走访等方法调查新河浦洋房的历史和现状，了解其历史文化价值，寻找其最佳的保护途径。

2.确定核心驱动问题（表17-2）

表17-2　核心驱动问题

核心驱动问题	总任务	最终成果
如何设计一条新河浦的游览路线？帮助游览者从历史、地理、道德与法治的角度去理解新河浦	运用多媒体技术制作《新河浦文化旅游指南》	《新河浦文化旅游指南》

三、项目计划

与学生共同确定核心驱动问题，确保问题具有探究性和引导性，能够激发学生深入研究的兴趣。随后，根据学生的意愿和特长，组建6个学习小组，每组6名学生，共形成地理、历史、道德与法治三个项目小组，确保团队成员间的互补性和协作性。紧接着，组织学生进行小组讨论，鼓励他们充分沟通与交流，共同对核心驱动问题进行深入剖析。这一环节旨在集思广益，让学生从多个角度理解问题，并产生初步的研究思路。在教师的引导下，将核心驱动问题分解为若干子问题。这些子问题需具备可操作性和针对性，能够引导学生逐步深入探究，形成完整的研究路径。同时，要确保子问题之间的逻辑性和连贯性，以便形成完整的驱动问题链。最后，汇总各小组分解的子问题，形成完整的驱动问题链。这一链条将为后续研究提供清晰的方向，指导学生有序开展研究工作。同时，教师需对驱动问题链进行整体把握，确保研究的深度和广度符合项目要求。在整个过程中，教师应密切关注学生的研究进展，提供必要的指导和支持，确保项目能够顺利进行并取得预期成果。同时，鼓励学生发挥创新精神，勇于探索新的研究领域和方法，提升综合能力和素养（表17-3）。

表17-3 分解驱动问题

分解驱动问题	主任务	主产品
新河浦在聚落形成方面有哪些优越的自然条件和社会条件（地理学科）	1.到新河浦五大侨园实地考察、熟悉路线、拍照 2.结合地理七年级上册课本的知识探究新河浦东山洋房的建筑特点与广州气候的关联，探究新河浦在聚落形成方面有哪些优越的自然条件和社会条件 3.绘制五大侨园的地理位置简图 4.以《地理视角下的新河浦》为主题，以图文并茂的形式制作研究报告	《地理视角下的新河浦》为主题研究报告
如何从新河浦洋房的发展史去深入了解中国共产党的发展史（历史学科）	1.通过实地走访和网络搜索了解与五大侨园相关的历史人物、历史故事 2.结合红色文化内涵、中国共产党的发展历史等重点了解新河浦五大侨园之春园的历史和相关的历史人物、事件 3.以《历史视角下的新河浦》为主题，以图文并茂的形式制作研究报告	《历史视角下的新河浦》为主题研究报告
你对新河浦洋房的保护与利用有哪些建议（道德与法治学科）	1.实地走访五大侨园，了解保护和利用的状况 2.设计调查问卷，了解当地居民和游览者对五大侨园的认识、感受、意见、建议等 3.通过实地考察的资料、调查数据、网络搜索的资料分析五大侨园的保护和利用的优缺点 4.多角度对五大侨园提出保护和利用的建议	《道法视角下的新河浦》为主题研究报告

四、项目实施

（一）项目活动

项目活动1：研究新河浦在聚落形成方面有哪些优越的自然条件和社会条件

目标：学会实地考察，学会利用网络搜索相关资料并提取关键信息，学会利用实地考察所得资料与网络搜索的资料进行融合汇总。

（1）小组讨论分工，第2项任务是小组全体成员一起完成，第3、4、5项任务是小组分工完成。

（2）小组一同到新河浦五大侨园实地考察、熟悉路线、拍照。

（3）结合地理七年级上册课本的知识探究新河浦东山洋房的建筑特点与广州气候的关联，探究新河浦在聚落形成方面有哪些优越的自然条件和社会条件。

（4）结合纸质地图或者电子地图和自己实地考察所拍照片，绘制五大侨园的地理位置简图。

（5）以《地理视角下的新河浦》为主题，以图文并茂的形式制作研究报告。

项目活动2：从新河浦洋房的发展史去深入了解中国共产党的发展史

目标：学会实地参观考察，学会通过具体的鲜活人物、具体的有力史实支撑自己的历史结论，增强史实与史论相结合的能力，提升全面的历史思维能力。

（1）小组讨论分工，第2项任务是小组全体成员一起完成，第3、4、5项任务是小组分工完成。

（2）实地走访五大侨园，参观拍照，在现场认真了解五大侨园的历史等。

（3）网络搜索了解与五大侨园相关的历史人物、历史故事。

（4）结合红色文化内涵、中国共产党的发展历史等重点了解新河浦五大侨园之春园的历史和相关的历史人物、事件，并能形成历史结论。

（5）以《历史视角下的新河浦》为主题，以图文并茂的形式制作研究报告。

项目活动3：提出新河浦洋房的保护与利用的建议

目标：学会实地考察，学会根据自己想知道的问题用问卷星去设计调查问卷，学会利用网络搜索相关资料并提取关键信息，学会利用实地考察所得资料、调查问卷的信息、网络搜索的资料进行融合汇总并提炼出自己的观点。

（1）小组讨论分工，第2项任务是小组全体成员一起完成，第3、4、5、6项任务是小组分工完成。

（2）实地走访五大侨园，了解保护和利用的状况。

（3）利用问卷星设计调查问卷，了解当地居民和游客对五大侨园的认识、感受、意见、建议等。

（4）到五大侨园附近邀请路人完成问卷星的问卷。

（5）通过实地考察的资料、调查数据、网络搜索的资料分析五大侨园的保护和利用的优缺点。

（6）多角度对五大侨园提出保护和利用的建议。

（7）以《道法视角下的新河浦》为主题，以图文并茂的形式制作研究报告。

（二）项目成果

1.出项展示的仪式

（1）《地理视角下的新河浦》的成果（图17-1）。

（2）《历史视角下的新河浦》的成果（图17-2）。

（3）《道德与法治视角下的新河浦》的成果（图17-3）。

（4）学生采用问卷星工具进行调查，并对五大侨园提出的建议。

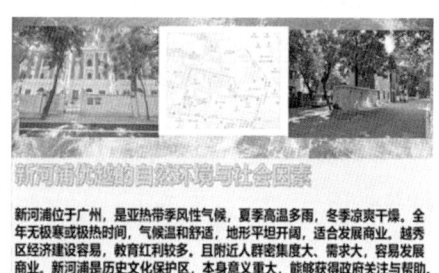

图17-1 《地理视角下的新河浦》学生作品

图17-2 《历史视角下的新河浦》学生作品

图17-3 《道德与法治视角下的新河浦》学生作品

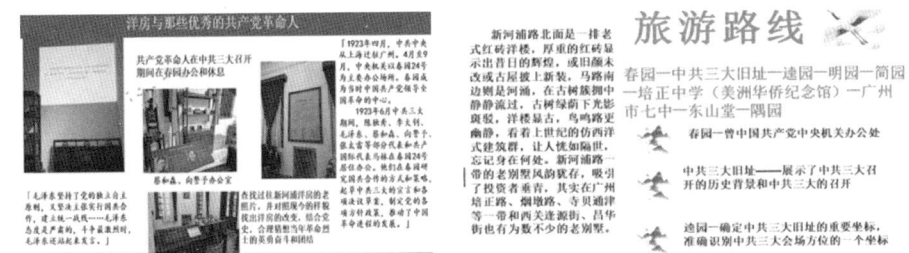

2.展示的成果描述

（1）提升学生的思想道德素养。我们的项目式活动带领学生研究自己身边的自然环境和人文历史环境，培养学生热爱家乡、热爱祖国的情怀，培养学生的社会责任感，落实立德树人的根本任务。学生反馈很喜欢这个活动，学生亲身走访研究自己成长所在的新河浦地区，学生也为如何更好地保护与发展新河浦提出不少有价值的建议，不少学生反馈活动增强了自身爱家乡、爱祖国、爱人民的情感，思想道德素养得到了提升。

（2）提升学生的人文素养。新河浦地区有着深厚的历史文化沉淀，在考察研究新河浦的过程中，学生的心灵被优秀的传统文化、红色文化、民族精神陶冶，学生的精神成长进一步得到满足，学生的人文素养也得到不少提升。

（3）提升学生的综合实践能力。我们的项目式活动注重与社会的联系，学生在活动中以书本知识去对照观察了解新河浦，认真进行实地考察以及查阅资料，从历史、地理、道德与法治三个角度去研究新河浦。从学生的反馈来看，学生都十分喜欢这种自主参与的实践活动，在实践中学习历史、地理、政治的知识。在实践中，学生分析问题的能力、解决问题的能力、人际交往能力、组织协调能力……都得到不少提升，活动极大地激发了学生的学习内驱力，培养了学生的学习自主性。

五、结项复盘

（一）项目活动和产品评价

1.项目活动评价量表（表17-4）

表17-4　学生参与项目式活动评价表

维度	自评	他评
是否能独立认真思考，提出实施方案，具有前瞻力	☆☆☆☆☆	☆☆☆☆☆
是否积极组织每次活动，倾听和表达，具有感召力	☆☆☆☆☆	☆☆☆☆☆
是否能共同探讨并达成一致，具有沟通力和执行力	☆☆☆☆☆	☆☆☆☆☆
是否能合理调配同伴能力，具有决策力和组织力	☆☆☆☆☆	☆☆☆☆☆

2.结果的评价标准（表17-5）

表17-5　学生参与项目式活动成果评价表

维度	自评	他评
内容：充实丰富，图文并茂	☆☆☆☆☆	☆☆☆☆☆
逻辑：条理清晰，逻辑性强	☆☆☆☆☆	☆☆☆☆☆
设计：版面美观，便于阅读	☆☆☆☆☆	☆☆☆☆☆

（二）项目过程的自我评价

本次项目评价包含了实践过程性评价和成果评价。实践过程性评价和成果评价都包括了自评和他评，他评包括同学评价和老师评价，这样的评价方式体现了项目学习多元化、综合性评价的思路。根据成果评价标准，进行了"最佳作品评比"活动，利用问卷星投票选出最佳作品。最后老师给最佳小组颁发奖品，鼓励他们今后创作出更好的作品。

从评价结果看出，大部分学习小组在项目学习的过程中分工明确、配合良好、选题各异、选材合理、成果呈现形式多样。同学们在自评和互评中感受到了作品的差异和不足，同时对下一个项目充满期待，相信今后能创作出更好的作品。

六、项目后的反思和展望

本项目式学习依托于真实情景，与学生生活息息相关，激发了学生极大的参与热情。从成果来看，学生的成果回答了驱动性问题，也体现对核心知识与能力的深度理解和转化。项目的开展也真实地影响了学生的生活，对学生产生更真实和持久的影响。本项目从不同视角去认识新河浦地区，也让学生有了更大的格局和视野。总体而言，本项目式学习有利于培养他们探究性、合作性、实践性的学习能力和领导力等综合素养。

本项目也存在不足，进行社会调查的学生反映路人愿意配合回答问题的不是太多，可能需要老师提前给予更多的指导和协助，从而取得更多、更客观的数据；有些洋房是不开放的，学生进行考察研究就比较困难；春园是承载着深厚的历史的，因此可以更深入详细地研究，但从作品反映学生还是不够深入细致的研究，例如，可以更多从历史史实和史料细节去发掘历史史实并分析其影响。

本项目如果可以给予学生展示项目成果更充分的时间，例如，开展项目讲解课，让学生不仅展现结果，也要展现问题解决的过程；不仅展现固化的成果，还要让学生进行解释，有机会说明自己观点或能力的前后变化，这样可以给学生更多的内心激励和成长。

黄玉清，广州市八一实验学校道德与法治教师，广州市越秀区骨干教师

项目18　研读红色经典，传承"红星精神"

一、项目背景

项目主要来源于人教部编版语文八年级上册推荐的必读名著作品《红星照耀中国》。名著阅读，是语文学习之根，也是心智成长之途。它不仅决定语文学习能力，而且提供巨大的精神力量，促进精神品质的形成，最终对毕生产生影响。通过优秀经典作品的阅读，培养学生的优秀品质，塑造正确价值观，使学生具有积极的人生态度，具有健康成长、自强不息的能力。《红星照耀中国》是必读名著作品，是经典的新闻作品，同时也是一部反映独特历史时期中国共产党真实状况的纪实作品，纪实性强，涉及错综复杂的政治军事经济形势分析，是一部超出一般想象的伟大著作。作为中国人，我们需要多了解中国历史，多了解中国共产党。但《红星照耀中国》缺乏波澜起伏扣人心弦的故事情节，学生阅读时容易因为混乱产生畏难情绪，所以教师需要帮助学生厘清读书的思路和重点。八年级学生的中国历史课恰好学到"新民主主义革命"及"中华民族的抗日战争"这两章，对作品相关时代背景有一定了解，但学生生活在和平时代，普遍对这一历史时期缺乏感性认识，对革命领袖、革命军民印象固化、情感疏离，教师需要用一些新鲜时尚的元素，消除与经典的隔膜，激发学生的阅读兴趣。

俗话说，思想与思想的碰撞可以撞出不同的火花，因此这次项目让孩子们研读红色经典并进行合作学习，小组探讨并制作PPT进行阅读分享，以此培养学生的团队合作能力、有效沟通能力以及创新思维，最终形成正确的价值观，传承并弘扬"红色精神"。

二、项目设计

（一）项目基本信息（表18-1）

表18-1　项目基本信息表

项目名称	研读红色经典，传承"红星精神"
项目学校	广州市天河区同仁艺体实验中学
项目时长	2个月
设计者	李春香老师
实施者	八年级（9）班学生，共44人

（二）项目目标

（1）通过阅读序言、浏览目录等方式迅速获得对作品的整体印象，并通过跳读正文，了解作品按照"探寻红色中国"的时间顺序来记录见闻的方法。

（2）通过个人精读，初步了解共产党领袖人物的成长历程，他们的信仰和他们对中国命运的思考，体会人物形象，感受他们的魅力；团队合作利用书籍、网络等查找资料完成任务二：领袖人物和红军将领的革命之路，小组将阅读成果制作成PPT及思维导图分享，深入体会人物形象，感受人物魅力。

（3）小组通过选读和精读、观看电影或相关图书等方式了解长征路线，品读动人的长征故事，了解中国共产党及红军是如何绝处求生的，其生存、发展靠的是什么，感受长征的艰苦，感受"长征精神"和红军的革命信仰，体会长征的历史价值；小组将阅读成果制作成PPT及思维导图进行分享。

（4）学习中国共产党崇高的革命精神和爱国品质，通过团队的阅读分享感悟长征精神，形成正确的价值观，联系实际，思考当代青少年如何传承和弘扬长征精神，增强报效祖国的责任感。

（三）关键问题

1.确定主题

《语文课程标准》（2022年版）的课程理念中提出：构建语文学习任务群，注重课程的阶段性与发展性，以生活为基础，以语文实践活动为主线，以学习主题为引领，以学习任务为载体，整合学习内容、情境、方法和资源等要素，设计语文学习任务群。学习任务群的安排要注重整体规划，根据学科特征，突出不同学段学生核心素养发展的需求，体现连贯性和适应性。而整本书阅读是我国语文教育的优秀传统，因此结合部编版语文八年级上册教材推荐必读名著《红星照耀中国》，设计学习任务群，对名著进行深入阅读，并分小组团队探究主题，内部交流后进行阅读分享，从中了解作品，制作分享课件，进行主题分享，培养学生的团队合作能力、有效沟通能力以及创新思维，最终形成正确的价值观，传承"红色精神"。

2.确定核心驱动问题（表18-2）

表18-2 核心驱动问题表

核心驱动问题	总任务	最终成果
这本书向我们讲了什么？我们应该传承"红星"什么精神	阅读名著，合作剖析历史人物，提炼人物事迹并形成图文成果，以小组为单位制作并介绍传承"红星"精神的幻灯片及思维导图	阅读分享PPT，传承"红星"精神的幻灯片作品思维导图

三、项目计划

为推动最终核心驱动问题制作并分享名著阅读后的PPT，教师指导学生按照自己的意愿，组建具体项目小组。通过讨论、谈话、调查等方式了解学生的想法和需求后，进而产生了共产党领袖和红军将领的人物形象怎么样、长征是一段怎样的历史故事、我们可传承他们哪些革命信仰和红军精神三大系列分解驱动问题（表18-3）：

表18-3 分解驱动问题表

分解驱动问题	主任务	主产品
斯诺眼中的长征是一段怎样的历史故事	1.小组成员分工合作，借助书籍及上网寻找相关内容 2.完成与长征相关的PPT，制作思维导图或绘画 3.成果分享代表	图片、视频、PPT、思维导图、任务单
你们从斯诺笔下看到的共产党领袖和红军将领的人物形象是怎么样的	1.小组共同拟定人物，写在项目任务单上，写5个 2.小组分工搜集书籍相关内容及所写人物的图片、文字介绍 3.小组制作PPT、成果分享代表	图片、文字介绍文档、PPT、任务单
他们的革命信仰和红军精神是怎样的 我们可传承他们哪些革命信仰和红军精神	1.小组成员分工搜集相关内容 2.完成与革命信仰和长征精神相关的PPT 3.成果分享代表	PPT、任务单

四、项目实施

（一）项目活动

项目活动1：重走长征路

任务内容：第二至四周，带着驱动性问题，快速完成初读。

（1）项目开始后学生个人对名著进行速读、跳读、精读，个人阅读后完成项目任务单一中关于书本的专题二"关于长征"（表18-4）。

（2）各个项目小组进行交流探讨，通过小组讨论归纳相同点，思考不同点，并对组内讨论的结果进行记录，修改或补充自己任务单的内容，从表格可以看出，同学们的阅读是比较完整的，互相讨论是激烈的，结果是比较满意的。

表18-4 任务单一：关于长征

任务	答案
长征的起因	
长征的路线	
长征中面临的困难	
长征中具有重大意义的事件	
长征的历史价值	

（3）完成任务单后，小组内进行分工，分别是：查找并收集资料、制作阅读分享PPT、制作专题的思维导图以及最终分享者，分工后利用周末完成。分工是根据个人擅长的能力进行的，力争将专题深入探讨，分享给同学们，共同了解名著内容，了解长征路线，品读动人的长征故事，了解中国共产党及红军是如何绝处求生的，其生存、发展靠的是什么，感受长征的艰苦，感受"长征精神"和红军的革命信仰，体会长征的历史价值。通过七年级一年的培养，团队合作能力比较强了，制作PPT和思维导图的兴趣较浓，所以从活动中可以继续加强团队合作能力和实践能力，在实践中形成正确的价值观。

实施办法：

（1）请根据以下问题的提示进行文本阅读，重点处进行圈点勾画，做好旁批。

（2）小组内部交流阅读成果并修改补充任务单。

（3）小组团队制作思维导图和专题PPT进行阅读分享（图18-1）。

项目活动2：归纳人物素材

任务内容：第五至六周，带着驱动性问题，快速完成初读。

（1）项目开始后学生个人对名著进行速读、跳读、精读，个人阅读后完成项目任务单二中关于书本的专题一"领袖人物和红军将领的革命之路"（表18-5）。

图18-1 小组团队制作专题PPT

表18-5 任务单二：领袖人物和红军将领的革命之路

姓名	周恩来	性别
外貌形象性格（分析+原文）		
出身与家庭		
受教育情况		
参与革命的原因		
参加革命后的经历		

（2）各个项目小组进行交流探讨，通过小组讨论归纳相同点，思考不同点，并对组内讨论的结果进行记录，修改或补充自己任务单的内容，从表格可以看出，同学们的阅读是认真的，对名著中关于人物的语句搜集较多，从而达到了解人物形象的目标。

（3）完成任务单后，小组内进行分工，分别是：查找并收集资料、制作阅读分享PPT、制作专题的思维导图以及最终分享者，分工后利用周末完成。分工是根据个人擅长的能力进行的，力争将专题深入探讨，分享给同学们，初步了解共产党领袖人物的成长历程，他们的信仰和他们对中国命运的思考，体会人物形象，感受他们的魅力；团队合作利用书籍、网络等查找资料完成任务单二：领袖人物和红军将领的革命之路，小组将阅读成果制作成

PPT及思维导图分享，深入体会人物形象，感受人物魅力。

实施办法：

（1）请根据以下问题的提示进行文本阅读，重点处进行圈点勾画，做好旁批。

（2）小组团队内部交流阅读成果并完成相关任务单。

（3）小组团队制作PPT进行阅读分享（图18-2）。

项目活动3：传承革命信仰和长征精神

任务内容：第七至八周，带着驱动性问题，快速完成初读。

（1）项目开始后学生个人对名著进行速读、跳读、精读，个人阅读后完成项目任务单三中关于书本的专题三"信仰与精神"（表18-6）。

图18-2 小组制作PPT

表18-6 任务单三：信仰与精神

任务	答案
中国共产党人的革命信仰	
长征精神的内涵（分点组织语言）	
当代青少年如何传承长征精神	

（2）各个项目小组进行交流探讨，通过小组讨论归纳相同点，思考不同点，并对组内讨论的结果进行记录，修改或补充自己任务单的内容。这个专题是需要学生在阅读后从人物、长征故事中去感悟，然后联系实际探讨作为青少年的我们需要怎么去传承、弘扬这些精神。这对学生领悟能力的要求比较高，从任务单完成情况看还是有些欠缺。

（3）完成任务单后，小组内进行分工，分别是：查找并收集资料、制作阅读分享PPT、制作专题的思维导图以及最终分享者，分工后利用周末完成。分工是根据个人擅长的能力进行的，力争将专题深入探讨，分享给同学们。通过分享学会学习中国共产党崇高的革命精神和爱国品质，通过团队的阅读分享感悟长征精神，形成正确的价值观，联系实际，思考当代青少年如何传承和弘扬长征精神，增强报效祖国的责任感。

实施办法：

（1）请根据以下问题的提示进行文本阅读，重点处进行圈点勾画，做好旁批。

（2）小组团队内部交流阅读成果并完成相关任务单。

（3）小组制作PPT进行阅读分享（图18-3）。

图18-3　小组制作PPT

（二）项目成果

1.出项展示的仪式

本次项目在出项展示前，我与各专题小组相关负责人就小组产品的展示进行了交流，共同商讨出更好的方式。我们鼓励整个阅读过程尽可能地让更多的组员参与展示，也要让组内的每个人都明确分工并且参与整个展示过程。我们的专题小组也做到了这一点，在最后的阅读分享环节，每个成员不仅尽自己所能完成了自己的任务，还有不同的产品进行展示。

2.展示的成果描述

第一环节是任务单的展示，小组与小组之间互相传阅任务单，相互交流、学习、补充。

第二环节是进行思维导图的展示，收集每个小组的思维导图并进行张贴展示，负责人对其进行解说，然后评选出优秀作品。

第三环节是进行专题阅读分享会，每个专题小组负责人上台进行分享，课后全班对专题小组进行评价评分，评出"最佳作品"。

这次名著阅读采用项目式学习方式是八年级（9）班第一次开展的新形式，从整个学习活动过程看，新的学习方式激发了学生的阅读兴趣，小组合作探讨的方式更能帮助阅读能力比较薄弱的学生完成整本书阅读，并对名著内容把握更多。学生自己主动收集相关资料，加强对名著的理解。在分享过程中思想之间的碰撞产生的火花使得本次项目学习活动比初一时传统的阅读方式取得较大的成效。有了更好的学习方式，通过这次的尝试让作为老师的我和学生增强了对整体阅读的信心，不再那么畏惧整本书阅读，提升了整本书阅读水平。

五、结项复盘

（一）项目活动和产品评价

在项目活动过程中，小组会根据实际情况对每一个项目活动进行评价，设计出产品评价表（表18-7），根据评价评出"最佳作品"，同时对主产品进行最终修改，完善自己的主产品。

表18-7 产品评价表

主产品	评价标准	考察技能	评分
任务单情况（10分）	完成度高 内容丰富	整体阅读能力、归纳要点能力 语言表达能力、小组协作能力	
思维导图（10分）	内容符合、丰富 主题突出 整体美观	思维能力、沟通合作能力	
PPT设计评分（20分）	主题突出 设计合理 内容充实	整体阅读能力、归纳要点能力 思维能力、沟通合作能力	
	整体美观 布局合理 层次分明		
分享会（10分）	解说流畅 知识讲解透彻	表达观点能力、团队领导力、价值领导力	

（二）项目过程的自我评价

组内每位成员对自己在活动中的表现进行多方面评价（表18-8），在自我评价中总结自己的收获，找出自己的优点，反思自己的缺点，争取在以后的项目活动中提升自己的能力。

表18-8 自我评价表

项目化学习成果的自我评价	
小组分工中，我承担的工作完成情况	☆☆☆☆☆
小组交流时，我的观点表达情况	☆☆☆☆☆
活动过程中，我的参与度情况	☆☆☆☆☆
我的收获	☆☆☆☆☆

六、项目后的反思与展望

同学们在老师的指导下和组内探讨后修改了最终作品PPT课件和思维导图的不足之处，并开展了"最佳作品"评比活动，根据评价标准评选出最佳作品。最后老师给最佳小组颁发奖品，鼓励他们今后创作出更好的作品。

实施过程中，总体流程和整体预设差不多，但在具体环节还是有所不同。

第一专题：人物形象的预设内容要求较高，有的同学就把网上的资料填了进去。认真反思的话，人物形象环节的设置，一是书上这方面的资料不够全面，二是有点脱离学生的实际年龄，即难度较大，需要小组大力合作。

第二专题：长征内容的设计在影视方面比较少，影视是最能直观表现长征场景的途径，能够让孩子在画面和声音中感受长征过程中的艰难，但在项目设计时未能想到这一点。如果加上关于长征的影视作品欣赏会更能达到项目目标。

第三专题：革命信仰和长征精神的呈现方式在此次项目中比较少，在往后的项目设计中需要增加如演讲、剧本表演等活动，让学生真正感受革命精神的传承。

虽然这次项目式学习取得了较大的成效，但还是有不足之处，学生学情原因，本次项目活动没能顾及到基础较薄弱的学生，对于他们来讲时间比较紧，速度比较快，跟不上班级的整体步伐；由于初次尝试，有学生不敢放开，主动性不够，小组内参与讨论不够积极；有些产品内容不够丰富，形式需要继续挖掘，从而变得多种多样。

总体来讲，通过此次活动，学生更深刻地认识到小组团队合作的重要性，明白思想碰撞的意义，提升了自己的阅读能力以及团队领导力，同时也学会了制作PPT，更喜欢组员承担不同的任务，也更系统地学习了名著阅读方法，达到学习目标，并形成了正确的价值观，传承革命信仰和红军精神，培养爱国情怀，为今后知识的巩固打下基础。

李春香，广州市天河区同仁艺体实验中学语文教师，广州市天河区教育质量先进工作者、同仁集团骨干教师

栏目二　传统文化

项目19　讲好中国故事，传颂广府文化——我是南粤文化遗产守护人

一、项目背景

优秀传统文化是中华民族发展的根，珍贵的物质文化遗产是历史发展的活化石，是中国城市变迁的真实见证。目前仍存在大量有历史文化价值的珍贵实物与资料遭到毁弃或流失境外的情况。随意滥用、过度开发物质文化遗产的现象时有发生，让人十分痛心。广州是一座千年古城，具有深厚的文化底蕴，孕育了丰富多彩的岭南文化。随着改革开放政策的实施，越来越多的外来人口融入广州，使这座千年商都充斥着不同的文化激荡，新一代的广州孩子对本土历史认识不深，无法发自内心地激起对岭南文化的认同与归属感。乡土历史文化教育是人文教育的基础，是培养人们的家国情怀与社会认同感的重要教育形式，是实现乡土认同与国家认同相统一的主要途径。岭南文化是中华文明源远流长、光辉灿烂的一部分，在本土教育中进行深度挖掘与探究，有助于增强学生对岭南文化的认识与认可，增强归属感、荣誉感、责任感，培养正确的情感态度和价值观，增强个人的道德修养和人文素养，对岭南文明的继承与发展具有重大的现实意义。

通过串联网络资源及学校周边的教育资源，设计一系列以孕育家国情怀为目的的项目化学习，引起学生对优秀的中华文化、本土文化的认同感，使学生能够在活动中感悟中华文化的博大精深，切身体会中国辉煌灿烂的文明、近代中国屈辱的历史和新中国奋发拼搏的发展历程，激发他们的民族自豪感，从而坚定文化自信，自觉践行、传承优秀传统文化。

二、项目设计

（一）项目基本信息（表19-1）

表19-1　项目基本信息表

项目名称	《讲好中国故事，传颂广府文化——我是南粤文化遗产守护人》
项目学校	广州市白云区景泰中学、广州市白云实验学校
项目时长	1个月
设计者	李倩婷老师、李佳彤老师
实施者	八年级（2）班学生，共43人

（二）项目目标

（1）通过网络调研或参观博物馆进行实际考察，了解介绍一件文物需要调查的内容，学习采集有效信息的方法，学会针对调查的需要制作一份简明的资料搜集清单。

（2）了解职场简历的设计原则，并在此基础上确立制作一份简明清晰的文物简历的设计要求与标准，结合小组的特色与创意，对作品进行设计与加工。

（3）开展一种基于任务清单的合作学习模式，使学生学会正确对任务进行分工，并根据任务清单的指引有序完成任务。在活动开展和问题处理的过程中加强沟通的技巧，增强学生化解沟通障碍的能力，将矛盾关注点从"孰是孰非"转移到如何高效解决当下问题当中，锻炼学生理性思考的能力。

（4）通过项目化学习培养学生的家国情怀，帮助学生认识到中华文化的源远流长离不开每一个当代青年的不懈奋斗和用心传承。在活动中塑造家国情怀，加深学生的自我认同感，让学生主动承担文化传承的义务，自发成为优秀中华文化、岭南本土文化的传承人。

（三）关键问题

1.确定主题

该项目以设计文物简历——开展文化沙龙为出发点和落脚点，是一个典型的跨学科项目化学习，项目开展旨在培育学生的家国情怀、增强文化自信的德育主题。为了契合项目主题，又有别于传统的爱国主义教育较为严肃的开展模式，本项目选用最近暴火的网剧《逃出大英博物馆》系列短片作为项目的先导，用"文化归家"为话题，引出"寻根——中华文化""唤醒——文化自信""发扬——广府文化"三个板块，引导学生了解中华文化、唤醒文化自信、发扬传统文化，尽自我努力去保护文物、宣传中国文化。之所以选择该系列短片是由于它的文化背景与中国近代史相关，与八年级学生正在学习的内容有关联。中国近代史的开端是鸦片战争，在第二次鸦片战争中英法联军火烧圆明园掠夺了大批文物，在八国联军侵华战争期间对北京进行了洗劫。正是列强的侵略，导致了我国大批文物流落海外。但是历史课本描述较为扁平，使学生对这一段历史的认识并不深刻，通过调研大英博物馆馆藏中国文物，让学生切身感悟中华民族这一段被掠夺的历史，引导学生体会国家发展道路的崎岖及我国文化的博大精深，坚定文化自信，并在此基础上以发掘本土文化作为本次项目学习的最终落脚点，增强学生对广州本土南粤文明的认同感，由此发生了本项目主题。

2.确定核心驱动问题

为了顺利展开项目化学习，在设计学习活动前，需确定项目核心驱动问题（表19-2），以此为教与学实施的依托。

表19-2 核心驱动问题表

核心驱动问题	总任务	最终成果
如何对外介绍一件文物	以学习小组为单位（7人1组，共6组）通过观看视频、搜集资料等方式完成制作文物的简历并进行介绍、展示	文物简历、文化沙龙

三、项目计划

与学生一起确定驱动问题后，学生按照日常教学分配组成每组6~7人的项目小组。在项目正式开始前，教师进行一定的项目前期准备指引，包括引入调研文物的方法、提出可以借鉴求职简历的方式、对调研文物进行介绍等。通过充分沟通与交流、调查等方式了解学生实际情况后，对驱动问题进行分解，产生驱动问题（表19-3）。

表19-3　分解驱动问题表

分解驱动问题	主任务	主产品
文物简历需要展示什么内容	1.小组通过互联网查阅大英博物馆馆藏中国文物，讨论确定研究目标 2.小组讨论建立文物资料搜集清单（如基本信息、产地、年代、工艺、历史故事、流落海外的原因等） 3.结合清单，小组成员分工搜集不同板块的资料	思维导图、图片、文字文档、任务清单
如何制作文物简历	1.小组展示收集的资料，以小组讨论的方式确定文物简历的基本设计（包括内容和展现形式），并将设计草案发到教师指定邮箱 2.教师与学生交流讨论后给予必要指导，小组确定最终展示的内容与形式	文物简历（图片、PPT、文档等）、开展文化沙龙
如何制作更具有本土特色的文物简历	1.各组展示小组作品，邀请科任老师及其他小组进行最佳作品投票与点评 2.围绕如何制作更具本土特色的广东文物简历进行集中讨论。小组结合集中讨论的内容及点评意见对文物简历的制作方案进行调整 3.小组讨论并确定终结性成果，并以思维导图的形式呈现广东本土文物简历	广东本土文物简历（图片、PPT、文档等）

四、项目实施

（一）项目活动

项目活动1：文物简历需要展示什么内容

（1）资料搜集工具的选取。"工欲善其事，必先利其器"，为了顺利完成调研，各小组需要先了解有哪些搜集资料的渠道。因此小组调研开始前，教师与学生一起了解可以有效获取资料的渠道，通过研讨大家一致推荐几种常用搜索工具，确定最终研讨并投入使用的搜索工具（表19-4），各小组利用这些工具进行资料搜集，与此同时确定最终调研的目标文物。

表19-4 搜集资料的工具及具体功能

调研工具	具体功能
国家博物馆	通过它就可以了解展厅的全貌，地点定位人工讲解、最优线路规划，线上虚拟展厅全景展示
超级博物馆	汇总了全国数千家博物馆文物信息，用详尽的文物信息、接地气的故事、酷炫的识别技术，为广大文博爱好者提供便捷的超级工具，让你了解文物背后的传奇历史
文物加	文物加是由国家文物局指导，以文物大数据为基础，与国内多家博物馆进行合作，整合国内博物馆、民间乃至海外藏品数字资料。通过高清图文、VR/AR形式全方位互动展示，并配有功能游戏让文物活起来
中国非物质文化遗产网	可以看到各批国家级代表作名录，这是最好用也是最全的网站，非遗机构、非遗传承人等都可以查得到，里面还有很多专业的知识、资讯，免费学习
国家文物局网站	有公布国家级非遗代表作名录的栏目，打开网站，点"政务公开"，点"法定主动公开内容"，里面有"世界遗产"这个栏目
省级文化厅（局）网站	各省自治区文化主管部门网站也会发布本地区的非遗代表作名录。现在都是叫XX省文化和旅行厅，一些地方性的非遗项目都可以通过地方政府网站进去查看，打开网站，在搜索栏里面直接搜非遗，就可以找到相关的报道或文件
大英博物馆官网	大英博物馆云端，官网内存有大英博物馆现存文物的3D建模，通过建模结合有声导览册可以在云端近距离了解文物的概况

（2）调查清单的制作。以小组为单位，围绕调研目标讨论确立深度调研需要调查的内容，将调查内容形成一份搜索清单，以思维导图的方式呈现。通过观察各项目小组的讨论可以发现，学生对于介绍一件物品是有一定的知识基础的，只是此前缺乏综合运用的机会。在头脑风暴的过程中，学生总能提出很多奇思妙想，使得调研的方向更加多样化，由此足见学生在探索的过程中萌生了对项目主题的好奇心，这是一个非常好的信号，也是项目继续深入推进的重要指征。

根据各小组交流的情况，我发现学生所罗列的调查内容较为零散，难以清晰地展示文物的基本概况。为了解决这个问题我们发起了讨论，对调研的关键词进行筛选和提炼，大致确立调研的方向，包括文物基本信息、产地、年代、工艺、历史故事、流落大英博物馆的原因等。根据同学们提出的观点，我与学生一起确立了具体的项目任务分工清单（表19-5）。确立调研清单后，我组织项目小组对任务的分工进行讨论。

表19-5　调研搜索清单

（小组名称）		
调研文物		
基本信息	（搜索内容）	（板块负责人）
文物样式		
文物产出年代		
文物工艺特点		
历史背景		
流落海外的原因		
文物目前情况		

在解决了内容上的困难后，还有一个急需解决的问题是，如何将我们搜集的信息清晰、准确地呈现出来形成一份简历，为了解决这个问题，我们开展了后续项目活动的研究学习。

项目活动2：如何制作一份文物简历

完成项目前期的准备工作后，同学们对自己的调研目标已经有了基本的认识，但是对于如何整合信息制作简历，还没有明确的方案。带着这个问题，同学们继续开展项目化学习。针对这个问题，我提议学生可以参照求职简历对项目小组调研的内容进行整理。我之所以提出这个设想，是因为一份个人简历可以让人清晰、快速地掌握一个人的基本信息和发展状况，如果能够为调研目标如法炮制量身定制的"文物简历"就能够很好解决学生当前面临的问题。因此我建议学生在进行展示方案设计前，先了解一份个人简历的基本内容，掌握制作简历的基本要素。

（1）了解简历的基本构成。活动开展后，各小组采用多种方法了解简历制作的基本概况。项目小组通过对比分析自己的小升初个人简历、网络求职简历模板、采访家长等方式，最终了解简历制作的几个要点：简明的个人信息、清晰的目标意向、简练的个人经历，这同样是介绍文物需要的几个要点。学生通过类比学习，对于文物简历的设计方向已有初步的设想。

（2）设计文物简历。活动开展后，学生通过了解简历的基本要素和制作流程，对于如何定制调研目标简历的知识储备已初步具备，文物简历的设计与制作便开始展开。学生通过此前的简历制作学习过程发现：文物简历的制作可以在资料搜集任务清单的基础上，结合简历制作的要素，对搜集内容作出有机整合，使最终呈现的成果更加简洁、清晰，符合一份简历的基本要求（表19-6）。各小组在此基础上进行调研文物的简历设计与制作，制作的简历需要结合项目小组的特点进行个性化设计。

表19-6 文物简历的设计方案

（小组名称）				
调研文物				
项目	内容概况	设计要点	表现形式	负责人
基本信息				
文物样式				
文物工艺特点				
历史背景				
文物目前情况				

基于以上活动的开展，各项目小组的主产品——文物简历已经基本形成。在完成项目的过程中，学生通过对文物的调研深入了解中国的发展历程，收集这些文物目前的状况更能让学生切身体会到文物古迹是人类在社会历史实践中创造的具有文化价值的财富遗存，在日益物质化的今天，保护文物显得极其迫切和重要。与此同时，对文物的合理利用，对其历史价值、科研价值、教育功能、形象功能的充分开发，将有助于社会的和谐发展，推动社会的进步。如何将文物的基本情况、历史意义和文化内涵生动地展现出来，这是当前阶段师生共同思考的问题，于是我们开展项目活动3。

项目活动3：开展文化沙龙交流活动

（1）项目活动设立后，项目小组根据此前的成果，结合调研目标的特点与小组成员的特点，整理完成项目过程中的资料，组员讨论本小组在班级文化沙龙中的汇报方案。在完成这一部分探索的过程中，我们借助了语文学科和艺术科组的帮助，鼓励学生邀请科任老师充当技术顾问，寻求老师的专业意见，在此基础上优化自己的汇报方案。

（2）各小组设计好汇报作品后（包括文物简历和汇报PPT），班级文化沙龙活动将分为两部分进行，对内进行作品汇报交流会，对外建设文化长廊展示各小组设计成果。在对内的交流会中，每小组需要委派一名讲解员对本小组的调研成果进行汇报讲解，学生和教师评委利用打分表对作品和汇报演讲进行评价（表19-7）。在班级文化展示区进行文化长廊的建设，展示每组设计的文化简历，并以海报的形式邀请校内其他班级的老师和同学参与评价和投票活动。

表19-7 展示环节打分表

展示内容	评价标准	星级
流失文物简历	调研对象符合项目主题	☆☆☆☆☆
	内容丰富，行文简洁	☆☆☆☆☆
	设计富有独创性，整体美观，布局合理，各类元素搭配和谐	☆☆☆☆☆

续表

展示内容	评价标准	星级
主题汇报交流	解说流畅，富有感染力	☆☆☆☆☆
	发言稿契合主题，逻辑严谨	☆☆☆☆☆
	PPT设计有特色，内容充实	☆☆☆☆☆

项目活动4：如何制作更具有本土特色的文物简历

（1）各项目小组结合文化沙龙活动中得到的反馈意见，通过小组内部的头脑风暴对本小组的文物简历设计方案进行重新梳理与优化，形成最终的设计模板。

（2）小组讨论下一阶段调研的目标，围绕项目主题，选择一件能够凸显广府文化或南粤文明的本土文物进行探究。

（3）结合此前确立的设计模板，探讨如何让产出的简历更具本土特色。探讨如何优化项目的分工，并确保探究活动在假期能够有效实施。

（4）小组讨论并确定终结性成果，过程性资料以思维导图的形式呈现，该作品以文化沙龙的形式进行分享、展示。

（二）项目成果

1.出项展示的仪式

本次项目在立项时我们就确立最终的出项展示是以文化沙龙的形式进行，这个文化沙龙活动包含了汇报交流会、文化长廊对外展示这两种活动形式。在汇报交流会中，我们建议各小组的汇报内容除了文物的概况，还可以分享他们在完成项目过程中一些有趣的事件或者个人感悟。在筹办文化沙龙时，鼓励小组成员尽可能地投入展示活动的各个环节中，保证整个项目化学习的过程中全部组员都能各展所长，个人和团体协作能力得到充分锻炼。

文化沙龙的第二个活动是文化长廊的建设，各小组将设计的文物简历放在走廊处班级文化建设专区，供路过的老师和同学进行参观、点评。我们在文化长廊的最前方设置了说明的海报和投票的小红花，路过的观众可以将红花贴到心仪的作品上,每张作品右下角附带一个投票的二维码,供观众进行投票。

2. 展示的成果描述

文化沙龙的第一部分是对内的作品汇报交流会,以下是一部分学生作品(图19-1),本次交流会采用小组演讲汇报形式进行。

文化沙龙的第二部分是对外的文化长廊建设活动(图19-2),在学校安排的班级文化布置阵地进行演示。

针对两项展示活动面向对象不同,我们采取两种不同的方式进行投票。对内的汇报活动采用希沃白板微课工具进行投票,对外的文化长廊展示采用问卷星二维码扫码投票,充分利用电子工具的统计功能,避免烦琐的点票工作。最后进步青年小组所设计的文物简历——《元代青瓷瓶——大维德花瓶》得到了同学们的青睐,获得"最佳设计奖",TTL小组在汇报活动中勇夺"优秀讲解员"称号。

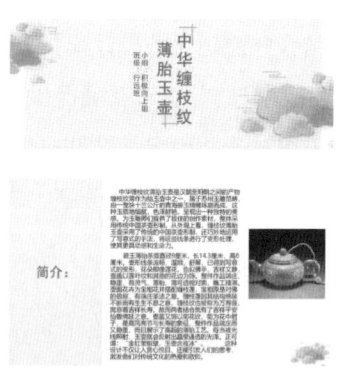

图19-1 小组调研成果展示(部分)

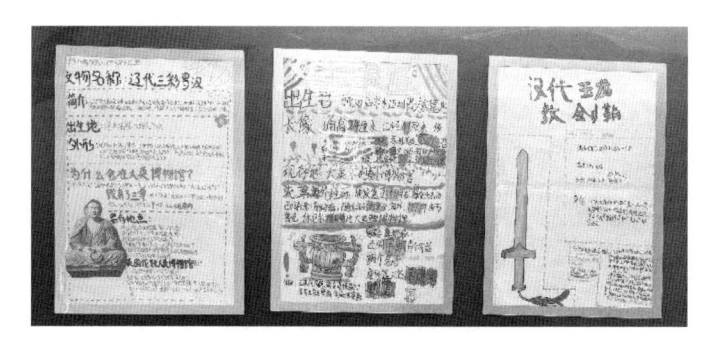

图19-2 文化长廊展示(部分)

五、结项复盘

（一）项目活动和产品评价

为了全面、公正地评估学生的项目成果，我们设计了以下评价量表（表19-8）。该评价表基于项目目标、学生表现及产品质量等多个维度，旨在提供一个结构化的反馈机制，帮助学生识别自身优势与待改进之处，同时也为教师提供教学参考。

表19-8 评价量表

主产品	评价标准	考察技能	星级
文物资料搜集清单	内容简明清晰，具有逻辑性	搜集有效信息能力、理性思考能力、逻辑分析能力、人际沟通能力	☆☆☆☆☆
	搜集内容契合项目主题，符合社会主义核心价值观		☆☆☆☆☆
流失文物简历设计方案	内容具体，可操作	团队领导力、协作能力、创造性思维	☆☆☆☆☆
	内容丰富、具有独创性		☆☆☆☆☆
流失文物简历	突出主题、内容丰富、新颖，符合项目主题	团队领导力、语言表达能力、协作能力、创造性思维	☆☆☆☆☆
	整体美观，布局合理，各类元素搭配和谐		☆☆☆☆☆
	解说流畅		☆☆☆☆☆
广东文物简历	主题突出广东本土特色	表达观点能力、团队领导力、创造性思维、批判性思考能力	☆☆☆☆☆
	设计合理，内容充实		☆☆☆☆☆
	画面搭配合理，元素运用比例得当		☆☆☆☆☆
	解说流畅		☆☆☆☆☆

（二）项目过程的自我评价

在项目化学习的旅程中，每位学生都扮演着不可或缺的角色，他们的努力与贡献共同推动着项目的成功。为了让学生更深入地反思自己在项目过程中的成长与收获，增加学生的自我效能感，我们设计了这份项目过程自我评价表（表19-9）。

表19-9　自我评价表

项目化学习成果的自我评价
我承担了哪些任务？我是否按照要求完成？ 在小组合作时，我是否按照具体目标实施？ 在成果展示时，我是否能够流畅地表述我所介绍的内容？ 在整个活动中，我收获了什么？这次活动对我有什么启示？

六、项目后的反思和展望

（一）学生与教师的成长

该项目最终的成果是富有本土特色的文物简历制作和文化沙龙的开展，既是项目的出发点也是落脚点。通过完成项目探究，能够在潜移默化中培养学生各方面的综合能力，如在小组活动中能够组织分配任务的能力、在小组合作中的沟通能力、对于历史信息整合归纳能力、在创作作品时的动手能力以及分享成果时的表达能力等。这次的项目化学习成功引起学生对优秀的中华文化、本土文化的认同感，培养学生的家国情怀。项目实施的过程中，我深刻感受到学生面对传统文化的一种态度上的转变。随着项目学习任务的推进，学生从一开始的兴趣缺乏到最后积极投入本土文化的调研，这前后的转变是非常显著的。不少家长在假期跟我反馈孩子主动要求参观广州本地或学生家乡的历史文化古迹。这说明项目的实施确实激发了学生对于本土历史的自我认同感，促进学生对国家历史发展历程的求知欲，满足了我们开展该项目的初心——培养学生的家国情怀。在推进项目任务的过程中，我们发现这种基于小组合作的项目化学习能够降低学生对于探究活动的恐惧。在较为开放的环境中完成项目任务探究的过程，项目小组的成员能够各司其职，分工有序，在集体学习中很好地发挥自己的长处。让我感到意外的是，一些学业表现不佳的孩子在同伴的帮助和鼓励下，也能大胆发表自己的想法，并在实践活动中得到老师、同学的认可。这一系列的正强化大大增强了他们的学习动力，由此形成良性循环，增强了这些孩子的自信心，让他们有勇气面对生活中的各种挑战。

学生在项目实施的过程中综合技能也得到了充分的锻炼，他们学会了如何正确使用互联网、实地考察搜集素材，学会对搜集的信息按照一定的逻辑线索进行整合、筛选，学会使用软件工具完成文物简历、汇报素材、汇报PPT的制作。尤其在完成文物简历的过程中，需要学生运用产品设计的思路对作品进行设计与优化，充分锻炼了学生的综合素养。学生在分析项目驱动问题的过程中，需要掌握基于事实与逻辑寻求解决问题的方法，这帮助学生发展了理性思考以及分析问题的能力，使他们可以在突破困难的过程中迅速发现问题的关键所在，精准提出切实可行的解决方案。

在设计和开发项目的过程中，伴随着学生的成长，作为教师我们也是获益良多。开展本项目前，我们对于项目化学习的认识还是非常粗浅的，对它的印象更多停留在一种流于形式的活动方式。通过开展本次系列活动，我们有了深入学习的契机，进一步了解到构建项目的不易，一个项目化学习的顺利开展离不开教师对于项目目标的深度调研。一个合适的项目必然是贴近学生日常生活的，只有选择接地气的、符合学生心理特征的主题才能充分发挥项目化学习对学生成长的积极作用。在为学生提供学习支持的过程中，教师设计课程的能力也有一定的发展，这对教师今后的发展也有良性促进。

（二）项目活动的不足和改进措施

随着项目的开展以及复盘，我们也发现了一些问题。在选取题目构建项目初期，我们很难把握项目的落脚点，容易生成一个过于庞大的研究范围，而一个复杂的研究命题需要耗费的时间是难以估量的。开展项目的学校是住宿制的学校，八年级学生学习任务也不轻松，选择一个太大的研究范围一方面会增加师生的学习压力，另一方面很容易与学校的工作安排有所冲突，导致项目推进缓慢，削减学生的探究热情。在项目成果上来说，本课例也存在一些需要改善的地方。由于师生都是首次进行项目化学习，有很多活动环节存在很大的调整空间。对于没有项目化学习经验的学生而言，在完成项目的初期会出现分工不明确，一人包揽工作的情况。面对种种意外，需要教师尽快介入帮助学生明确小组分工或者调配小组内部任务分配。因此，我们在构思项目时，除了考虑项目活动的连续性外，更应该考虑项目的可行性和如何控制项目开展的实际用时，使得我们的项目能够高效推进。

李倩婷，广州市白云区景泰中学物理教师，广州市白云区民办教育先进教师
李佳彤，广州市白云实验学校历史教师，广州市白云实验学校德育先进工作者

项目20 我是西关"剪"艺合伙人

一、项目背景

非物质文化遗产作为中华民族千百年来的智慧结晶，传统剪纸艺术更是凝聚了中国几千年的历史文化，具有非常高的研究价值。非物质文化遗产的传承与保护工作应该深入当代青年学生中，青少年有义务和责任传承中华民族的智慧结晶——非物质文化遗产。校园作为青少年的聚集地，非物质文化遗产进入校园可以说是其有效的传播途径之一。

百年老校广州市西关培英中学位于独具广府文化的西关风情街上，百年艺术熏陶，孕育了无数艺术高超的校友，其中我校校友李秀枝是广东为数不多的残疾人剪纸艺术家。从2003年开始剪纸艺术之旅，李秀枝所获剪纸艺术奖项至今已有60多项，是广东残疾人剪纸艺术家中获奖数量最多的一位。奖项包括：国际职业技能赛获全国第三名；《前程似锦》在中国·巴西友好艺术交流赛获金奖；《仙临羊城花以锦》获中国剪纸艺术精品博览会银奖。在李秀枝校友的带动引领下，广州市西关培英中学高一（4）班学生，对非物质文化遗产中的剪纸艺术进行调查与实践研究，希望能促进非物质文化遗产在校园的传播。

二、项目设计

（一）项目基本信息（表20-1）

表20-1 项目基本信息表

项目名称	《我是西关"剪"艺合伙人》
项目学校	广州市西关培英中学
项目时长	1个月
设计者	关燕曼老师
实施者	高一（4）班学生，共50人

（二）项目目标

1.知识目标

（1）学会收集素材（图片、文字介绍）。

（2）学会筛选素材。

（3）学会整合素材。

（4）学会视频剪辑、PPT等多媒体的制作。

2.能力目标

（1）有效沟通的能力。

（2）分析和批判性思维。

3.情感态度和价值观目标

（1）培养学生的审美情趣和创造力。

（2）弘扬传统文化，增强学生对传统文化的认同感和自豪感。

（3）培养学生的耐心和细心。

4.学习策略目标

（1）自主学习的能力。

（2）团队合作和领导力。

（三）关键问题

1.确定主题

《非物质文化遗产法》指出开展相关的非物质文化遗产教育在学校教育中非常有必要，同时也是可行的、有效的。非物质文化遗产的传承迫在眉睫，而校园，尤其是高校校园，拥有非物质文化遗产传承与传播所需的人力资源等条件，所以，非物质文化遗产进校园对非物质文化遗产的保护与传承很重要也很必要。我校运用项目式学习的方式，激发学生通过搜集和整理资料、设计展示汇报活动，习得教益，开展西关剪纸民间艺术校内传播活动。

2.确定核心驱动问题（表20-2）

表20-2 核心驱动问题表

核心驱动问题	总任务	最终成果
建构主义学习理论认为，"情境""协作""会话"和"意义建构"是学习环境中的四大要素，知识不是通过教师传授得到的，而是学习者在一定的情境即社会文化背景下，借助其他人（包括教师和学习伙伴）的帮助，利用必要的学习资料，通过意义建构的方式而获得	项目式学习的核心是以学生为中心进行剪纸设计创造，它是基于我校校友李秀枝老师剪纸艺术造诣基础上进行的探究性学习，把学生的学习以"项目"的形式置于一个解决实际问题——"传承非遗技艺，'剪'出西关文化"的探索学习过程之中	学生摆脱简单的线性思维，在广泛搜集信息的基础上，通过探究和思考来分析创作，整合出剪纸作品和创作视频

三、项目计划

借鉴项目式学习的理念与方式，来建构一种新型的、促进学生自我教育的班会模式，更有利于学生主体作用的有效发挥（表20-3）。

表20-3 驱动问题分解表

分解驱动问题	主任务	主产品
选择主题	传承非遗文化思想，营造学校艺术氛围，展开剪纸艺术活动推广	剪纸艺术知识收集
确定任务	围绕班会主题设计研究任务，学生分小组根据任务开展调查、采访、收集资料等研究活动	采访录像思维导图
设计流程	在研究的基础上，设计主题班会成果汇报和展示的流程，即先做什么，后做什么，并体现出较强的逻辑性	先驱团体成果展览课件
活动分工	确定主持人，撰写主持词；制作课件、视频等；设计展示汇报活动的内容和形式……	任务记录表
分享交流	学生将研究的成果带到班会上进行交流分享，同时开展网络海选，形成共识，班主任总结提炼，实现价值引导	班会课教案

基于项目式学习的主题班会课模式可促进班会主题的选择，回归到学生真实世界，解决学生在生活中遇到的问题或困惑，学生根据班会主题确定研究任务，围绕任务积极收集信息，探讨问题，来解决具有现实意义的真问题。

四、项目实施

（一）项目活动

项目活动1：先行探索

（1）组建学习先驱团体（班长、团支书、学习委员、音乐、美术科代表）为探索先行者，组织他们通过引擎搜索、浏览社交媒体、学习在线课程等方式，了解剪纸艺术信息。

（2）学习先驱团体采访剪纸艺术家校友李秀枝，欣赏李秀枝老师的剪纸作品《清代泮塘仁威祖庙》（图20-1）、《西关小姐》（图20-2）提高艺术修养，拜师学艺，展开剪纸实操学习。

图20-1　剪纸——《清代泮塘仁威祖庙》

项目活动2：班级推广

（1）梳理和汇总。学习先驱团体整理和总结所收集的信息，通过整理数据、分析数据、总结和归纳、制作可视化材料等方式把调查信息汇总，以便全班推广时同学们能更好地理解和应用。

图20-2　剪纸——《西关小姐》

（2）分享和讨论。学习先驱团体把汇总结果进行班级分享，并组织同学们讨论和交流。这将有助于更好地理解其他人的观点和建议，以及进一步改进和完善自己的调查研究。

项目活动3：集体感悟

（1）实践操作：让学生自己动手尝试剪纸。在这个阶段，学习先驱团体可以给予指导，并鼓励同学们结合西关元素，发挥创造力，完成剪纸作品。

（2）展示作品：让学生展示自己的作品，并鼓励他们分享创作思路和技巧。这有助于增强学生的自信心，并激发他们的学习兴趣。

通过以上步骤，学生可以掌握基本的剪纸技巧，学会如何选择主题和构图，以及如何发挥创造力。在教学过程中，教师需要注意培养学生的兴趣和自信心，鼓励他们尝试不同的技巧和风格，从而在剪纸艺术中获得更多的乐趣和成就感。

（二）项目成果

1.出项展示的仪式

（1）先驱团体对收集的数据进行整理，包括分类、筛选，通过运用统计方法、图表分析等手段，对整理后的数据进行深入分析，通过总结和归纳出关键信息，形成清晰、简明的结论和观点。

（2）先驱团体组织学生剪纸艺术教学的课前讨论，组织全班同学进行讨论和交流，鼓励同学们提出自己的观点和建议。先驱团体组织互动，开展剪窗花活动，进行剪纸水平摸底测试。

为了更直观地展示数据和结论，先驱团体制作图表、报告、演示文稿等可视化材料，便于全班同学理解和吸收。

2.展示的成果描述

小组合作分工后，经过多轮的草稿修改，大部分小组在用剪刀沿着轮廓线条剪图案的时候出现差错，使得稿件要重画。但是，同学们团体精神强，能互相包容，每个小组都能合作剪出漂亮的西关剪纸作品（图20-3），硕果累累。

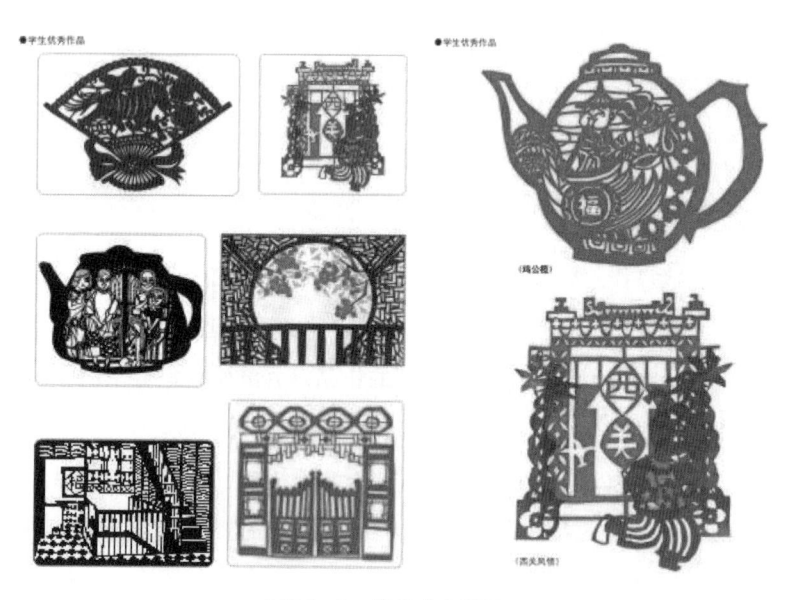

图20-3 学生作品展示

3.成效和不足

（1）项目式学习剪纸课堂能够培养学生的合作和沟通能力。在活动中，学生需要分组合作，相互协作，共同完成任务。这样的过程不仅能够培养学生的团队合作精神，由于不断遇到问题和探讨解决问题，还能够提高他们的沟通能力和解决问题的能力。

（2）专家评价。因其缺乏系统性的教育传播，初学者只能经过机械模仿和反复探索来慢慢掌握其技巧，所以剪纸艺术存在着入门简单，难学精髓的特点。课堂上，通过视频连线的方式，技艺高超的剪纸艺术传承人李秀枝对同学们的作品真实点评，并指导同学们今后练习的方法，形成一套可行性较高的剪纸技艺校内推广教材。

（3）海选拉票。通过网络投票的方式，对学生的作品进行剪纸比赛，并引导投票者进行评价和反馈，指出优点和需要改进的地方。这有助于提高学生的剪纸能力，并为他们未来的学习提供方向。

五、结项复盘

（一）项目活动和产品评价

1.项目活动评价量表

项目活动结束后，组织先驱小组的同学在班上进行小结复盘，教师组织同学对先驱小组同学的表现进行评价（表20-4），帮助大家共同进步。

表20-4　项目活动评价量表

任务	主题	参与人员	同学评价	自我总结	总得分
确定任务	先驱学生分小组根据任务开展调查、采访、收集资料等研究活动				
设计流程	设计主题班会成果展示和汇报流程				
活动分工	确定主持人，撰写主持词 制作课件、视频等				
分享交流	班会课交流分享研究成果				
课后总结	开展网络海选，优化作品				

2.结果的评价标准（表20-5）

通过项目培训，学生的价值领导力得到培养。学生在反思里说道："西关文化剪纸是广州西关地区一种独特的传统民间工艺，具有深厚的文化内涵和历史底蕴。它是一种文化遗产和精神象征，我们要去传承和发扬。"

表20-5　结果的评价标准表

评价项目	自我评价	小组评价	教师评价
核心价值观体现			
团队合作与影响力			
创新思维与解决问题的能力			

（二）项目过程的自我评价（表20-6）

表20-6　项目活动的自我评价表

评价能力	评价标准	星级
价值领导力培养	坚守核心价值观，将其融入决策和行动中	☆☆☆☆☆
	在面对挑战和困难时，能够坚守价值观，做出正确的决策	☆☆☆☆☆
	通过自身的行为和言辞，对团队成员产生积极的影响，提升团队整体表现	☆☆☆☆☆
	在面对问题和挑战时，能够迅速提出创新的解决方案	☆☆☆☆☆
	鼓励团队成员提出新的想法和观点，激发团队的创新能力	☆☆☆☆☆
	在解决问题时，能够综合考虑各种因素，做出明智的决策	☆☆☆☆☆
	在面对困难和挑战时，能够保持冷静和积极的心态，寻求解决方案	☆☆☆☆☆

六、项目后的反思和展望

1.促进学生的自我教育，实现思想道德品质的自我建构

学生进入学校后，大多数时间是在课堂中度过的，课堂都是以教师精心预设的教学为主，学生主体性的发挥是有限的。基于项目式学习的主题活动要为学生创设一个自我教育的主题和场景，由学生直接参与教育的策划和实施，积极主动地去探索先进的思想，追求美和善的价值目标，追求高尚的道德情操，从确定主题、设计方案、搜集材料、场景布置，到多媒体制作、活动主持、活动的流程设计和活动的展示等，学生都要参与进去，不但要动脑还要动手，班主任起的只是穿针引线的作用。学生通过搜集和整理资料、设计展示汇报活动，构建教育意义，习得教益，充分发挥了教育对象的积极性和主动性。基于项目式学习的主题班会把教育的主动权还给学生，有助于提高学生的民主意识、参与意识、团结合作意识，形成健康向上的舆论导向，促进学生正确世界观、人生观、价值观的形成。

2.促进师生之间的和谐互动，形成真正的教育共同体

基于项目式学习的主题班会是师生和生生之间思想和情感交流的场所。整个活动过程是在师生互动、平等和谐气氛中的师生共鸣。主题班会的整个过程虽然以学生为主角，但成功的主题班会离不开班主任的指导、参与、总结、评论与监督，班会的全过程是师生双方参与和互动的过程。在这一过程中，可以实现师生间、学生间的信息互换、思想碰撞和情感交融。这种双向的、多向的和混合式的平等教育沟通模式，是学生和班主任展示个人才华、形象和魅力的重要舞台，也是构建良好师生关系的桥梁。

3.促进学生核心素养提高及全面发展

在基于项目式学习的主题班会中，学生围绕主题联系实际，积极准备，经多方思考，形成活动方案，继而展示和述说表达。这一过程是一种创造性解决实际问题的过程，能从多个层面促进学生的全面发展，有助于学生才干的增长，培养学生的勇气与胆量，提高学生搜集信息、处理信息的能力，培养学生的思维能力、写作能力、口头表达能力、沟通能力、组织协调能力、与人相处的能力，增强学生的心理素质，帮助学生树立正确的世界观、人生观、价值观，形成良好的行为习惯，促进学生核心素养的提高和健康成长。中小学各学科教育虽然能体现核心素养教育的理念，但由于学科本身的局部性和教学目标的需要，往往使得学科核心素养教育缺乏综合性和全面性，而主题班会恰好弥补了这种局限。班级主题活动是发展学生各种能力的重要手段，同时开展主题班会也有利于班级文化的建设，因为这一过程实际即为班级文化建设的过程。

关燕曼，广州市西关培英中学数学教师，广州市荔湾区骨干教师

项目21　探寻掐丝珐琅工艺，争做非遗传承者

一、项目背景

非物质文化遗产是中华优秀传统文化的重要组成部分，是中华文明绵延传承的生动见证。掐丝珐琅便是其中之一。掐丝珐琅距今已有600多年的历史，于2006年入选第一批世界文化遗产名录。近年来，社会和学校持续探索非遗保护的新路径，推动传统文化元素的多元化发展，通过"非遗+研学"融合新模式，力求让非遗得到活态传承。

掐丝珐琅制作，是慢工出细活，映射着精益求精的工匠精神。对学生来说，探寻掐丝珐琅工艺，不仅能培养专注力，还是一次亲身感知非遗技艺的过程，能传承与发扬优秀传统文化，增强文化自信，促进非遗文化的传承守护与创新发扬。这是在宏观的优秀传统文化层面，潜移默化地给予学生正确价值观的指导，从而塑造和提升学生自身的领导素养和能力，增强价值领导力。

而在微观的班级文化层面，班级特色文化，同样能够增强价值领导力。构建班级特色文化能提高班级向心力，体现以文化人、润物无声的育人方式。班级文创设计便是班级文化建设的一部分，能够构建班级标识系统，起到塑形象、聚人心、重引领的作用。如果班级文化凸显优秀传统文化特色，那么不光能建立学生与班级之间的联结，还能增强文化认同感，运用优秀传统文化价值引领，让学生坚定价值理想，热爱集体、热爱祖国，增强价值领导力。

因此，立足学校"守中华文化根脉·识非遗匠心传承"的研学课程，以期中考后较为充裕的时间为保障，引导学生充分结合历史、美术与语文等学科知识，在驱动性问题推动下，展开深度的项目化学习。八年级（5）班的同学们，于2023年11月，开展了"探寻掐丝珐琅工艺，设计班级文创产品"的PBL项目。

二、项目设计

（一）项目基本信息（表21-1）

表21-1　项目基本信息表

项目名称	《探寻掐丝珐琅工艺，设计班级文创产品》
项目学校	广州市增城区应元学校
项目时长	1个月
设计者	李宇楠老师
实施者	八年级（5）班（元梦班）学生，共39人

（二）项目目标

1.知识目标

（1）了解掐丝珐琅的制作工艺、历史沿革、技术发展等。

（2）了解和体验掐丝珐琅工艺制作的步骤。

（3）学会制作简单的掐丝珐琅工艺品。

2.能力目标

（1）给学生提供一个展示自我的舞台，增进彼此间的了解和信任，使学生增强沟通能力。

（2）有助于学生从实践中感受景泰蓝的独特魅力，挖掘创造力，增强自主学习能力、分析能力和批判性思维。

（3）通过现场掐丝与点蓝，掌握掐丝点蓝的制作技巧，提高学生的动手能力和创造力。

3.情感态度和价值观目标

（1）了解掐丝珐琅的历史、文化和技艺，激发对传统文化的热爱和尊重，增强对传统文化的传承和保护意识，增强学生的价值领导力。

（2）学生亲手制作掐丝珐琅工艺画，亲身感受传统工艺的魅力，优秀传统文化真正浸润学生心灵，有助于培养学生的艺术兴趣和文化素养。

（3）班级的特色标志有助于促使学生对集体产生归属感和荣誉感。通过班级文创设计，增强班级凝聚力，树立集体荣誉感，增强同学们的团队合作意识。

（三）关键问题

1.确定主题

结合学校本学期"守中华文化根脉·识非遗匠心传承"的研学课程，学生了解掐丝珐琅工艺，体会非遗文化与班级文化的融合，争做非遗传承者，并设计出班级文创产品。

2.确定核心驱动问题（表21-2）

表21-2 核心驱动问题表

核心驱动问题	总任务	最终成果
如何利用掐丝珐琅工艺设计班级文创产品	利用掐丝珐琅工艺设计班级文创产品	班级文创产品

三、项目计划

本项目的核心驱动问题为：如何利用掐丝珐琅工艺设计班级文创产品。教师可指导学生按照自己的意愿，组建具体项目小组，通过讨论、谈话、调查等方式了解学生的想法和需求后，进而产生了三大系列分解驱动问题（表21-3）：掐丝珐琅是一种怎样的工艺？如何结合掐丝珐琅工艺，进行具有班级文化的作品设计？如何发挥此工艺在班级文化中的最大价值？

表21-3 分解驱动问题表

分解驱动问题	主任务	主产品
掐丝珐琅是一种怎样的工艺	1.小组在历史老师指引下，进行掐丝珐琅的资料收集，如制作工艺、历史沿革和技术发展等 2.小组分工上网搜索所负责板块的图片、文字介绍，将其保存到老师指定的小组文件夹	图片、文字介绍文档

续表

分解驱动问题	主任务	主产品
如何结合掐丝珐琅工艺，进行具有班级文化的作品设计	1.全体学生到广州龙在田研学基地动手实操，体验简单的制作过程，撰写制作体会 2.小组成员分工合作，参考八年级（5）班"元梦"的班级文化，各小组分别完成掐丝珐琅的班级文创图案设计	简单的掐丝珐琅工艺品、适合制作成掐丝珐琅工艺品的班级文创图案设计
如何发挥此工艺在班级文化中的最大价值	1.以小组为单位展示设计成果，班级讨论，将每个小组的掐丝珐琅图案设计组合成"元梦"班级系列文创作品，如特色书签、杯垫和装饰沙画 2.参考确定的设计样式，制作出班级特色书签、杯垫和装饰沙画	一系列掐丝珐琅工艺制作的班级文创作品

四、项目实施

（一）项目活动

项目活动1：了解掐丝珐琅制作工艺

目标：进行掐丝珐琅的资料收集，除了掐丝珐琅的制作工艺，还要查阅历史沿革和技术发展。

（1）小组讨论应该了解掐丝珐琅的哪些资料，写在任务单上。

（2）小组分工保存图片和文字资料，注意文件命名，放入老师指定的小组文件夹中；成员相互检查图片是否具有代表性，文字表述是否准确。

（3）小组活动复盘总结，在任务单上写下完成项目过程中遇到的问题。

项目活动2：结合掐丝珐琅工艺，进行具有班级文化的作品设计

目标：体验简单的制作过程，能根据要求设计掐丝珐琅的图案。

（1）全体学生跟随学校研学队伍到广州龙在田研学基地动手实操，体验简单的制作过程，撰写制作体会，进行经验总结。

这一过程极大地激发了同学们本次项目式学习的兴趣。首先是掐丝——将

金丝固定在胎体上,形成图案和花纹。其次是涂胶水——为胎体涂上粘合剂,只有涂抹均匀的胶水,才能保证后续的掐丝和点蓝环节顺利进行。再次是点蓝——为胎体填充颜色,使用釉料,为已经掐好丝的胎体上色,绘制出丰富多彩的图案。最后,通过调整色彩搭配和涂抹的厚薄,让同学们感受到景泰蓝华美的色彩和丰富的层次感。

(2)小组所有成员将项目活动1中的小组文件夹拖到桌面上,方便后续设计图案时进行参考。

(3)小组讨论分工,参考本班"元梦"班级文化,分别完成掐丝珐琅的班级文创图案设计。共同讨论后,2人写文字描述,2人绘制图案,1~2人制作文创图案介绍的PPT,根据要求对PPT修饰,最后保存文件到老师指定的小组文件夹。

项目活动3:利用掐丝珐琅工艺,制作"元梦"班级系列文创作品

目标:发挥此工艺在班级文化中的最大价值。

(1)把6个小组的PPT整合为一个《探寻掐丝珐琅工艺,设计班级文创产品》作品,修改完善不足之处。

(2)各小组展示设计成果。班级讨论后,将每个小组的掐丝珐琅图案设计组合成"元梦"班级系列文创作品,确定特色书签、杯垫、装饰沙画等的样式。

(3)参考确定的设计样式,制作出班级特色杯垫、书签、装饰沙画(图21-1),在班内进行装饰、展示。

图21-1 学生制作的各式掐丝珐琅杯垫

（二）项目成果

1.出项展示的仪式

一个月过去，八年级（5）班迎来了项目化学习出项仪式——"元梦"班掐丝珐琅工艺文创设计展示大会，展示在班会课上进行。

6个小组精心设计和制作文创产品，拍照，并整合成PPT。班长和宣传委员牵头，把6个小组的PPT整合为一个《探寻掐丝珐琅工艺，设计班级文创产品》PPT。在出项仪式中，班长主持，宣传委员协助PPT翻页。当班长邀请对应小组时，相应小组的两名代表上台，一人对照PPT进行解说，一人手持文创产品实物，在班内走动展示。

2.展示的成果描述

首先，班长带领师生一起回顾了项目实施的整个过程，阐述了同学们对掐丝珐琅的认识从无到有的过程。随后6个展示小组，以"星辰瀚海组"代表的文创产品——寓意校园钟灵毓秀的掐丝珐琅画"群山环抱"为例（图21-2），流畅自然的山水弧线，展现应元校园群山环抱的特点，也流露出浓浓古韵，寓意同学们成长的校园人杰地灵。再以"瑞哲一乾组"的代表文创产品——"呼唤河清海晏"的掐丝珐琅杯垫为例（图21-3），结合当下日本排放核污

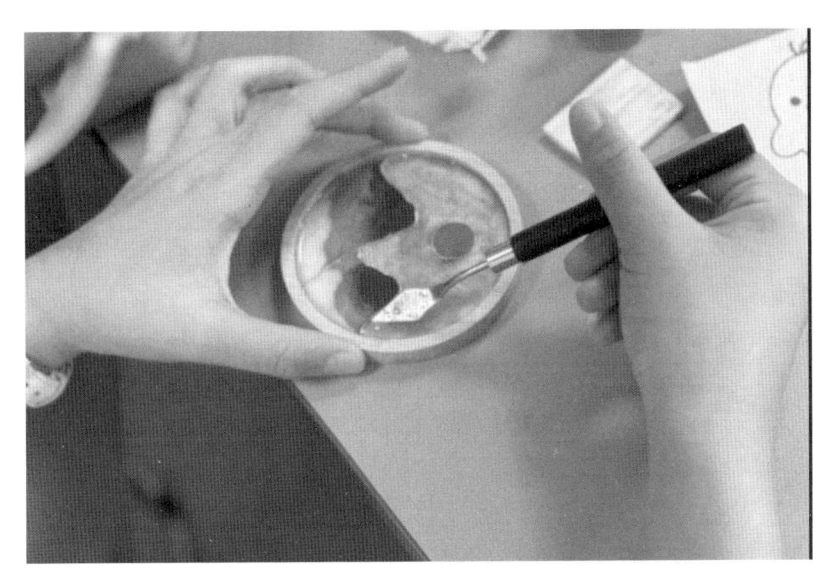

图21-2 掐丝珐琅杯垫"群山环抱"

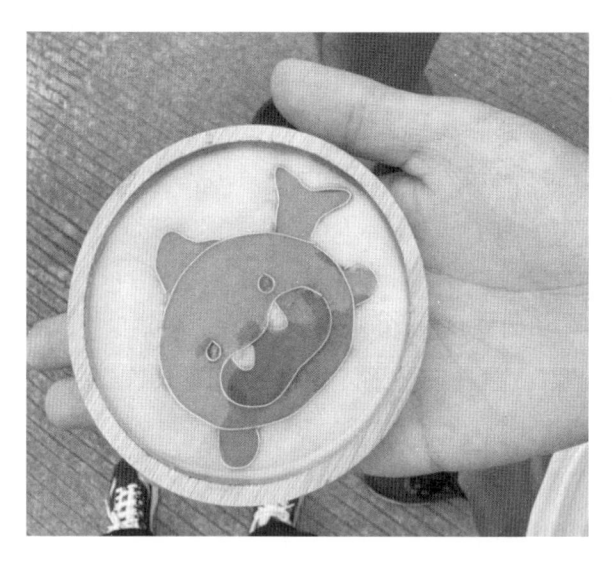

图21-3 掐丝珐琅杯垫"呼唤河清海晏"

水的时事，以海洋和鱼儿为画面主体，鱼儿的眼泪警醒着人们要与自然和谐相处，时刻提醒同学们拥有"以天下为己任"的气度。活动现场，各小组各具特色，热闹非凡。最后，班长总结了同学们动手尝试和精心设计过程中获得的宝贵经验，教师对同学们此次项目式学习的努力进行肯定。

在班级当中，我们致力打造有价值领导力的班级。同学们在尊重掐丝珐琅艺术的基础上，不断跨越边界，从不同的角度解读文化，碰撞思想火花，为掐丝珐琅这一非遗艺术注入蓬勃新生的进取力量。而把掐丝珐琅工艺与班级文创设计融合在一起的过程，又提高了学生们基于现实生活的思考能力和团队协作能力。虽然我们的班级文创作品比较"朴实无华"，但都是出自同学之手，饱含着同学们对传统工艺和对班级文化的思考，迸发出鲜活的生命力，价值领导力由此提升。

五、结项复盘

活动结束后，根据项目活动和产品评价的评价量表（表21-4），小组邀请教师进行点评，并进行自评、互评。此外，每名同学需要根据自我评价表（表21-5），对项目化学习过程中的自我表现和成长作出评价。以此，让同学们在本次项目活动后，明白如何提升自己的价值领导力。

（一）项目活动和产品评价

表21-4　评价量表

主产品	评价标准	考察技能	星级
6个小组的图片、文字介绍文档	小组文件夹有6个组分别收集的有效的多媒体文件	信息检索、加工和整理能力，沟通写作能力	☆☆☆☆☆
	图片生动直观		☆☆☆☆☆
	语言表述清晰		☆☆☆☆☆
	所有文件命名规范、准确		☆☆☆☆☆
简单的掐丝珐琅工艺品、适合制作成掐丝珐琅工艺品的班级文创图案设计	制作掐丝珐琅的体会，撰写具体生动	总结能力、写作能力、分析和批判性思维	☆☆☆☆☆
	图案设计契合班级理念		☆☆☆☆☆
	图案设计有美感		☆☆☆☆☆
	图案设计具有制作成掐丝珐琅工艺品的实操性		☆☆☆☆☆
一系列掐丝珐琅工艺制作的班级文创作品	小组的图案设计成果进行了整合，图文并茂	表达能力、动手能力、团队合作和领导力	☆☆☆☆☆
	小组代表展示清晰、大方		☆☆☆☆☆
	文创作品设计样式内容合理		☆☆☆☆☆
	文创作品外观美观		☆☆☆☆☆

（二）项目过程的自我评价

表21-5　自我评价表

项目化学习成果的自我评价
我承担了哪些工作？我顺利完成我的工作了吗？ 在小组交流时，我是否能够清晰表达我的观点？ 我是如何把掐丝珐琅工艺和班级文化结合在一起的，它们的联系之处是什么？ 整个活动中，我是否能合理表达我的核心诉求？

六、项目后的反思和展望

（一）学生与教师的成长

本项目通过寓教于乐的方式，让同学们把非遗工艺与生活实践相结合。同学们在研学、设计和制作中了解掐丝珐琅的制作工艺、历史沿革和技术发展，在制作掐丝珐琅的过程中感受了非遗文化的魅力。传承和弘扬非遗文化的种子，在一颗颗年轻的心中生根发芽，让同学们更加坚定了文化自信。在项目式学习的过程中，同学们也能结合当下班集体实际，让掐丝珐琅画艺术真实地反映制作者心灵深处的"真与美"，反映制作者的"心灵手巧"，反映班集体的精神，赋予作品以美好的寓意，潜移默化地提升学生的价值领导力。

在经历了完整的一轮项目化学习实践之后，教师对于项目化学习的设计、实施、改进过程也将更加得心应手。教师感受到了同学们在"玩中学""学中玩"的快乐，看到了从"要我学"到"我要学"的效果，也初步了解了教师对学生支持到什么程度、在什么时机进行支持、提供何种类型的支持，为下一次的项目式学习积累了宝贵经验。

（二）项目活动的不足和改进措施

项目化学习领域中普遍认为，要通过学习支架而非提前教学来支持学生，但本次项目活动的支架设计还不够清晰，更多的是提供具体而详细的步骤和讲解，所以一部分同学的文创设计出现了同质化的问题。这让教师反思：PBL具有高挑战性，学生需要教师的指导，但是教师的指导不是提供具体而详细的步骤和讲解，而是促进学生思考和解决问题的支架。

因此，老师后续提供了化繁为简使项目顺利进行的支架。同学们则对掐丝珐琅工艺品的类型、风格和题材等进行细化和分类，再继续完善掐丝珐琅工艺品样式的设计，最后确定班级文创设计。在出项后，班内进行了"最佳作品评比"活动，根据评价标准，通过自评和问卷星投票选出最佳作品。最后，老师给最佳小组颁发奖品，鼓励他们今后创作出更好的作品。

本次项目化学习是学生汲取优秀传统文化养分的契机，是学生展现自我的平台。本次项目化学习的实施，使学生在了解掐丝珐琅相关知识的同时，又体会了动手传承非遗技艺的情趣，感悟工匠精神的深厚和博大。同学们活泼的天性，天马行空的想象，让掐丝珐琅工艺的生命力在同学们生活的场域得到张扬和释放，让同学们知道如何利用自己的创造力，去完成传承优秀传统文化、进行正确价值引领的光荣使命。如今该项目虽然暂告一段落，但我们项目化学习的脚步仍在继续。

李宇楠，广州市增城区应元学校语文教师，广州市增城区永宁街优秀班主任

项目22 寻广州与海上丝路历史，做研学活动设计师

一、项目背景

广州，这座历史悠久的城市，自古以来便是海上丝绸之路的重要起点和枢纽。它见证了古代中国与世界的贸易往来与文化交流，承载着丰富的历史文化内涵。为传承广州优良历史文化，讲好广州历史文化故事，我们特组织本次项目化学习的研学活动。本次活动以"寻广州与海上丝绸之路历史"为主题，通过实地考察、互动体验等多种形式，指导学生高效、安全地完成历史文化研学项目的学习任务，使学生在项目化学习中了解广州与海上丝绸之路的深厚历史，在亲身体验中感受广州与海上丝绸之路的历史文化魅力，培养学生的历史文化素养和研学实践能力。

二、项目设计

（一）项目基本信息（表22-1）

表22-1 项目基本信息表

项目名称	《寻广州与海上丝路历史，做研学活动设计师》
项目学校	广州市增城区应元学校
项目时长	15天
设计者	吴国辉老师、黎翰文老师
实施者	九年级、高一学生，共6人

（二）项目目标

1.知识目标

通过收集相关历史文化资料，加深学生对广州与海上丝绸之路的历史沿革与广州之于海上丝绸之路重要性的历史认识。

2.能力目标

（1）通过完成历史文化研学项目，在搜集资料、策划活动方案过程中，锻炼学生搜集整理材料的能力、组织策划方案的能力。

（2）通过完成历史文化研学项目，在设计研学活动路线图过程中，锻炼学生的探索精神与设计文化旅游路线的能力。

（3）通过完成历史文化研学项目，在研学活动实践过程中，锻炼学生的有效沟通能力、解决问题能力与团队合作精神。

3.素养目标

（1）通过完成历史文化研学项目，在搜集背景资料、设计行动路线、策划研学方案、进行研学活动实践过程中，进一步培育学生的时空观念、历史解释等历史核心素养。

（2）通过完成历史文化研学项目，在感受海上丝绸之路重要性与广州故事的过程中，生成以中国先民开拓海上丝绸之路的顽强精神为荣、热爱乡土广州历史文化的自豪感，培育学生进一步加深家国情怀的历史核心素养。

（三）关键问题

1.确定主题

教师和学生共同研讨、调研所在学校附近相关的历史文化资源，进行充分的可行性分析与论证，确定了项目化学习任务，即组织以"探寻广州与海上丝绸之路"为主题的历史文化研学活动。

2.确定核心驱动问题（表22-2）

表22-2 核心驱动问题表

核心驱动问题	总任务	最终成果
如何策划组织历史文化研学实践活动	以"探寻广州与海上丝绸之路故事"为主题，开展历史文化研学实践活动	"探寻广州与海上丝绸之路故事"历史文化研学活动的策划方案与实践综合材料

三、项目计划（表22-3）

关于本项目的实施计划，首先组织项目研讨会，共同商讨确定研学主题。然后，指导学生围绕研学主题，共同设计研学活动路线图，并以研学路线图为基础，综合各方面因素，合作制订研学活动策划方案。之后，依据研学活动方案，进行研学实践活动，完成研学任务。最后，一起复盘研学活动，整理研学项目成果。

表22-3 分解驱动问题表

分解驱动问题	主任务	主产品
确定研学主题，搜集历史文化资料	1.组织召开首次项目集体研讨会，确定研学主题，进行小组分工 2.搜集与研学主题相关的历史文化背景资料 3.对资料进行归类、整理	确定研学主题，形成研学主题资料集
围绕研学主题，设计研学路线图，策划研学活动总方案	1.召开研学项目的第二次项目集体研讨会，围绕研学主题，共同设计串联研学地点的路线，形成研学路线设计图（研学设计路线为：南海神庙→广州海事博物馆→十三行博物馆→粤海关） 2.根据背景资料、实地探访情况，形成研学活动策划总方案 3.确定研学项目的总目标与学习任务	形成研学路线设计图与研学策划总方案
依据策划总方案进行研学实践	1.带齐所需物资，依据研学策划总方案进行研学项目实践活动 2.根据研学项目目标，完成研学学习任务	形成研学项目实践的过程性材料
复盘总结，汇总研学项目各阶段材料，整理形成研学项目成果	召开第三次项目研讨会，复盘总结准备、策划、实践各阶段的情况，加以整合，形成研学成果	形成研学成果

四、项目实施

（一）组织项目活动

项目活动1：确定项目式学习的研学活动主题

目标：确定研学主题。

（1）组织召开首次项目式学习研学活动的集体研讨会，教师阐明开展项目式学习的原因、要求与重要性。

（2）在研学活动的首次集体研讨会上，教师与学生一起充分讨论，确定项目化学习的历史文化研学活动主题。

（3）围绕历史文化研学主题，讨论决定研学活动实践地点，研究前往研学活动地点、路线方案的优劣（表22-4）。

表22-4 线路优缺点分析表

缺点	具体体现
离公共交通设施过远	步行前往公共交通设施需要超过30分钟时间
路线过长	完成整个旅游路线超过3小时
价格过高	景点门票价格超过300元
优点	**具体体现**
线路流畅	可以沿着地铁站点顺序进行游览
时间合理	在2小时内可以完成所有景点的游览

（4）对参加项目化学习的研学活动成员进行小组分工，包括统筹组织教师1人，历史文化资料收集小组学生2人，路线设计与方案策划小组学生2人，整理总结小组学生2人。

项目活动2：收集资料

目标：收集围绕研学主题的相关历史文化资料，形成研学活动背景资料集。

（1）历史文化资料搜集小组对研学主题相关背景知识，选择该研学主题的缘由及重要意义进行搜集、整理，确定研学路线的主题（表22-5）。

表22-5　路线主题表

路线主题	选择理由	备注

（2）路线设计小组对研学活动地点的地理环境进行收集、整理。

项目活动3：设计研学路线图

目标：形成研学路线设计图。

（1）根据收集资料分析、总结已掌握的知识文化背景与研学地点地理环境情况。

（2）根据已掌握情况，共同研讨，设计串联研学活动地点的路线图。

（研学设计路线：南海神庙→广州海事博物馆→十三行博物馆→粤海关）

（3）根据路线图，研讨最便利、经济、安全的出行方式。

项目活动4：实地探访

目标：设计研学活动行动方案。

（1）路线规划小组成员在家长陪同下，对研学活动地点进行提前踩点，实地探访，了解记录真实的研学活动人文自然地理环境、区位设施配套、交通详情。

（2）根据收集资料与实地探访情况，设计研学活动环节，包括成员集中、出乘、到达研学地点、研学实践、归程，合理设计每一环节所需时间、交通方式与行动目标。

项目活动5：策划研学活动总方案

目标：形成研学活动总方案。

（1）组织召开研学项目的第二次集体研讨会，根据掌握的背景资料、实地探访情况，综合形成研学活动策划总方案。

（2）确定历史文化研学实践活动项目的总目标与学习任务。

项目活动6：历史文化研学活动实践

目标：实践历史文化研学活动，完成项目化学习的目标与任务。

第一天：探访广州古代港口遗址。

上午：集合出发，前往南海神庙。

参观南海神庙，了解古代航海文化及广州作为海上丝绸之路起点的历史地位。

观看南海神庙内的文物展览，了解古代航海器具和贸易商品。

下午：前往黄埔古港遗址。

实地考察黄埔古港遗址，感受古代港口繁忙的贸易景象。

听取导游讲解黄埔古港的历史背景和文化内涵。

晚上：分组讨论并分享对南海神庙和黄埔古港遗址的感想和收获。

布置第二天的研学任务。

第二天：海上丝绸之路博物馆参观与互动体验。

上午：前往广州海事博物馆。

参观博物馆内的展品，了解海上丝绸之路的贸易路线、交流文化及历史意义。

通过互动展览和多媒体展示，深入了解广州在海上丝绸之路中的重要作用。

下午：开展海上丝绸之路文化体验活动，如制作古代航海旗帜、学习航海术语等。

分组进行航海知识竞赛，检验学生对海上丝绸之路的了解程度。

晚上：观看与海上丝绸之路相关的纪录片或电影，加深对历史文化的理解。

准备第三天的专家讲座交流。

布置研学成果展示的准备任务。

第三天：广州十三行博物馆、粤海关旧址参观研学。

上午：前往广州十三行博物馆。

参观博物馆，了解清代实行闭关锁国政策的特殊国情下，广州十三行对海外贸易的重要性。

下午：前往粤海关旧址。

通过参观学习，了解粤海关故事，分析其在清朝对外贸易中的重要地位。

第四天：研学成果展示与总结。

上午：各小组进行研学成果展示，包括调研报告、手工制作、绘画作品等。

其他小组进行点评和提问，交流学习心得。

下午：开展研学成果评比活动，表彰优秀团队和个人。

总结本次研学活动的意义和收获，强调历史文化学习的重要性。

项目活动7：复盘总结实践情况

目标：复盘总结，整理成果。

（1）召开第三次项目研讨会，复盘总结准备、策划、实践各阶段的情况，形成总结性材料。

（2）汇总研学项目准备阶段材料、策划阶段材料、实践阶段材料、总结阶段材料，加以整合，形成研学成果。

（二）项目成果

（1）撰写"探寻广州与海上丝绸之路"历史文化研学活动策划书。

（2）"探寻广州与海上丝绸之路"历史文化研学活动记录（图22-1~图22-3）。

（3）撰写"探寻广州与海上丝绸之路"历史文化研学活动感想与总结。

五、结项复盘

（一）项目意义

本次历史文化研学活动以广州与海上丝绸之路为主题，通过实地考察、

图22-1　南海神庙部分摄影

图22-2　广州海事博物馆部分摄影

图22-3　十三行博物馆部分摄影

互动体验等多种形式，让学生在亲身体验中感受历史文化的魅力。活动不仅加深了学生对广州和海上丝绸之路历史文化的了解，还培养了学生的历史文化素养和研学实践能力。同时，活动也促进了学生对中华优秀传统文化的传承和弘扬，增强了他们的民族自豪感和文化自信心。

此外，在完成项目过程中，学生在小组合作中学会沟通、协作和分享，培养他们的团队合作精神和创新能力，锻炼了学生的探究精神。通过研学成果的展示和评比，学生的表达能力和自信心也得到了提升。

对于学校而言，本次研学活动是一次有益的教育实践，有助于推动学校历史文化教育的发展和创新。同时，活动也加强了学校与社区、博物馆等机构的合作与交流，为今后的教育教学工作提供了宝贵的经验和资源。

（二）项目评价（表22-6）

表22-6　项目评价表

主产品	评价标准	考察技能	星级
研学活动"探寻广州与海上丝绸之路故事"的历史文化资料集	整理关于研学主题的历史文化资料集，做到分门别类、条理清晰	信息检索、加工和整理能力、写作能力	★★★★☆
	所有文件命名规范、准确		★★★★☆
研学活动"探寻广州与海上丝绸之路故事"的路线设计图与策划方案	合作完成研学路线设计，设计图清晰明了	写作能力、分析和批判性思维、团队合作、领导力	★★★★☆
	集思广益，形成策划方案，策划方案考虑周全、严谨细致		★★★★☆
	根据策划方案，组织研学实践，安排得当		★★★★★
研学实践活动"探寻广州与海上丝绸之路故事"的过程性记录与总结	研学实践活动的过程性记录，图文并茂呈现	写作能力、总结能力	★★★★★
	撰写研学实践活动的感想与总结，真情实感进行复盘与升华		★★★★★

六、项目后的反思和展望

（一）学生与教师的成长

在项目的实施过程中，我们也时刻在观察每个学生的表现，及时给予指导与帮助。对学生的表现进行观察与评价，主要是针对学生自身是否有明显进步来衡量。组长会根据组员的情况分配任务，一些平时比较低调的学生会在组长的带动下完成任务。在活动中，组员都能够很好地发挥自身的特长帮助到团队，更让项目的开展在发挥集体教育功能方面起到了非常积极的作用，这种非智力因素的成长，对于学生来说也是很重要的。

学生在项目实施过程中，学会如何使用软件、如何规划路线，也重新认识了旅游规划。从学生思维来看，学生的批判性思维、设计思维、逻辑思维能力也得到了一定程度的锻炼。收集资料、查阅信息以及信息加工，是现代中学生需要具备的素养，这一点在项目中也得到了体现。我们认为，学生在整个项目实施的过程中，其问题意识得到了一定程度的锻炼。我们可以发现一个个项目活动，是需要学生具备一定的问题意识才能解决的。通过问题来索引，围绕核心驱动问题来开展，一个个问题得到解决，学生和集体也一起成长。

学生的领导力培养是我们项目开展的目的之一，对于项目小组的成员来说，在活动中，表达观点、展示自己只是一种外在的体现。学生团队的内核是组织团队，围绕驱动问题进行项目活动，小组成员的领导力其实可以得到一定程度的锻炼。特别是组长，优化组织结构、组织活动、协调资源开展活动等，无不是领导力的体现。当然，在项目开展的过程中，我们教师团队也有了收获和成长，因为在给学生提供支架的过程中，我们也更进一步了解了项目化学习。特别是看到学生的明显转变，对于项目化学习的积极作用，我们是很有感触的。

（二）项目活动的不足和改进措施

随着项目的开展及复盘，我们也发现了一些问题。有些小组在开展活动的过程中，目的性不强，效率不高，像角色定位问题、分工问题，有些小组是存在不少问题的。在活动开展前，对于困难的预计是明显不足的，有些同学认为收集信息就是百度搜索，其实现在信息时代，资料的获取是多元的，不仅仅是百度搜索这一种方式。针对这种情况，需要教师进行适当的指导，提供必要的脚手架帮助学生。我们便提供了角色分工表、信息搜索渠道等，这些对学生活动的开展起到了积极作用。

　　小组组员如何积极投入活动是组长所要面临的问题。有的小组就存在这个问题，组员讨论不积极，分工后完成度不高。这是项目实施过程中我们所遇到的问题，这其实也是对组长团队领导力的培养。针对这个问题，我们采取了四个措施：一是提供"提纲要领"，给小组组长进行参考使用。沟通本质是信息的互换，该大纲可以较好地帮助组长进行沟通目标指向和关注对方的反馈信息以达到更好的沟通效果。二是各个小组组长进行交流讨论，分享有效的方法。三是评价性机制的实施，学生的过程性评价需要在最后的成果中体现出来。四是组长与组员进行头脑风暴，提出问题并且解决。四个措施的实施均起到了预期的效果。

吴国辉，广州市增城区应元学校历史教师，广州市增城区应元学校优秀班主任
黎翰文，广州市增城区应元学校历史教师，广州市增城区应元学校优秀教师

栏目三　社会价值

项目23　研究核污水排海危机，共同守卫蓝色星球

一、项目背景

九年级《道德与法治》第三单元《共筑生命家园》的内容要求我们关注和探究环境资源问题，所依据的课程标准对应部分是"知道我国的人口、资源、环境等状况，了解保护环境、合理利用资源的政策，形成可持续发展意识"，要求学生懂得敬畏自然，具有绿色发展理念，初步形成环保意识和生态文明观。初中生平时专注课业学习，较少关注时政热点或者关注得不够深入，因此组织学生研究日本核污水排海危机可以为他们提供一个深入了解全球环境挑战的机会。

2023年8月24日，日本政府无视国内外的强烈反对，单方面强行启动福岛核污水排海，这一决定引发了广泛的争议和关注。核污水排海带来的影响是严重的也是长期的，这种行为究竟会带来哪些危害？我认为这值得我们每个人去深思。学生通过参与真实世界问题的解决，可以提高他们的搜集信息能力、知识整合能力、思辨能力、团队沟通能力、协作能力、团队领导能力和语言表达能力。同时，通过综合探究和研究，我们可以更好地理解和应对核污水排放所带来的环境和健康挑战，以促进可持续发展和保护人与自然的和谐共生。

我们要将学生的关注从课本移到课外，"窗外事"才是学习思维力提高的源头活水，可以综合提高学生的学科素养。

二、项目设计

（一）项目基本信息（表23-1）

表23-1 项目基本信息表

项目名称	研究核污水排海危机，共同守卫蓝色星球
项目学校	广州市华侨外国语学校
项目时长	1个月
设计者	王莉莉老师
实施者	九年级（2）班学生，共47人

（二）项目目标

（1）通过小组长分配任务和在合作过程中的指导和把控，提高小组长的团队领导能力和决策能力。

（2）通过小组分工收集我国海洋资源、环境现状以及日本核污水排放相关的素材（图片、文字介绍），团队成员可以充分发挥各自的优势，协同完成任务和解决问题，培养和提高学生的团队协作能力。

（3）通过小组研究和讨论日本核污水排海的危害，提高学生的有效沟通能力，培养学生的分析和批判性思维，塑造团队合作和领导力。

（4）通过小组展示与分享，增强团队合作意识和团队凝聚力，促进团队合作和个人成长，培养团队创新能力。

（三）关键问题

1.确定主题

日本核污水排海是当下的时政热点，反映了当前社会的最新动态和问题。紧跟当下时政热点，让学生学会去关注时事，做到"国事家事天下事，事事关心"，它的争议性和复杂性能够激发学生的思考和讨论，可以使学习更加生动有趣，激发学生的学习动力，提高他们的学习效果。

同时这个主题也契合九年级"道德与法治课"建设美丽中国之《正视国家发展挑战》的内容，与书本内容相结合可以使学习更具有现实意义。作为课外素材，拓宽学生的视野和提高综合运用知识分析问题的能力。

2.确定核心驱动问题（表23-2）

表23-2 核心驱动问题表

核心驱动问题	总任务	最终成果
排海危机的分析是多角度的，分别对我国资源、环境、经济、人类都产生哪些危害	日本核污水排海危机	小组上台用课件和视频等展示探究观点

三、项目计划（表23-3）

围绕日本核污水排海危机，教师指导学生按照自己的意愿，组建具体项目小组。通过充分的讨论，分为核污水成分分析、对我国海洋资源的危害、对我国海洋环境的危害、对我国经济发展的危害、对人类的危害五大组。

表23-3 分解驱动问题

分解驱动问题	主任务	主产品
如何收集日本核污水排海影响的相关资料	通过自主探究，小组分工通过网络搜索、图书馆书籍查找、最新报纸杂志等多途径收集日本核污水排放相关的图文资料和新闻报道，培养团队协作能力，组员从众多信息中选择有效的信息，将其发给小组组长	图文资料Word文档和视频资料
如何整合小组收集的信息	组员就手头搜集到的资料逐一阐述，然后开展充分的讨论，互相点评，各抒己见，一起研究问题、分析问题，培养团队沟通能力和倾听能力，小组长全程负责做记录，最后整合信息，形成结论，培养团队领导力和决策能力	图文资料Word文档和视频资料
如何展示与分享	小组根据汇总的资料，整合图文和视频资料，设计制作成PPT，每个小组选一人做代表汇报演讲，培养团队创新能力和团队凝聚力，组间开展互评	PPT成果展示

四、项目实施

（一）项目活动

项目活动1：如何收集日本核污水排海危害的资料

目标：小组分工收集我国海洋资源、环境现状以及日本核污水排放相关的素材（图片、文字介绍），团队成员充分发挥各自的优势，协同完成任务和解决问题，培养和提高学生的团队协作能力。

（1）老师讲授收集信息的通用方法，启迪学生并适当作示范。学生可以从多个来源收集资料，包括但不限于以下几种：一是通过学术期刊查阅环境科学、海洋学、放射性污染等相关领域的学术期刊，了解专家学者对于核污水排海危机的研究成果和观点；二是查阅政府工作报告，包括查阅国际组织以及其他国家政府发布的关于核污水排放及其潜在危害的报告和文件；三是关注国际媒体对于福岛核事故和核污水排海事件的报道，了解各方面的观点和舆论等。学生可以利用图书馆的数据库、学术搜索引擎以及专业网站进行资料检索，例如，Google Scholar、PubMed、JSTOR等。

（2）小组分工，通过不同途径去收集资料，分为政府工作报告组、期刊组、图书馆组、采访环保人士组等，小组每个成员都尽己所能地去搜集相关信息，打印出来。这个过程需要充分发挥小组长的管理智慧，包括调动他们查资料的积极性，了解每个组员的特长来分配任务等。

项目活动2：如何整合小组收集的信息

目标：学会沟通和表达，学会对资料分析和对比，培养学生的分析和批判性思维，提高团队沟通能力，塑造团队合作和领导力。

（1）小组成员把自己找到的信息分享读一遍，其他组员认真聆听并点评，排除无效观点、重复观点以及存在较大争议的观点。比如，有同学表示海洋是可以吸收稀释日本核污水排放的，认为总的对环境污染影响不大。立马就有同学站出来反驳：射性物质可能被海洋生物吸收并积累在其组织中，通过食物链传播给更高级别的生物，最终影响人类和其他生物的健康。大家最终普遍认为，尽管海洋具有一定的吸收和稀释能力，但日本核污水排放到海洋仍然可能对环境和人类健康产生一定程度的影响，需要进行全面科学的评估和有效的管理措施。

（2）小组所有成员开展充分的讨论，各抒己见，围绕任务链以及核心知识，一起研究问题、分析问题。

（3）小组长做好讨论记录，最后整合大家的意见，形成小组结论。比如，在讲到日本核污水排海行为对经济影响的时候，他们会讲到对渔业的冲击，认为很多国家和地区可能对进口日本的海产品甚至所有海产品都保持警惕，导致海产品的销售受阻，进一步影响渔业和海产品贸易的收入和就业。还有的同学会讲到长期的核污水排放可能对海洋生态系统造成持久性的伤害，这可能需要大量资金和时间来进行生态恢复工作，当然也就造成了一定的恢复成本。甚至还有同学讲到核污水排放事件可能给日本的国内和国际形象造成冲击，国际社会对日本核污水排放的关注和担忧可能导致国际声誉的下降……孩子们在自由表达和讨论的过程中，我听到了很多有深度而不是浮于表面的观点，很多同学也都表示受益匪浅。这样围绕一个问题集思广益，孩子们学会了多角度去看问题，这是一种重要的思维方式和学习方法，能够帮助他们更深入地理解问题，促进团队合作和个人成长。

（4）用好评价表，这个评价表也在一定程度上给到每个同学一个行为参考，以此不断完善自己各方面的能力。

项目活动3：如何展示与分享

目标：通过小组展示与分享，增强团队合作意识和团队凝聚力，促进团队合作和个人成长，培养团队创新能力。

（1）小组长按照上个项目活动汇集的结论观点，设计制作成PPT。根据团队成员的观点和意见，小组长需要主动进行整合和决策。这意味着在制作课件的过程中需要权衡不同观点的优劣，做出决策并向团队明确表达，提高团队领导的决策力。

（2）每个小组选一人做代表汇报演讲，使用图表、数据和案例来展示核污水排海的危害及其影响，同时结合相关的背景知识和解决方案，给听的同学们提供全面的理解。通过演讲，可以培养团队的凝聚力和认同感。

（3）组间开展互评。

（二）项目成果

1. 出项展示的仪式

在分组展示前，我上台说了一段简短的开场致辞，介绍项目的背景和目标，并对项目团队这段时间付出的努力和成果表达感谢和赞赏。在小组展示结束后，根据同学们的投票和他们在讨论探究过程中的观察，综合给四个小组组长和表现优异的同学颁发奖状，奖项有"最佳展示奖""最具创新奖""最佳团队合作奖""最佳沟通奖""最具影响力奖""最佳设计奖""最佳台风奖""最具潜力团队奖""最生动活泼团队奖"。

2. 展示的成果描述

同学们分组上台用课件、视频等展示他们团队这一个月取得的成果，展示了他们收集的信息并分析了日本核污水排海的几大危害，知识不再局限在课本，而是从各个角度去观察。学生以多媒体视频、PPT、图画等多样形式陈述见解，发出铿锵有力的青年之声。同学们全程认真听讲，不时做记录或者对某些观点提出疑问或者表达不同的看法，气氛非常热烈。这个过程也有新的思维火花的迸发，让情感态度和价值观自然落地生成。同时他们会用好手中的评价表对发言的同学进行点评，并在课后把评价表给到他们认为表现最出色的小组。

3. 成效和不足

在最后的展示环节中，可以看出这个班的同学能够积极合作、相互协调，在项目中共同解决问题，展现出较强的团队合作精神。还有的同学能够提出具有创新性的解决方案，通过独特的思考和创造力，为项目提供了新的视角和建议，表现出较好的团队创新能力。在展示环节，四个组的代表发言同学能够清晰有效地传递信息、阐述观点，展示了较强的团队沟通能力。不足之处在于个别小组演讲的内容可能缺乏引人注意和吸引力的元素，这可能导致观众对于演讲内容的兴趣和参与度降低。团队领导力中演讲能力也是很重要的一个能力点，今后在活动中团队领导者应该花时间准备他们的演讲，不仅要充实演讲的内容，还可通过反复演练来提高他们的演讲技巧和流利程度。

五、结项复盘

为了更好地推进项目学习活动的开展，我们进行了项目学习复盘活动。首先是小组长进行活动回顾，从解决真实问题出发，分享自己的收获和感受。然后组员根据大家在活动中每个环节的表现，利用老师分发的评价量表打分，这样就以一种比较直观的方式把结果呈现给大家，促使学生对项目学习有更加深刻的认识，以及更好地调整自己在下次项目学习中的参与度。

（一）项目活动和产品评价

1.项目活动评价量表（表23-4）

表23-4　小组成员表现评价表

课题	成员名单	个人按实际分工发言表现 （组员互相打分，每项10分，满分40分）				个人总评（总分）
		内容丰富，观点翔实	表达清晰，有逻辑	积极互动，帮助他人完善观点	发言的内容附有图片或相关资料辅助展示，有理有据	
日本核污水排海危机研究	01					
	02					
	03					
	04					
	05					
	06					

2.结果的评价标准（表23-5）

表23-5　团队表现评价表

指标	打分，每项满分为10分
团队合作能力	

续表

指标	打分，每项满分为10分
任务分工和时间安排	
决策能力和任务解决	
自我管理和时间管理	
项目执行和进度控制	

（二）项目过程的自我评价（表23-6）

根据个人在项目中的表现，在每个指标下看自己是否达成并据此不断完善自己的表现。

表23-6　自我评价表

指标	是或否
是否明确项目目标和任务	
团队成员之间是否存在良好的合作关系	
是否能够及时沟通和共享信息	
是否按计划有条不紊地执行项目任务	

六、项目后的反思和展望

（一）学生与教师的成长

通过项目学习活动，教师不仅可以运用传统的教学方法，还可以通过引入实践性的项目学习，激发学生的学习兴趣，培养学生的合作能力和解决问题的能力，达到教学相长。

学生通过本次项目式学习，学会了如何明确项目目标和分配任务，如何激励团队、管理团队，如何围绕问题链去搜集信息、整合信息，懂得如何开展小组合作和交流……通过与他人协作，培养学生的沟通、协商、合作和解决问题的能力，提高团队合作的水平。这次的项目式学习活动，同时也培养了学生的国际视野与综合运用能力，让学生深刻认识到海洋生态环境对全人类的重要性，更在每个同学心里种下保卫蓝色海洋的种子。

（二）项目活动的不足和改进措施

在项目学习方面，我们意识到项目管理的重要性。项目管理是确保项目顺利进行的关键。然而，我们在此次项目中也遇到了一些挑战。其一，我们一开始对项目目标和团队任务的明确性不够，导致后续的项目计划和执行出现混乱和困惑。幸好后来及时调整，后面很顺利。其二，我们在项目执行过程中未能及时进行进度跟踪，导致项目进展缓慢。针对这些问题，我们认识到在未来的项目中，我们需要更加重视项目启动阶段，在项目开始之前做好充分的规划，制订详细的时间计划和任务分工。同时，我们将加强项目执行和进度跟踪，及时发现和解决项目中的问题，确保项目高效顺利进行。

在这次核污水危机项目研究中，我们明显体会到团队合作的价值和挑战。我们在这次项目中遇到了一些合作方面的问题，包括沟通不畅、信息共享不及时等。我们认识到，有效的团队合作需要大家不仅明确自己的任务，还需要密切协调和沟通，并及时解决团队内部的冲突和问题。在未来的项目中，我们将更加注重团队建设，加强团队成员之间的沟通和协作能力的培养，以更好地应对项目中的各种挑战。

王莉莉，广州市华侨外国语学校道德与法治教师，广东中山小榄镇优秀班主任

项目24 "green activities环保随行"垃圾分类专项调研

一、项目背景

环保是21世纪全人类的生存主题，也是青少年学生需要了解和关注的自然和社会生活的主题，绿色环保中国的建设需要当代青少年从小学会关注生活环境中的环保现状，学会关心环保，践行环保低碳生活，通过学习和实践参与改善环境的行动中，从而达成个人核心素养中环保意识和行动能力的培养和提升。同时，通过线上线下运用英语作为工具进行相关环保知识和行动的学习、了解和实践，提高英语学习兴趣和运用英语作为工具的能力。作为一门综合实践课程，必然要涉及课程标准、核心素养的问题，环保是《英语课程标准》中所提出的学科核心素养的文化意识维度所包含的重要内容，因此在进行课程设计的时候将英语课程标准和生涯规划的内容融进了《"green activities环保随行"垃圾分类专项调研》项目式学习行走课程中。在课程实施过程中，教师着眼于学生核心素养的自主发展和责任担当两个方面，引导和培养学生的自我领导力和团队领导力，包括环保意识与行动能力、英语工具性使用、理性使用手机和网络作为工具的观念和技能、学会与同龄人交流与合作、尝试学习与职业人士交流，并学会自信地展现自我等方面的实践、体验、反思与提升。

二、项目设计

（一）项目基本信息（表24-1）

表24-1 项目基本信息表

项目名称	"green activities环保随行"垃圾分类专项调研
项目学校	广州市越秀区广州市第十七中学
项目时长	一周

续表

设计者	黄淑慧老师、黄艳红老师
实施者	七年级学生，共21人

（二）项目目标

（1）帮助学生学会运用汉语和英语关键词在互联网上搜索相关垃圾分类、世界水日、地球日、世界环境日、低碳环保等相关环保主题的文字与图片等素材，并用英语完成小组实践，体验将英语作为一门工具开展工作的生活经验。

（2）学会通过分工协作整合资源完成一个相关环保的项目成果，体验未来的生活，学会小组合作，学习欣赏，提升自主管理能力，提升自信，培养团队领导力。

（3）激发英语学科的学习兴趣和个人成长动力。

（4）通过行走学校所在的社区，体验未来的生活，学会交往和解决问题，增强生涯规划意识，增强人生目标感，提高团队领导力。

（三）关键问题

1.确定主题

2018年7月颁布实施的《普通高中英语课程标准（2017年版）》（以下简称《高中课程标准》）提出英语课程具有重要的育人功能，旨在发展学生的语言能力、文化意识、思维品质和学习能力等英语学科核心素养，落实立德树人的根本任务。

现行沪教2011课标版初中英语七年级下册教材在课程内容和课程目标上有多个单元与环境、环保相关，包括Module 2：Man's best friends和Module 3：Natural elements的四个单元的话题分别关于动物、树、水、电。其中，Module 2：Man's best friends的Unit 4：Save the trees的Project板块的主题是Planning green activities，结合第四单元"树"的话题，要求学生write a plan for a green project to improve your school environment。

2018年4月22日国际地球日（Earth Day）的主题是与垃圾分类相关的"停止塑料污染"（Stop Plastic Pollution）。通过利用网络、图书馆等查找相关资料和对广州市各道路与社区开展的垃圾分类工作方面新动向的实地调研，经过进一步思考，确定了这次行走课程的主题是关于环保方面的调研活动，并把重点落在"垃圾分类"上，尝试用动态的行动研究的项目式学习方式来开展课程相关实践活动，由此生发了本项目主题《"green activities环保随行"垃圾分类专项调研》。

2.确定核心驱动问题（表24-2）

表24-2　核心驱动问题表

核心驱动问题	总任务	最终成果
如何认识垃圾分类的重要意义，并在日常生活中身体力行并做好垃圾分类的宣传	从组建调研小组、做好调研准备、调研活动开展等三个方面进行讨论，厘清思路，帮助学生培养团队领导力，并在调研活动中发挥团队领导力和提高团队领导力	形成垃圾分类现状的调查报告；形成垃圾分类调研报告并制作成课件进行交流分享

三、项目计划

为推动最终核心驱动问题如何认识垃圾分类的重要意义和在日常生活中身体力行并做好垃圾分类的宣传，教师指导学生按照自己的意愿，组建具体项目小组。"green activities环保随行"课题组总共有21名学生，为了帮助学生体验小组合作、培养和提升团队领导力，按4~5人一组分为5个活动小组。通过讨论、谈话、调查等方式了解学生的想法和需求，进而产生为什么要进行垃圾分类、垃圾分类怎样做、如何践行和宣传垃圾分类三大系列分解驱动问题（表24-3）。

表24-3 分解驱动问题表

分解驱动问题	主任务	主产品
为什么要进行垃圾分类	1.学习垃圾分类的知识，了解国家和地方关于垃圾分类的法规 2.分小组使用网络搜索引擎查阅与环保、垃圾分类等相关的资料，培养团队责任心和分工协作的团队领导力 3.分小组通过实地考察，观察和了解学校所在社区附近公共垃圾桶的垃圾分类现状，随机采访环卫工人，培养团结友爱、相互照顾、为共同目标齐心协力完成任务的团队领导力	1.与环保、垃圾分类等相关的资料（包括文字、图片和视频等） 2.学校附近垃圾分类现状的调查报告
垃圾分类怎样做	1.观看关于"采访"的专题视频（采访环卫工人的视频），学习人物采访的方法和技能 2.根据对学校所在社区公共垃圾桶的垃圾分类现状的实地调查和采访，分析原因和提出改进措施，并准备好到街道办事处采访的采访提纲 3.到街道办事处进一步学习垃圾分类专题知识，采访相关垃圾分类工作负责人，了解有关广州市垃圾分类的政策、做法和现状，以及政府对未来环保建设的愿景	1.对垃圾分类专业人士采访的工作日志，制作电子相册 2.小组垃圾分类调研项目成果展示的初稿
如何践行和宣传垃圾分类	1.分小组到学校附近的广州名片之一——著名旅游景区沙面开展社区生活垃圾分类情况调研，了解垃圾分类在社区的宣传和居民践行的情况 2.整合项目活动1~活动3中的资料，形成一个《垃圾分类调研》成果总报告	《垃圾分类调研》成果总报告

四、项目实施

（一）项目活动

项目活动1：为什么要进行垃圾分类

目标：通过分小组开展垃圾分类实地考察，观察和了解学校所在社区附近公共垃圾桶的垃圾分类现状。通过线上线下的方式搜集相关垃圾分类和环保的资料，培养为了完成小组项目分工协作、团结共进的团队领导力，合理使用网络，把手机当成搜索资料的工具等现代信息技术的运用能力。

子问题1：为什么要开展垃圾分类？

在学校专用室使用多媒体一体机进行大组专题培训，观看专访广州市垃圾分类节目《新时代怎么干？广州：垃圾分类有"法"了》，讨论与环保及垃圾分类等相关的表达，准备后边活动模块的资料（尤其采访活动）。分小组使用手机网络的搜索引擎查阅与环保、垃圾分类等相关的资料（包括文字、图片和视频等），为外出开展调研做好行动准备。

子问题2：什么是垃圾分类？

分组调查学校所在社区附近的公共垃圾桶的垃圾分类现状以及各社区垃圾分类的宣传引导，并随机采访遇到的环卫工人。学生们在行走过程中使用手机和笔记本做好活动素材积累。当天课程结束后在家使用网络运用汉语和英语关键词在互联网上搜索垃圾分类、低碳环保等相关环保主题文字与图片等素材。该活动模块主要引导学生通过实地考察，观察和了解学校所在社区附近公共垃圾桶的垃圾分类现状，并通过线上线下的方式，搜集相关垃圾分类和环保的资料。

项目活动2：垃圾分类怎样做

目标：分小组学习个人特质的概念与内涵，学会使用气质、性格、兴趣、态度等概念来制订、实施和监督一个了解自己的个人特质并学会自我觉察、悦纳自己的行动计划。帮助学生更好地从小学的学习生活过渡适应初中学习生活。

（1）观看关于"采访"的专题视频（采访环卫工人的视频）学习人物采访的方法和技能。

（2）使用第一天活动采集的素材学习制作电子相册。

（3）根据对学校所在社区公共垃圾桶的垃圾分类现状的实地调查和采访，分析原因和提出改进措施，并准备好下午到街道办事处采访要提问的问题。

（4）课程组全体成员到街道办事处进一步学习垃圾分类专题知识，采访街道办事处相关垃圾分类工作负责人，了解有关广州市垃圾分类的政策、做法和现状，以及政府对未来环保建设的愿景。

（5）当天活动结束后写日记（感想）。

（6）小组活动复盘总结，在任务单上写下完成项目过程中遇到的问题（表24-4）。

表24-4　垃圾分类调研活动任务单

垃圾分类调研活动任务单			
小组名称		参与人员	
小组问题		调研记录	
1.				
2.				
3.				

项目活动3：如何践行和宣传垃圾分类

目标：整合项目活动1和活动2中的资料，指导学生践行和宣传垃圾分类。引导学生学会通过分工协作整合资源完成1个环保项目，体验未来的生活，学会小组合作，锻炼创造力、团队合作和领导力以及动手能力，提高自信心，培养团队领导力。

（1）到学校附近的广州名片之一——著名旅游景区沙面开展社区生活垃圾分类情况调研。通过观察，了解沙面所在社区居民生活垃圾桶的垃圾分类现状并分析原因。

（2）学生交流感受，分小组合作完成小组成果。

（3）继续完善小组成果。

（4）分小组上讲台汇报小组活动成果——展示PPT、手抄报、日记等，拍相片和视频记录活动过程。

（5）教师对活动进行总结评价，评出优秀学员，准备大组汇报展示。

（6）由优秀学员作为代表向学校汇报课程学习成果，模拟项目管理与汇报活动，体验未来的生活，学会欣赏，提升自信；同时通过用英语完成小组实践行动的成果报告，体验用英语作为一门工具开展工作（图24-1）。

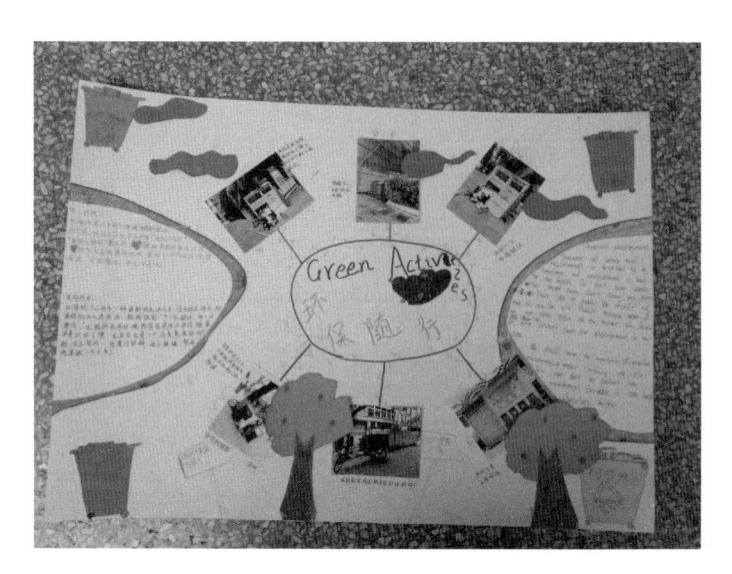

图24-1 学生做大组项目成果汇报的手抄报

（二）项目成果

1.出项展示的仪式

从思路到行动，从方案到活动，"green activities环保随行"——垃圾分类专项调研活动行走课程项目顺利完成。学生之间、老师之间、师生之间的默契配合与共建共享起到关键作用。在课程活动过程中，课程组采用了不少的生成性课程资源，例如，沙面之旅调研子项目是由学生提出来的，因此使"green activities环保随行"课程组的垃圾分类调研更加全面而立体。还有，使用第一天活动采集的素材学习制作电子相册的活动，这是第一天小结时同学们在看了其他课程组的分享后临时加上的课程内容，目的是帮助学生学会整理相片资料和感受我们课程组活动的初步成果。这次有关垃圾分类主题的专项调研活动行走课程，对学生知行合一的引导效果比较明显。有的学生在课程活动进行到一半的时候已经和教师讨论下一次关于垃圾分类主题的行走课程的内容，并提出了他们的建议，有的学生告诉老师说在家和父母外出到街上时会用情不自禁的目光搜寻分类垃圾桶并专注地盯看而需要被父母提醒回神，好几个学生都说下一次还想继续参加垃圾分类与环保之行。

2.展示的成果描述

本项目为学生成长搭建的其中一个脚手架是团队领导力和初中生涯规划的意识及认知。在"green activities环保随行"——垃圾分类主题专项调研活动的实践过程中，学生以小组为项目实施单位，在不同的地点，从不同的角度围绕垃圾分类主题进行了调研和学习，包含了对环卫工人的观察和采访活动。第一天的下午即第二模块课程组安排了随机采访遇到的环卫工人的任务。在当天的课程活动个人日志中，学生们大部分都表达了对环卫工人工作的赞扬和尊重，认为环卫工人的工作是城市管理工作重要的一部分，环卫工人所付出的汗水才能换来现在的环境整洁，他们是我们城市的美容师，没有了他们，我们的城市也许就如同垃圾城般散发出阵阵恶臭，我们要爱护自己的城市，不要污染它，只有这样才能使我们的城市变得美丽起来，我们要做好垃圾分类，为我们的环卫工人减少辛苦。

手机和英语都是很好的工具。在课程活动过程中，在老师不断地引导下，学生确实把手机当作项目学习工具来搜集素材和搜索资料。同时因应课程组大部分学生相对在英语综合能力上还有很大的提升空间，主要引导他们关注和学习有关垃圾分类和环保的英语词汇，并学会使用英语关键词上网查找资料。在几天的活动过程中，学生们手里的手机很好地发挥了课程学习的功能而非"游戏机"功能；他们在相关垃圾分类的英语词汇上也可以基本掌握，而且不少学生都对英语学习更有兴趣和信心了。

3.成效和不足

通过此项目的系列活动，学生的团队领导力获得了很好的培养和较大的提升，从而促进了学生的自信心和自我价值感。对学生团队领导力培养，对于学生个体在团队中的归属感和价值感有正向的促进作用。通过回顾，也看到在活动的开展中需要对学生的评价事先提供评价清单，项目开展的地点可以更多、更立体一些，子项目的安排顺序还可以更合理一些。

五、结项复盘

本项目的评价贯穿项目实施的全过程,按照课程标准提出的教学评一体化的要求制定与细化,并且体现多主体、多元评价的特点,并符合项目式学习要求,评价的重点为学生的自我领导力和团队领导力的维度,这些维度构成考查的各项相关技能。其中项目活动产生的系列主产品相当于一个个的子项目,也是评价量表的依据。

(一)项目活动和产品评价(表24-5)

表24-5 项目活动和产品评价表

主产品	评价标准	考查技能	星级
与环保、垃圾分类等相关的资料(包括文字、图片和视频等)	1.积极与小组成员分工协作完成资料收集	正确认识自己,乐于吸取他人的意见和建议,主动、积极与小组成员分工协作	☆☆☆☆☆
	2.符合本项目的特点和要求,内容比较齐		☆☆☆☆☆
	3.有较好的参考价值		☆☆☆☆☆
学校附近垃圾分类现状的调查报告	1.内容翔实,有较好的参考价值	有主动参与团队合作的意识,乐于分享,善于与他人合作	☆☆☆☆☆
	2.精心设计,图文并茂,可读性强		☆☆☆☆☆
对垃圾分类专业人士采访的工作日志,制作成电子相册	1.填写完整,字迹清晰	正确认识自己,善于观察和学习他人的长处,取长补短,乐在合作中获取成长的能量	☆☆☆☆☆
	2.积极参与小组交流,乐于在小组和班级分享		☆☆☆☆☆
小组垃圾分类调研项目成果展示的初稿	有小组特色,内容丰富	组内互相学习,共同提升团队领导力	☆☆☆☆☆
	是全体成员团结协作的产品		☆☆☆☆☆
	乐于在班级分享		☆☆☆☆☆

续表

主产品	评价标准	考查技能	星级
《垃圾分类调研》成果总报告	内容完整，有较好的参考价值	学会自我决策，有主动参与团队合作的意识，乐于分享，善于与他人合作	☆☆☆☆☆
	小组合作充分，小组全体成员积极参与小组任务		☆☆☆☆☆
	精心设计，图文并茂，可读性强		☆☆☆☆☆

（二）项目过程的自我评价（表24-6）

表24-6 领导力评价反馈表

评价人：_____ 日期：_____

序号	角度	主要内容	星级
评价一	自评	我知道什么是垃圾分类	☆☆☆☆☆
		我知道为什么要进行垃圾分类	☆☆☆☆☆
		我知道垃圾分类需要专业的协作	☆☆☆☆☆
		我乐意做一名垃圾分类的义务宣传员	☆☆☆☆☆
评价二	他评	积极配合项目纪律要求，按时到位，认真完成每次任务	☆☆☆☆☆
评价三		能和项目小组的其他人合作友好，相互支持	☆☆☆☆☆
评价四		对突发事件协助团队得当处理，能迅速扭转不团结、不和谐、不利于项目顺利进行的局面	☆☆☆☆☆
评价五		总体高效完成各项小组活动任务，能够合理安排学习和任务的时间	☆☆☆☆☆

六、项目后的反思和展望

（一）学生和教师的成长

在这几天的行走课程活动过程中，学生们每天都是开开心心地按时集合，然后带着对第二天活动的期待满心欢喜地回家。他们的投入与快乐也深深地感染了两位指导老师，老师们也十分努力地帮助他们在团队领导力的发展中寻找和发现自我、完善和展现自我。教师在课程过程中看到了学生们身上朝气蓬勃的生命力和创造力，学生们在两位指导老师面前放松而自主，努力展现最好的自己和最佳的团队精神，团队领导力获得了很大的提升。因此两位指导老师也有了一个愿景：希望这21名学生可以把这种喜悦之心保持下去，在未来的日子里继续努力寻找和发现更多面的自己，发展完善自己的优势，找到个人职业生涯的方向，学会在团队中更好地自我成就。

这是"英语+环保"的团队领导力培养项目式学习活动，作为一门综合实践课程，需要整合各种社会资源以实现课程目标。"green activities环保随行"——垃圾分类专项调研活动行走课程在实施前和实施过程中，获得了六榕街东风家综中心青少部的鼎力相助；课程组还得到了六榕街道办事处的大力支持和指导，他们认为"green activities环保随行"课程组开展的有关"垃圾分类"的行走调研课程非常有意义，除了乐意协助课程组的学生们进行采访活动，还为学生们安排了一个非常专业的关于垃圾分类的专题讲座，帮助"green activities环保随行"课程组的学生们真实地体验职业场所的生活，在另一个层面开阔他们的视野，提高他们的自我认知，扩展对于团队领导力之专业力和影响力的理解。

该项目式学习行走课程是综合实践课程，需要教师运用到任教学科以外的专业知识与技能开展课程设计与实施，同时更需要教师深入理解学科课程标准，关注学生的核心素养和新技能，关注每一位学生的优势和发展。在这次"green activities环保随行"——垃圾分类专项调研活动行走课程的设计和实施过程中，课程组两位指导老师，选修了中国大学MOOC的《走进项目学习》课程，认真学习了上一年开展行走课程的老师的课程设计、课程总结等资料以获得开展行走课程的方法和技能，并且再次认真研读了《义务教育英语课程标准》和广州牛津版初中英语教材有关环保话题的单元内容，并通过网络资源学习当今世界环保热点尤其是国内外有关垃圾分类的资源，以便更好地指导学生开展垃圾分类的调研活动。可以说，该行走课程项目不但是学生的行走与成长过程，同时也是教师的行走与成长过程。

（二）项目活动的不足和改进措施

作为第一次开展基于"英语+环保"主题的项目式的活动，还是有不少地方需要在未来继续完善的。综合起来主要有以下几个方面：

（1）项目开展的地点可以更多、更立体一些。

（2）对学生的评价需要事先提供评价清单。

（3）子项目的安排顺序可以更合理一些。

黄淑慧，广州市第十七中学英语教师，广州市骨干班主任

黄艳红，广州市第十七中学英语教师，广州市优秀班主任

项目25 中加交流"amazing guangzhou, delightful journey"

一、项目背景

2021年7月"双减"政策落地,同年10月,广州市教育局印发了《广州市教育局关于加强义务教育阶段作业设计与实施的工作指引》,并提出:作业设计既有巩固基本知识与技能的基础性作业,也有注重强调能力发展和素养提升的探究性、实践性、综合性作业。积极探索基于真实情境和生活实践的问题解决类作业。

新时代我国教育目的的基本精神中提到:坚持追求人的全面发展,其中包括人与社会关系的能力,如人际交往能力及组织协调能力;人与自我关系的能力,如自我认识与建构的能力及自我反思与评价的能力。

初中阶段学生正处于青春期,独立思考能力和判断能力增强,可塑性强。设计学习活动和作业时需以提高学生的自信心和沟通能力,提升学生的沟通技巧、处理问题的能力以及面对挑战时的自信心为目标。此外,学习活动还要帮助学生成为有责任感的社会成员,树立正确的人生观和价值观,激发学生的责任心,培养团队协作的意识,从而更好地适应未来社会的多元化和复杂性。

在项目式学习过程中,小组长必须具备前瞻力和感召力,带领小组成员做选题,并吸引其他小组成员一起合作、探究。学习过程中遇到困难能正确分析,果断处置,果断的决策力和执行力必不可少。寻找合适的方法,设计合理高效的流程,为成员提供支持,需要优化配置的组织力和教导力。此外,在项目实施过程中实现跨学科,如语文、历史、美术及信息技术等的融合,促使学生学以致用,并在接触新事物时不断扩大知识领域,也能增强学生的学习能力。本项目式学习包括广州建筑、饮食、商业史、红色革命历史、景区、名胜古迹、娱乐、植物等多方面,在探索、对比、选择的过程中,学生增进对广州的了解,加深对地方文化的理解和认同,更坚定了文化自信。

二、项目设计

（一）项目基本信息（表25-1）

表25-1 项目基本信息表

项目名称	amazing guangzhou, delightful journey
项目学校	广州市八一实验学校
项目时长	3周
设计者	黄俊娜老师、谭坤老师
实施者	七年级（1）班、（3）班，共95人

（二）项目目标

1.知识目标

学生运用语言知识（关于国家、地区介绍的相关知识）以及各种策略，完成广州其中一个主题的介绍。

2.能力目标

学生积极应用和主动调适英语学习策略，既要从教材和拓展材料中学习、模仿、运用其中的语言知识，也要搜集、参考网上的资讯，分析、比较、整合成为学习成果。通过这个项目式学习，他们学会了分析问题、解决问题并最终形成了学习成果。

3.情感态度和价值观目标

学生在探索、对比、选择的过程中，更加了解广州的方方面面，加深了对地方文化的理解和认同，更坚定了文化自信。

学生分析、比较他们所搜集的信息并整合成为符合介绍主题的内容，在制作介绍PPT、手抄报、思维导图和短视频的时候从逻辑性、创新性方面考虑如何制作更好的成果。这些过程有助于培养学生思维品质的深刻性、灵活性、独创性、批判性和系统性等方面。

4.学习策略目标

在项目式学习过程中，体验借助计算机和网络获取、筛选、处理信息，制作项目式学习成果，解决实际问题并理解感知信息技术的重要性。

采用图文并茂的方式设计手抄报或者思维导图，为成果的PPT展示进行版面、背景、设计并配以相关图片，体现了美术表现和创意实践。

（三）关键问题

1.确定主题

疫情之前，我校跟加拿大的姊妹学校一直进行各种教育交流活动。为了更好地和加拿大姊妹学校的同学们互动交流，帮助他们更深入地了解广州的各个方面，我们各项目小组将在接下来的三周时间里选择想要介绍的一个方面（文化、历史、饮食、人民、教育、娱乐、名胜、交通……），制作手抄报（也可以是思维导图）和PPT，并拍摄导游讲解小视频（广州主题之旅：一日游的英文讲解）。我们将会把各小组的成果推送给姊妹学校的同学们，吸引他们积极参加随时启动的国际教育交流。

2.确定核心驱动问题（表25-2）

表25-2 核心驱动问题表

核心驱动问题	总任务	最终成果
如何吸引加拿大学生来我们学校教育交流（①如何就一个主题介绍广州，吸引加拿大学生对广州的兴趣？②如何设计广州主题之旅一日游，带领加拿大学生游览，并以此彰显广州的与众不同和魅力？）	以手抄报（或思维导图）、PPT和导游视频介绍广州的某一个方面	一份介绍广州的手抄报（或思维导图）；一份图文并茂地介绍广州的PPT；一个介绍广州的小视频

三、项目计划

为了项目学习的顺利进行，我们把驱动问题分解为三个步骤（表25-3），并明确了每一个步骤的主任务和形成的主要产品，以保证项目学习能达成最终要求的成果。

表25-3 驱动问题分解表

分解驱动问题	主任务	主产品
如何介绍一个城市/地区	1.学习教材的相关内容和课外拓展阅读文章 2.分析所学文章的篇章结构 3.学习文章中的语言知识（介绍城市/地区常用的表达法和句式） 4.筛选收集的图片和文字资料并撰写介绍广州某一个方面的演讲稿	相关图片、演讲稿
制作手抄报或思维导图、展示ＰＰＴ和导游小视频	1.汇总图片和文字资料 2.小组成员分工合作，利用信息技术制作手抄报/思维导图、介绍广州某一个方面的PPT和导游小视频	介绍广州的手抄报/思维导图、PPT和导游小视频
成果展示	小组成员公开展示成果并接受评价	介绍广州的演讲稿

四、项目实施

（一）项目活动

项目活动1：确定选题、筛选资料、制定广州主题之旅一日游路线

（1）小组讨论确定介绍广州的哪一个方面（可以从文化、历史、饮食、人民、教育、娱乐、名胜、交通……方面选择，也可以自选主题）。

（2）小组成员分工进行信息收集（表25-4）。

表25-4 学习小组分工表

_____小组分工细目表

组长：_____
组员：_____

项目任务	负责人
查找资料	
选定主题	
拍摄照片或视频	

续表

项目任务	负责人
制作手抄报/思维导图	
制作PPT	
创作小视频的脚本	
制作介绍广州的小视频	
创作项目式学习汇报演讲稿	
汇报项目式学习成果	

（3）制定广州主题之旅一日游路线，包括交通方式、游览路线、选择该路线的原因。

（4）小组活动复盘总结，在任务单上写下完成项目过程中遇到的问题。

项目活动2：制作项目成果

（1）小组成员将筛选后的图片和文字资料汇总。

（2）小组成员讨论成果展示的框架和介绍广州某一个方面的文章。

（3）小组成员分工制作不同的项目成果，包括手抄报/思维导图（图25-1）、PPT、导游小视频。

（4）小组成员把成果提交给老师，老师提出完善意见和建议。

（5）小组成员改进成果，完善PPT中的图片、文字和动画，形成定稿。

项目活动3：成果展示与评价：介绍广州的某一个方面

（1）小组成员在5分钟的时间内利用PPT就某一个方面介绍广州。

（2）各小组播放各自制作的广州主题之旅一日游的视频。

（二）项目成果

1.出项展示的仪式

2023年3月16日和3月17日，我们以区级公开课和科组公开课的形式进行了项目式学习学生成果展示。

教师介绍项目式学习的开展，宣布项目式学习成果展示的开始，并引导学生对同学的学习成果进行主观性评价。

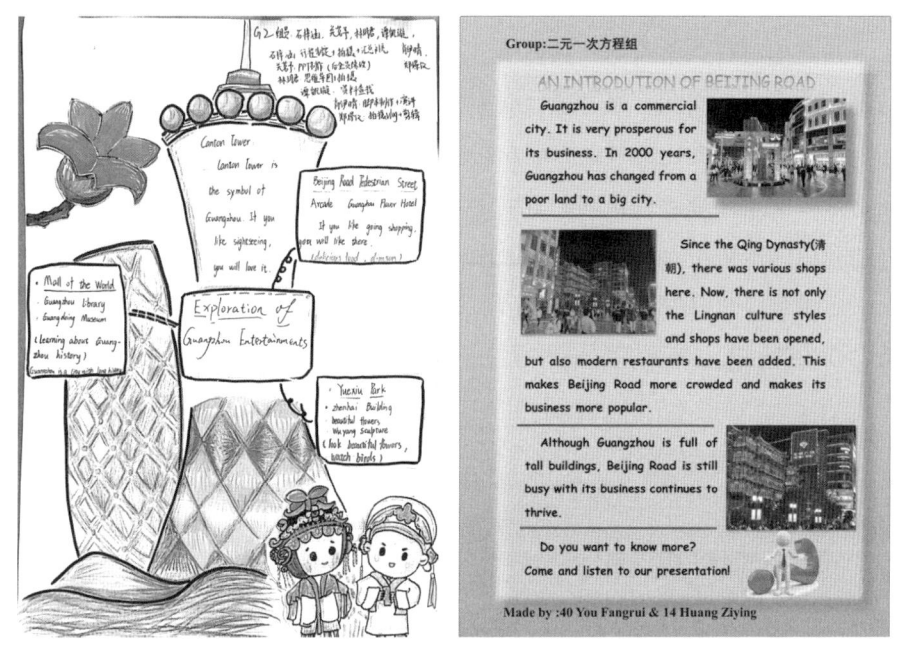

图25-1 学生制作的手抄报

2.展示的成果描述

学生的项目式学习成果囊括广州建筑、饮食、商业史、红色革命历史、景区、名胜古迹、娱乐、植物等方面，他们的成果令老师和同学们惊艳。虽然学生完成的是同一个项目式学习，但是他们在展示成果的时候各有侧重，选题多样，重点突出。例如，同样介绍广州建筑的两个小组，其中一个小组选取了广州四个地方的建筑：广州塔（表现现代）、陈家祠（表现传统）、中山纪念堂（表现中式建筑）、石室（表现西方建筑）。另一个小组则选取了广州塔（表现现代文明）和广州骑楼（表现地方文明）。同样介绍广州饮食文化的几个小组，有侧重介绍广州的早茶文化，也有重点介绍粤菜的烹饪方式。同为介绍广州历史的两个小组，一个重点介绍广州的商业发展史，另一个介绍广州的红色革命历史。学生在成果表达的方式上多种多样，有PPT、手抄报、思维导图、短视频等。学生以小组为单位在课堂上一个个展示他们的成果，个别小组的学生在汇报成果时幽默风趣的视频和展示风格吸引了在座的老师和同学们。

3.成效和不足

通过本项目式学习的开展，学生在积极探索、对比、选择的过程中，更好地了解了地方文化，通过项目成果的展示，学生也互相了解了其他项目小组所展示的广州文化的其他方面，帮助彼此更加了解广州的方方面面，加深了对地方文化的理解和认同，更坚定了文化自信，也为以后在适当的时机用英语介绍广州文化积累了素材，促进中国文化的对外传播。

在项目式学习的过程中，学生的选题相对集中，比较多的小组介绍广州饮食，介绍的切入点相似，成果内容接近，未能展示思维的独特性、创新性。

五、结项复盘

（一）项目活动和产品评价

本次项目式学习的评价包含了过程性评价和形成性评价，并对学生展示成果中的表现进行了客观性评价和主观性评价。评价主体包括师生评价和生生评价、学生自评等方式，体现了项目式学习多元化、综合性评价的思路。

1.项目活动评价量表

项目式学习过程中，师生主要使用以下指标开展过程性评价（表25-5）。

表25-5　项目式学习过程性评价表

评价内容	评价指标
基础学习效果	文章结构分析
	文章主题总结
	句子仿写效果
项目式学习成果 （PPT、手抄报、思维导图等）	资料的收集
	资料的加工
	观点与内容
	设计与排版

2.项目成果展示的评价标准（表25-6）

表25-6　学生成果展示客观评价标准

Items（10 points at most for each）	
Speaker	Body language（肢体语言）
	Posture（体态）
	Fluency（流利性）
	Accuracy（准确性）
	Time management（时间掌控）
PPT Mind map Poster	Material collecting（资料的收集）
	Material processing（资料的加工）
	Opinion and content（观点与内容）
	Design and layout（设计与排版）
	Attractiveness（整体吸引度）

学生成果展示主观评价问题：

（1）Choose your favourite speakers/ presentations/ PPT design and tell us your reason.

（2）What did you learn from the presentations?

（3）Which presentations gives you the deepest impressions（印象深刻）or interests you most?

（二）项目过程的自我评价（表25-7、表25-8）

表25-7　项目学习学生自评表

评价项目（通过此项目，我……）	非常同意	同意	一般	不同意
学会了如何介绍广州的基本情况和特色				
学会了以不同形式介绍广州（手抄报、思维导图、PPT、小视频）				
学会了如何安排旅游行程				
学会了用英语介绍广州的基本情况和特色				

续表

评价项目（通过此项目，我……）	非常同意	同意	一般	不同意
提升了写作和演讲的能力				
觉得此项目的学习方式比较有趣，我乐于参与				
还是更喜欢传统的讲授式学习				

表25-8 项目学习学生他评表（3星非常同意，2星同意，1星一般同意，0星不同意）

姓名	积极参与项目活动	与小组其他成员互助合作	持续完成任务	在活动中找到解决问题的方法	高效高质完成项目任务
	☆☆☆	☆☆☆	☆☆☆	☆☆☆	☆☆☆
	☆☆☆	☆☆☆	☆☆☆	☆☆☆	☆☆☆
	☆☆☆	☆☆☆	☆☆☆	☆☆☆	☆☆☆

根据实际情况回答以下问题：

（1）我最喜欢项目的哪个环节？

（2）项目活动中你遇到的最大困难是什么？

（3）你觉得这个项目还可以增加什么内容？

（4）项目结束后，你最大的收获是什么？

（自评表、他评表和项目反思参考：陈尚宝.基于STEM理念的初中项目式教学设计[M].桂林：广西师范大学出版社，2020.）

六、项目后的反思和展望

在进行项目式学习的过程中，学生主动探究、积极探讨，大部分学习小组在项目式学习的过程中分工明确、配合良好，项目学习小组长在小组合作学习、探究过程中表现出前瞻力和感召力，遇到困难能正确分析，果断处置，小组成员在项目学习过程中表现出强大的执行力和良好的合作意识。虽然个别小组在合作的过程中出现个别组员的合作态度或者学习成果不太理想的情况，但是学习小组也能积极沟通，相互妥协，从而保证学习的顺利进行。学生在项目式学习过程中热情洋溢，对项目成果信心满满，对于自己的成果是否真的可以让加拿大姊妹学校的同伴看到，从而吸引他们来广州交流充满期待。虽然学生完成的是同一个项目式学习，但是他们在展示成果的时候各有侧重，选题多样，重点突出，在表达成果的方式上多种多样。学生以小组为单位在课堂上一个个展示他们的成果，他们独特的视角和有趣的介绍方式吸引了在座的老师和同学们。

本次项目式学习从找出本质问题出发，为学生设置真实的项目学习背景，对学生提出具有挑战性的驱动性问题，设计出一份详细、清晰、可操作性的学习指引，并在学生进行项目式学习的过程中指导学生进行学习、探索、研究，最终形成有价值的学习成果。学生通过该项目式学习，对比不同文化，理解并认同本土文化，增强文化自信。学生借助项目式学习，发展语言能力，培育文化意识，提升思维品质并最终提高学习能力。学生既发展了学科核心素养，也掌握了21世纪的成功素养：批判性的思考、分析信息的可靠性、与不同的伙伴协作、创造性地解决问题，同时也培养了学生的自我管理能力和自主学习能力。

黄俊娜，广州市八一实验学校英语教师，广州市越秀区骨干教师
谭坤，广州市八一实验学校英语教师，广州市越秀区骨干班主任

参考文献

［1］林崇德.21世纪学生发展核心素养研究[M].北京：北京师范大学出版，2016.

［2］邓莉.美国21世纪技能教育改革研究[D].上海：华东师范大学，2018.

［3］夏雪梅.用什么联结儿童学习的当下与未来[N].人民政协报，2015.6.

［4］卢德平.青少年领导力的萌芽和形成——基于三个城市26名高中学生干部的深度访谈结果[J].中国青年研究，2008（5）：10-15.

［5］常学勤.中学生领导力培养与现代化强国建设[J].教育理论与实践，2011（31）：12-15.

［6］翁文艳.学生领导力[M].北京：中国法制出版社，2013.

［7］苏西·博斯，约翰·拉尔默.项目式教学：为学生创造沉浸式学习体验[M].周华杰，陆颖，唐玥，译.北京：中国人民大学出版社，2020.

［8］夏雪梅.项目化学习设计：学习素养视角下的国际与本土实践[M].北京：教育科学出版社，2021.

［9］桑国元.基于项目式学习的教与学方式变革[R].北京：北京师范大学教育学部教师教育研究所报告，2022.

［10］明洁，刘革平.基于3G技术的移动学习在高校网络教学中的应用分析[J].中国教育信息化，2011（21）：63-65.

［11］余明华，张治，祝智庭.基于学生画像的项目式学习评价指标体系研究[J].电化教育研究，2021，42（3）：89-95.

［12］师曼，刘晟，刘霞，等.21世纪核心素养的框架及要素研究[J].华东师范大学学报（教育科学版），2016，34（3）：29-37，115.

［13］HOUGHTON J D, DAWLEY D, DILIELLO T C. The abbreviated self-leadership questionnaire（ASLQ）：amore concise measure of self-leadership[J]. *Int J Leadership Studies* 2012[J]：216-232.

［14］罗辉芳，蔡宗燎，刘思雨，等.自我领导力在护理学生情绪智力与自我效能中的中介作用[J].广西医学.2023，45（8）：993-996，1001.

［15］钱敏，王付梅.学生自我领导力培养探微[J].教育视界，2024（1）：63-66.

［16］周作宇.自我领导的教育哲学[J].大学教育科学，2013（4）：3-6.

［17］乔雪.论团队领导力的开发[J].东华大学学报（社会科学版），2012（6）：149-152.

［18］宫小淇，孙立樵.关于团队领导力的基本构成要素探析[J].长江丛刊，2018（6）：136-137.